RESEARCH ON THE INCENTIVE EFFECT OF LOCAL GOVERNMENT SUBSIDIES ON THE GREEN TRANSFORMATION OF MANUFACTURING INDUSTRY

地方政府补贴
对制造业绿色转型的
激励效应研究

李小奕◎著

中国财经出版传媒集团
经济科学出版社
Economic Science Press

图书在版编目（CIP）数据

地方政府补贴对制造业绿色转型的激励效应研究／李小奕著．—北京：经济科学出版社，2022.8
ISBN 978－7－5218－3968－5

Ⅰ.①地…　Ⅱ.①李…　Ⅲ.①地方政府－政府补贴－作用－制造工业－产业结构升级－研究－中国　Ⅳ.①F426.4

中国版本图书馆 CIP 数据核字（2022）第 158191 号

责任编辑：杨　洋　赵　岩
责任校对：隗立娜
责任印制：范　艳

地方政府补贴对制造业绿色转型的激励效应研究
李小奕　著
经济科学出版社出版、发行　新华书店经销
社址：北京市海淀区阜成路甲 28 号　邮编：100142
总编部电话：010－88191217　发行部电话：010－88191522
网址：www.esp.com.cn
电子邮箱：esp@esp.com.cn
天猫网店：经济科学出版社旗舰店
网址：http：//jjkxcbs.tmall.com
北京季蜂印刷有限公司印装
710×1000　16 开　18.75 印张　310000 字
2022 年 9 月第 1 版　2022 年 9 月第 1 次印刷
ISBN 978－7－5218－3968－5　定价：75.00 元

前言

制造业作为国民经济的主体，是实现经济高质量发展的基础和前提，也是解决中国能源与环境问题的关键领域。党的十九大报告明确提出要培育先进制造业集群，加快推动制造业绿色低碳高质量发展。中国制造业要实现绿色低碳高质量发展离不开地方政府产业政策的支持，政府补贴作为地方政府最有效的产业政策调控工具，是引领经济结构调整和推动产业结构转型升级的关键手段。作为中国制造高质量发展核心内容的绿色转型，不仅是市场机制选择的结果，同样是地方政府产业政策推动的结果。因此，中国制造业绿色转型必然要求地方政府运用补贴产业政策的“诱导”功能进行干预。

本书以中国制造业为研究对象，以制造业绿色转型为落脚点，试图从制造业转型中地方政府职能定位视角，将地方政府补贴政策纳入制造业产业结构转型的理论分析框架，并运用经济学语言尝试廓清以下核心问题：第一，制造业绿色转型内涵、测度和实现机理与内在逻辑。第二，地方政府补贴激励制造业绿色转型的理论机制。第三，地方政府补贴激励制造业绿色转型的动态效应。第四，地方政府补贴激励制造业绿色转型的空间效应。第五，地方政府补贴对制造业绿色转型的激励效应是否存在最优补贴区间。第六，中国地方政府补贴政策应如何借鉴发达国家激励制造业转型的补贴政策经验并进行路径选择。在研究逻辑上，研究按照提出问题—分析问题—解决问题一般研究范式展开，围绕地方政府补贴与制造业绿色转型关系的研究主题，从理论研究和实证研究两个层面进行探讨。

研究在理论分析制造业绿色转型实现机理逻辑与地方政府补贴政策激励机理的基础上，以中国2009～2019年省级制造业面板数据为样本，综合运用DDF-DEA模型、系统GMM模型、中介效应模型、空间杜宾模型和门槛效应模型等计量分析方法，探究了地方政府补贴与制造业绿色转型之间的内在联系，得出研究的主要结论为：（1）基于内生经济增长理论分析框架，地方政府补贴能有效提高制造业稳态增长的绿色效率，激励地区产业结构由农业转向制造业，并推动制造业内部产业结构由传统污染劳动密集制造业行业向战略新兴清洁高技术制造行业转移，激励制造业产业结构实现绿色转型调整。进一步分析地方政府补贴影响机制，发现地方政府补贴可以通过影响生产资源要素流动与积累从微观、中观和宏观层面上有效激励制造业产业结构绿色转型变迁。(2) 中国制造业绿色转型整体上呈现波动式上升趋势，其阶段性和区域异质性特征明显。具体来看，制造业绿色效率呈近似“W”型波动特征，制造业清洁化转型水平呈逐年上升趋势，而制造业高级化转型表现为先缓慢下降后快速上升，总体上呈“U”型特征。从区域异质性角度来看，中国制造业绿色转型水平呈现出由东部、中部、西部地区依次递减的变化特征。(3) 地方政府补贴规模、直接补贴和间接补贴均能有效激励制造业绿色转型，但“普惠式”税收优惠间接补贴方式的激励作用明显高于“竞争式”直接补贴，而且地方政府补贴具有明显区域、企业规模和政府治理能力异质性的动态激励效应，地方官员晋升激励是地方政府补贴支撑制造业绿色转型的有效路径，而地方政府官员寻租激励则是阻碍制造业绿色转型一条重要渠道。(4) 中国制造业绿色转型在省际空间区域上表现出明显的空间聚集性特征，地方政府补贴规模、直接补贴和间接补贴激励制造业绿色转型存在显著空间溢出效应，并且对制造业绿色转型激励的空间效应在中国不同区域上是非均等的，整体上呈现出“高—高”和“低—低”典型“高地”与“洼地”激励效应的空间关联性特征。(5) 地方政府补贴规模、直接补贴和间接补贴激励制造业绿色转型的积极作用存在最优适度区间，但政府“普惠式”间接补贴与“竞争式”直接补贴有各自的优势支出区间范围。地区经济发展水平和政府治理能力对地方政府补贴与制造业绿色转型之间存在显著结构突变的门槛调节效应，而且地方政府补贴规模、直接补贴和间接补贴政策工具表现出明显差异化的门槛结构突变调节特征。(6) 精准定位地方政府补贴政策支持的对象，加大地方政府补贴科技创新支持力度、调整优化地方政府补贴支出规模与结构以及明确制造业绿色转型中地方政府的角色定位，并关注制造业转型中能源与环境问题是助推中国制造业实现绿色转型的必由之路。

CONTENTS 目录

第1章

绪　论

1.1　研究背景与意义

1.1.1　研究背景

党的十九大报告指出，我国经济已由高速增长阶段转向高质量发展阶段①。制造业作为国民经济的主体，是实现经济高质量发展的基础和前提，2019 年、2020 年中央经济工作会议明确提出要推动制造业绿色低碳高质量发展。随着新一代人工智能的兴起，各国相继推出并实施以智能、绿色和高端的制造业转型升级法案，如美国“再工业化”战略、法国“新工业法国”战略、德国“工业 4.0”战略和日本工业复兴战略等。旨在重塑本国制造业实力，解决能源、环境和数字经济等问题，以期在新一代人工智能信息技术变革中实现领先优势。中国自加入世界贸易组织（WTO）以来，传统制造业凭借劳动力成本优势和环境成本优势迅速融入全球价值链分工体系。然而，一方面，近年来随着中国“人口红利”的消失，资源和环境约束持续强化，全球制造业生产逐渐转向成本更低的越南、印度等新兴市场，中国制造业发展面临着发达国家“高端制造业回流”和新兴市场国家“中低端制造业分流”的双重挤压。另一方面，2018 年以来中美贸易摩擦持续升级，2020 年、2021 年新冠疫情全球蔓延，中国制造业发展的“外

① 坚定不移走高质量发展之路［EB/OL］. 人民网，2020 - 10 - 21.

循环”困境进一步恶化。与此同时，“中国制造2025”提出、“工业绿色发展规划”制定和“三去一降一补”供给侧结构性改革实施等内循环环境对制造业约束效应日趋显著。中国制造业迫切需要实现高端、清洁、绿色化转型，改变要素驱动的传统发展模式，全面提升供给的质量与效率。

2018年金融危机以来，一方面，中国政府为应对“三期叠加”经济下行压力，促进制造业智能、绿色和清洁化转型，实现创新驱动的发展战略，实施了一系列旨在促进制造业转型升级的财政产业政策，如2008年结构性减税、2012年“营改增”税制改革、2016年新能源汽车财政补贴政策、2017年工业转型升级资金预算政策以及2019年“深化增值税改革”等。但另一方面，中国公共财政支出刚性与财政赤字率持续增长。2019年中国一般公共预算支出约为24万亿元，同比增长8.1%，远高于GDP的6.1%增速，2020年中国一般公共预算支出为24.5万亿元。此外，中国财政赤字2018年为2.6%，2019年是2.8%，2020年高达3.6%，中国政府财政收支压力持续增大①。

然而，中国制造业转型离不开国家产业政策的支持（张同斌和高铁梅，2012），政府补贴政策作为地方政府最直接有效的宏观调控工具，是引领经济结构调整、推动产业转型升级、促进社会资源有效配置和平衡区域经济发展的关键，是制造业转型变迁的助推器（刘啟仁等，2019；刘尚希，2015）。中国制造业绿色转型必然要求地方政府运用补贴政策的“诱导”功能来解决市场调节机制失灵问题（韩振国和杨盈颖，2018）。在当前中国公共财政支出刚性和公共财政赤字率持续增长，地方财政压力不断加剧的背景下，地方政府如何有效运用补贴激励政策来解决影响中国能源、环境等关键问题的制造业绿色转型；如何有针对、灵活和前瞻性地运用补贴政策引导制造业绿色转型产生预期的政策激励效果；如何合理调整与高效实施政府补贴激励政策，构建“创新、绿色”区域协同发展利益共同体，形成市场机制为主，政府发挥引导作用，制造产业与企业协同发展格局。这些都是支撑制造业绿色转型成功，地方政府补贴政策实施必须解决的现实问题。因此，本书尝试以中国制造业绿色转型为落脚点，全面审

---

① 资料来源：《中国财政统计年鉴》，经作者整理得到。

视地方政府补贴激励制造业绿色转型的机理与效应，明确制造业绿色转型中地方政府职能定位和与市场作用边界，以期为制造业绿色转型的地方政府补贴激励政策制定调整优化提供可资借鉴的经验证据。

1.1.2　研究意义

在中国经济进入高质量发展阶段，生态环境恶化和制造业转型压力骤增的“新常态”背景下，地方政府作为产业转型的重要角色，在制造业转型的演变进程中发挥着不可替代的作用。政府补贴作为地方政府职能发挥最有效的产业政策调控工具，运用补贴政策支撑制造业产业结构转型调整成为地方政府必然的选择。但当前文献对地方政府在制造业转型中职能定位与行为逻辑缺乏系统的研究，对地方政府补贴的经济阈限、区域政府间相互竞争影响，以及地方政府补贴实施的有效模式等核心问题依然缺乏系统性的理论建构，而且对政府补贴政策激励作用的有效性研究结论存在明显分歧。清晰理解制造业绿色转型实现机理逻辑和地方政府补贴在区域制造业绿色转型中的激励作用，对于澄清学术界关于中国经济转型中政府的“有为”与“无为”和产业政策“有效”与“无效”的争辩具有重要学术价值。因此，本书全面考察地方政府补贴对制造业绿色转型激励效果，透视地方政府补贴与制造业绿色转型关系的内在作用机理，对于加强地方政府补贴政策调控制造业转型措施协调性、调控精准度，明确在制造业绿色转型中地方政府职能定位和与市场作用边界有着重要理论与现实意义。

1.1.2.1　理论意义

（1）拓展制造业转型的内涵边界。根据中国制造业日趋严重的制造业低端化、高能耗和高污染的现实问题，把“绿色”因素加入传统制造业转型实践过程中，提出制造业绿色转型的内涵为制造业绿色效率提升、制造业清洁化转型和制造业高级化转型三个层面，深化并完善制造业转型的内涵。

（2）丰富区域制造业转型的政府补贴政策相关理论。地方政府作为区域制造业转型的重要主体，当前学术界仍存在对政府是否应当实施产业转型补贴政策、如何制定执行产业转型补贴政策以及补贴政策激励的有效性等问题存在争议。为此，本书实证检验了地方政府补贴对区域制造业绿色转型激励的有效性与空间外溢效应问题，并创造性地从中国官员激励制度视角，分析地方政府补贴对区域制造业绿色转型的激励效果作用机制，能够在一定程度上澄清学术界关于中国产业转型中政府的“有为”与“无为”和产业补贴激励政策的“有效”与“无效”争辩。

（3）为地方政府推动制造业转型的补贴激励政策调整优化提供理论依据。基于扩展的索洛模型理论推演制造业绿色转型的实现机理，探究区域制造业绿色转型实现的内在逻辑，推演地方政府补贴政策影响制造业绿色转型的理论概念模型，透视地方政府补贴激励制造业绿色转型微观、中观以及宏观的作用机制，揭开宏观地方政府补贴政策干预制造业绿色转型的“黑匣子”，为制定和调整优化激励制造业转型的地方政府补贴政策提供了理论依据。

（4）为宏观政府补贴政策激励效果评估提供了一个新的研究视角。政府补贴政策作为国家产业政策最重要的制度安排，不仅制约着地方政府财政收支，还影响微观市场主体的行为。基于工业生态理论和内生经济增长理论分析框架，结合动态面板模型、空间计量模型和门槛效应回归模型等计量分析方法，探求地方政府补贴激励的动态效应、空间溢出效应与补贴的“适度区间”及其变化趋势，揭示其背后可能的影响机制，突破以往经济学分析缺乏个体交互作用的研究局限，系统考察地方政府补贴规模、直接补贴与间接补贴激励制造业绿色转型的机制与效应，为地方财政政策激励效应评估和工业生态学的交叉研究提供新的视角。

1.1.2.2 现实意义

（1）为指导制造业绿色转型的实践提供参考。从中国传统制造业“三高”“三低”发展模式带来的能源资源与生态环境压力以及绿色发展理念动力出发，推演制造业绿色转型实现机理和内在逻辑，将制造业绿色转型分为制造业绿色效率提升、制造业清洁化转型和制造业高级化转型，为区域实施制造业转型方向提供指导性参考。

（2）为地方政府制造业转型补贴政策调整优化提供实证支撑的基础。制造业绿色转型是一个系统动态调整过程，由于受政府补贴政策时滞性影响，不同地方补贴政策模式与制造业绿色转型关系存在显著的差异性。系统地研究地方政府补贴规模、直接补贴与间接补贴政策影响制造业绿色转型的机制与激励效应，并详述考察地方补贴激励作用的区域、企业规模与政府治理能力的异质性效果，为地方政府制定更具针对性、前瞻性促进制造业绿色转型的补贴政策提供实证经验基础。

（3）为地方政府制定激励制造业绿色转型的最优补贴政策提供经验证据。中国是一个地区资源禀赋、经济发展水平和地方政府支出偏好存在巨大差异的国家，其各区域经济发展和地方政府治理能力有着明显的不同。激励制造业绿色转型效果并不仅仅取决于地方政府补贴产业政策本身，还受到制造业绿色转型是否与特定经济发展水平和其内生决定的地方政府治理能力相适应，而且在中国特殊的官员激励制度背景下，过度补贴还会强化微观企业"寻补贴"动机而产生可能抑制制造业转型问题。本书将区域经济、政府行为特征与产业特征的制造业绿色转型发展联系起来，聚焦地方政府补贴激励制造业绿色转型作用机理与非线性效应，探寻地方政府补贴的最优"适度区间"，能为地方政府有效甄别制造业转型补贴的经济限阈提供经验证据。

（4）为地方政府补贴政策调整优化提供可资借鉴的政策建议。面对新兴市场国家"中低端吸纳"和发达国家"再工业化"的双重挤压，中国政府提出"中国制造 2025"和"工业绿色发展"战略规划，制定并实施一系列激励制造业高质量发展的财政政策。研究系统地评价地方政府制造业转型的补贴政策执行成效基础上，考察美国、德国和日本等发达国家激励制造业产业转型的政府补贴政策经验，提出推动中国制造业绿色转型的地方政府补贴政策调整建议与路径选择，为激励区域制造业实现绿色转型的地方政府补贴政策制定与修订提供可参照蓝本。

1.2　研究的文献综述

1.2.1　制造业绿色转型相关研究

自改革开放以来，中国制造业采用粗放型增长模型，导致环境生态问题日益严重（李斌等，2013），有限的自然资源和污染的环境极大阻碍了中国制造业发展。为了应对经济发展过程中逐渐突出的生态环境问题，学术界普遍认为制造业绿色发展是解决资源和环境问题的必然选择。当前，学界主要关注制造业转型，直接涉及制造业绿色转型的研究文献相对较少。制造业绿色转型的研究文献主要从制造业转型内涵、影响因素和实现机制、政策建议等方面入手展开讨论（张莉，2020；余子鹏和田璐，2020；黄群慧等，2019；金碚，2014）。

1.2.1.1 制造业绿色转型的内涵

格里菲（Gereffi，1999）和篷（Poon，2004）最早提出制造业转型的含义，认为制造业转型是劳动密集型低附加值产品向高技术、高附加值的资本或技术密集产品转变的过程。制造业转型是解决制造发展过程低效益、低附加值和生产低效率等问题，通过转型升级提升区域制造产品国际竞争力，推动区域制造业高质量发展（杨智峰和毕玉江，2019）。同样，制造业绿色转型是为解决发展过程中能源、环境、效率、产品质量和国际竞争力等问题，是绿色发展理念在制造业领域的具体实施（胡安军，2019）。伴随经济发展中日趋严重的资源环境问题，制造业绿色发展是实现绿色消费、绿色技术和绿色生产协同发展的必然选择，也是“中国制造2025”战略实施的必然要求（雷俐，2018）。

制造业绿色转型概念是源于“绿色经济”内涵的延伸并发展“绿色转型”（OECD，2005），目前并没形成统一的权威认识。格瑞德和艾伦比（Greadel & Allenby，2008）认为制造业绿色转型的内涵是指制造业生产过程中实现资源最大化利用，进而降低工业废弃物的生产与排放。联合国工业发展组织委员会（2011）认为制造业绿色转型是一种低碳、环保、节能新型工业发展模式，要求制造业发展过程中满足生产和消费可持续性，实现资源利用与生态环境和谐发展。中国工业经济研究所课题组（2011）认为绿色转型是以技术创新为核心，生产从“黑色”或“褐色”转向绿色的过程，最终实现经济效益与生态效益双赢。制造业绿色转型以节约资源和绿色技术创新为导向，是国家政策体系、技术创新和产业集聚融合的一种新型工业发展模式（蓝庆新，2012）。制造业绿色转型必须做到工业废弃

物源头削减和末端治理相结合，实现生产过程高效率、低能耗、少污染和产品高附加值特征（傅志寰等，2015；彭星和李斌，2015）。王勇和刘厚莲（2015）认为制造业绿色转型是制造业生产过程实现能源集约化利用和非期望产出污染物排放减少。王昀和孙晓华（2017）根据中国工业化进程中的制造生产过程中“三高”和“三低”问题，提出制造业产业转型内涵为工业增加值提升、能源利用效率提高与工业污染物排放下降三个层面。张小筠等（2020）指出制造业绿色转型要以科技创新为动力，通过提升产品质量来弥补环境成本，进而实现生态环境效益和企业经营效益双赢。张平淡与屠西伟（2021）认为制造业绿色转型是一种全面考虑环境友好和资源效益的现代制造模式，从采购、设计、生产、销售到产品报废回收等全部工业环节实现了生产要素资源高效利用和降低生态环境损耗，兼顾环境效益与资源效益的现代制造新模式。综上所述，尽管对制造业绿色转型的内涵持有不同的观点，但从本质上讲都离不开创新驱动、能源集约利用、绿色高效与环境友好可持续发展目标。

1.2.1.2 制造业绿色转型的影响因素

从国内外看，至今直接研究制造业绿色转型影响的文献极少，知网CSSCI检索，仅发现雷玉桃等（2020）、张利（2020）、张峰等（2020）、高萍和高蒙（2017）从环境规制、资源禀赋视角研究对制造业绿色转型的影响。当前学者主要集中关注与之相关的制造业转型升级影响因素研究，对制造业转型影响因素研究可分为宏观视域和微观视域两个维度。宏观视域影响因素包括环境规制、金融支持和全球价值链等（孔伟杰，2012；葛顺奇和罗伟，2015；原毅军和陈喆，2019；逯东和池毅，2019；徐朝阳和张斌，2020）。彼德罗贝利和热贝罗蒂（Piertrobelli & Rabellotti，2011）提出融入全球价值链是发展国家获取知识，实现制造业转型升级的一个重要途径。葛顺奇和罗伟（2015）基于中国跨国制造企业样本数据，发现中国制造业跨国公司进入全球价值链分工体系推动了制造业产业结构转型。而王岚和李宏艳（2015）、吕越等（2018）、王晓萍等（2021）则认为制造业嵌入全球价值链不利于企业研发创新行为，抑制制造业转型。叶莉莉等（2019）则认为中国全球价值链嵌入对制造业转型的影响随着自主研发与吸纳技术创新强度而改变。余东华和田双（2019）运用制造业上市公司面板数据研究发现全球价值链嵌入与中国制造业转型升级呈“U”型关系，低端嵌入阻碍制造业转型升级，中高端嵌入显著提升制造业转型升级水平。还有部分学者从宏观金融政策视角研究制造业转型的影响因素。尤杜和奥格布阿古（Udoh & Ogbuagu，2016）考察了尼日利亚的金融支持与制造业转型关系，发现金融支持对于制造业转型影响效应是负面的。孔伟杰等（2012）、张旭等（2017）、李宏（2018）等研究发现金融业规模扩张抑制制造业生产效率提升。黄庆华等（2017）基于中国省际制造业面板数据，发现金融效率能够显著推动制造业产业集聚，并促进制造业产业结构转型调整。环境规制是近年来制造业转型驱动影响因素研究热点。基于“波特假说”理论，适度的环境规制激励制造企业创新，对外资发挥“去污存清”的作用，可以促进制造业结构调整或制造产业转型（Lanoie & Patry，2008；Kneller & Manderson，2012、Rubashkina et al.，2015；原毅军，2014；黄庆华等，2018）。从短期来看，环境规制压力下，增加制造企业经营成本，制造业技术创新研发资本会做出偏离性选择，对全要素生产率产生排挤效应（Yuan & Xiang，2018；胡飞，2016），但从长期来看，环境规制能够引发技术创新效应，将重污染、低效率行业挤出市场，促进高效率和低污染企业发展（杨仁发和郑媛媛，2020；Hamamoto，2006），加速制造业产业结构调整与升级，从而推动制造业全要素生产率的提高（Greenstone，2002；杨仁发和郑媛媛，2020；方芳等 2020）。李晓英（2018）认为环境规制对制造业结构调整具有倒逼效应。郑金铃（2016）、郑加梅（2018）等研究发现环境规制对制造产业转型影响具有明显的区域异质性。格雷和萨伯根（Gray & Shadbegian，2015）研究发现环境规制对高能耗、高污染制造行业转型升级具有激励效应。

微观视域维度研究影响制造业转型的因素包括资本、劳动、技术和生产组织管理等。资本是影响制造业转型最为直接的因素。徐涛（2014）研究资本规模与制造业产出关系时，发现资本投入规模扩张促进中国制造业生产增长，但边际递减作用具有不可持续性。向东和余玉苗（2020）研究发现引进非国有资本能有效提升制造业的创新绩效，促进制造业提升劳动生产率，进而推动制造业转型，且非国有资本的促进效应主要源于经理人

观而非政治观。外商资本能有效促进制造业产业集聚，激励技术创新，提升劳动生产率，进而促进制造业产业的结构优化，推动制造业产业转型（石卫星和吴韡，2020；蒋殿春和王春宇，2020；罗伟和吕越，2019；蒋樟生，2017），但外商资本外溢效应取决于技术吸收能力，中国不同区域外商资本对制造业转型存在巨大差异（Keller，2001；罗良文和李珊珊，2013）。部分学者从劳动资本与技术创新视域下探究影响制造业转型因素。余东华和崔岩（2019）、薛继亮（2013）发现技术创新与制造业转型升级之间呈显著正向关系，科技进步主要依据自主研发创新促进制造业转型。阳立高等（2015）研究劳动力与制造业转型的关系时，发现新生代劳动力供给阻碍低端制造业转型，但对中、高端制造业具有明显促进效应。阳立高等（2018，2019）从劳动力资本、技术创新视角讨论，发现劳动积累和科技进步能有效推动制造业转型，但作用效果具有显著区域异质性。技术进步对制造业转型起决定性作用（Ngai & Pissarides，2007；孔伟杰等，2012；谢众等，2018）。技术创新能够促进中国制造业转型，技术创新、人口老龄化与制造业转型升级关系存在显著区域异质性（李光明和刘丹玉，2018；张凡，2019；何冬梅和刘鹏，2020）。生产组织管理是影响制造业转型升级的另一个重要因素。企业家组织、经营管理才能和企业组织管理能力的优化对企业转型有明显的促进作用，但通过组织管理优化给制造企业带来的转型效应是非线性的（才国伟等，2015；陆秋琴等，2021）。

1.2.1.3　制造业绿色转型的政策建议

当前中国制造业发展面临新兴市场国家“中低端吸纳”和发达国家“再工业化”的双重压力，中国制造业陷入全球价值链“低端分工陷阱”的发展困局。中国制造转型升级应充分借鉴国际经验，以政府政策为导向，鼓励业界积极响应，公众广泛参与的制造业绿色转型策略（中国工业经济研究所课题组，吕晓菲，2011）。中国制造业转型应加强技术自主研发创新能力、加快资金流通速度和巩固国际合作（王欣等，2020），着眼不同制造业类型，对于资源型制造业构建生态产业网络来促进实现转型显得十分必要（孙凌宇，2013）。一方面，政府需要加强对高能耗制造行业绿色转型的推进力度，通过设计内部化燃料成本的激励效应，以达到促进制造企业积极投入绿色转型的作用。另一方面，政府还应该重视碳交易价格的影响机制，以便制定动态最优的碳交易机制来促进制造业转型（周远祺等，2019；邵利敏等，2018）。刘学敏和张生玲（2015）从政府行为视角出发，提出要建立声誉机制，促使政府、企业、消费者以及广大媒体充分参与，通过利益相关者的反馈，对绿色信誉产生影响，以此来促进制造业绿色转型。同时加强政府管制与市场驱动的有机结合，在充分发挥政府政策管制的同时，将市场的利益诱导功能发挥出来，进而促进制造业绿色转型。制造业转型要着眼于绿色结构转型，中国制造行业内绿色转型对污染治理作用显著，结构转型工业“三废”减排的作用明显。因此，应该加强制造行业内部的转型，将污染治理由“事后治理”转变为“事前治理”和“事中治理”，尤其要注重加强对主要废气排放制造行业的污染治理工作（Jalil & Feridum，2011）。王兵和刘光天（2015）提出制造业绿色转型可从节能减排入手，加大对节能减排的技术研发投入，保障节能减排的基本国策不动摇。唐荣和黄抒田（2019）、张继彤等（2018）从产业政策的视角，提出实施差别化的金融供给方式和提升劳动力素质的制造业转型升级策略。陈阳和唐晓华（2019）为实现环境保护和制造业结构绿色转型的双赢目标，提出应该根据不同地区的经济发展状况和当地企业实际情况因地制宜实施节能减排政策，加强环境规制执行力度。胡安军（2019）在比较借鉴德国、美国和日本等制造业转型升级的实践经验基础上，从职业教育、技术创新、产业政策和环境规制等方面提出中国制造业绿色转型路径选择。

1.2.2 制造业绿色转型中政府角色定位相关研究

产业转型升级中政府的角色定位是理论界研究的热点。制造业绿色转型是建立在产业转型研究的基础上，其本质是生产要素向制造业清洁、高技术、高附加值行业流动的过程，最终使得整个制造产业生产要素配置效率和绿色全要素生产率得以提高。在中国产业转型过程中地方政府及官员扮演十分重要角色（秦黎和章文光，2018）。中国干部晋升治理机制具有对上级负责的特点，地方官员晋升由上级任命和考核（周黎安，2007）。在中央政府将制造业产业结构转型作为“十三五”“十四五”规划重要经

济发展目标的背景下，促进地区制造产业转型成为考核地方官员的政绩重要标准。因此，地方政府及官员积极跟进中央的产业政策，制定并实施促进区域制造产业结构转型干预的产业政策。

制造业转型产业政策是一系列对制造业产业发展有重大影响的制度安排的总和（林毅夫，2014）。政府是否应对制造业转型实施政策干预在学术界存在明显分歧，大体可分为“赞同”“反对”“有条件”三种不同的干预学术观点。一是赞同政府对制造业转型实施的产业政策干预。认为政府产业政策实施是由于市场机制自身存在缺陷，信息不对称和外部性的存在，政府推行产业政策有助于弥补市场在配置制造业转型升级资源方面的失灵。“政策导向型发展”成为政府干预产业发展的必然选择模式。南亮进（2012）等总结日本政府产业政策干预制造业转型的发展模式，认为日本政府积极的产业干预政策助推了日本制造产业结构调整转型。林毅夫（2014）指出中国产业结构的调整，需要政府利用产业政策干预工具扶持比较优势产业，政府职能定位应主动推进产业结构的调整升级。阿姆斯登（Amsden，2019）研究认为，日本、韩国制造业转型成功很大程度取决于政府制造业转型的财政与金融产业政策干预。熊凯军（2021）基于中国制造业专利数据研究发现，中国“十三五”规划重点制造业产业政策促进了制造企业的创新效率提升，但存在显著区域异质性特征。二是否定政府制造业转型产业政策干预，认为政府对制造业转型产业政策的干预会抑制市场作用的有效发挥，导致制造业生产要素资源配置的扭曲，认为企业家和企业家精神不能依靠政府产业政策的引导企业研发创新的发生，而且由于信息不完全性，政府信息收集成本过高，产业政策回馈机制难以得到及时矫正，从而最终出现偏离性决策，造成政府干预制造业转型升级政策无效。张维迎（2018）认为产业政策是对生产领域选择性干预和歧视性对待，导致激励机制的扭曲，注定失败。比森和温斯坦（Beason & Weinstein，2016）研究韩国、日本产业政策发现，制造业部门税收优惠、财政补贴的产业政策，并没有提升制造部门的全要素生产率。李振洋和白雪洁（2021）研究发现地方选择性产业政策对制造业绿色竞争力的提升产生了负面影响，表现为“抑制作用”。胡志明等（2021）研究发现中国制造业转型升级的产业政策，中央政府与地方政府在产业政策设计上缺乏协同作用，导致制造业转型的产业政策无效。三是支持政府有条件干预制造业转型观点，认为促进制造业转型产业政策的有效性作用是附有条件的。玉山和冈崎（Tetsuji & Okazaki，2016）就日本政企关系进行研究发现，制造业产业政策的有效性发挥只有在政府与制造企业对政策目标达成一致，而且产业政策能够获得各级政府保障实施和政企信息沟通有效才能实现。蔡敏和李长胜（2021）研究美国的制造转型产业政策发现，政府干预的产业政策有效性需要政府精心设计规划制造产业发展方向，并配合相关法案支持和引导。

在当前制造业转型政府干预产业政策存在广泛实施背景下，学术界讨论制造业转型政府职能主题已从“该不该实施”逐渐向“如何实施”转变。阿吉翁等（Aghion et al.，2012）研究指出，当前关于政府干预产业政策的问题已经不再是政府是否有需要实施产业政策，而是政府应如何设计和实施相关产业政策以推动区域经济增长和提升全民众的福利问题。政府实施制造业结构转型的产业政策手段很多，但主要集中在财政政策、金融政策和外贸政策等诱导性工具上，特别是财政政策工具，而政府补贴历来是财政政策工具中地方政府实现产业政策目标的最重要手段（张同斌和高铁梅，2012）。

1.2.3 激励制造业绿色转型的地方政府补贴相关研究

政府补贴作为产业政策最重要手段，是纠正“市场失灵”的政策性工具（Blanes & Busom，2004）。地方政府补贴是在某一特定时期，地方政府根据既定经济发展目的，直接或间接向企业、家庭等微观主体提供资金扶持的产业政策，是地方政府促进区域经济增长，引导产业结构转型调整，影响微观经济主体行为的重要政策性工具。地方政府补贴作为制造企业缓解融资约束和解决转型所需资金的重要方式，是制造企业微观经济主体竞相争夺的外部重要资源。地方政府制造业产业转型补贴政策是地方政府发挥“扶持之手”职能影响的重要体现，主要有供给型直接财政补贴和环境扶持型间接补贴的税收优惠两种激励产业转型的典型方式。当前研究缺乏对地方政府补贴与制造业绿色转型关系的直接探讨，已有相关文献主要围绕两个角度展开，一是分析地方政府补贴资源如何分配，为政府补贴政策取向出谋划策（Blanes & Busom，2004；余明桂等，2010）。二是评估政府补贴政策激励的有效性，为政府补贴政策提供经验证据（Tetsuji & Okazaki, 2016；刘啟仁等，2019；李振洋和白雪洁，2021）。

1.2.3.1　地方政府补贴资金的分配研究

地方政府补贴作为制造企业发展外部重要稀缺性资源，只有部分符合地方政府特定经济发展目的要求，达到既定的政府补贴标准企业才能获得相应扶持资金，属于特殊产业政策赋予特定群体的社会资源再分配。因此，地方政府如何分配政府补贴资金，什么样的企业符合地方政府补贴支持的对象成为公共经济学领域关注的两个核心问题（Blanes & Busom, 2004）。余明桂等（2016）基于中国民营上市公司的样本数据，探究地方政府政治联系是否影响企业政府补贴获取，研究发现建立政治关联与民营企业获得政府补贴资助呈显著正相关关系。邵敏和包群（2011）基于中国制造业企业数据，利用赫克曼（Heckman）二阶的选择模型考察地方政府补贴选择对象是扶持强者还是保护弱者，研究发现中国地方政府补贴在第一阶段的选择对象更倾向出口、创新能力强、生产率高的制造企业，即中国地方政府补贴第一阶段的选择对象更多地反映了“扶持强者”的特点；但在第二阶段，中国地方政府补贴对象更倾向国有企业，而且在中国中西部地区地方政府补贴第二阶段补贴对象选择更多体现“保护弱者”的特点。穆尔曼和德马埃森艾勒（Meuleman & De Maeseneire, 2012）研究发现技术创新是微观企业主体获得竞争优势的重要渠道，但中小企业存在研发融资困境。地方政府研发财政补贴不仅可以有效缓解中小企业融资困境，提升中小企业的现金流量，而且可以起到信号传递的作用，从而有助于增强中小企业外部融资能力，因此欧美发达国家的中小企业研发创新是政府补贴的重要支持对象。安东内利和克雷斯皮（Antonelli & Crespi, 2013）研究意大利制造业企业政府补贴的分配是否存在“马太效应”，研究发现意大利政府补贴分配对象的选择具有明显“成功者”的特征，而且存在已获得政府补贴的制造企业随后再次获得补贴概率明显增加的特点。孔东民等（2013）考察市场竞争和企业属性对地方政府补贴的影响，结果显示中国国有企业比民营企业更容易获得相对多的地方财政补贴资源，而且市场竞争越激烈，国有企业获得政府补贴效果越显著。王红建等（2014）考察企业盈余操纵与政府财政补贴之间关系，结果发现上市公司负向盈余操纵会增加政府财政补贴资金获得的机会。肖兴志和王伊攀（2014）研究政府补贴的动机时发现，地方政府财政补贴对象选择兼顾推动企业科技研发创新和粉饰企业经营业绩两种动机。王红建等（2015）以中国A股上市公司为样本数据，考察政府补贴行为是“救急”还是“救穷”，结果发现中国地方政府补贴对国有企业倾向救穷行为，而对非国有企业政府补贴倾向救急行为。李佩源（2015）利用Heckman选择模型分析政府补贴对象选择、政府补贴程度与企业贸易方式、生产组织之间的关系，发现从事贸易出口企业比从事贸易加工企业相对容易获得地方政府财政补贴资源，而且从事高新技术产业、规模相对大的出口贸易企业容易获得更多的地方政府财政补贴资助。波音（Boeing，2016）基于中国制造企业上市公司样本数据研究发现，已接受过地方政府财政补贴的企业、科技创新型高新企业、国有控股企业更可能收到政府财政补贴。王菁等（2016）考察地方政府补贴与企业“竞争中立”之间的关系，研究发现地方政府补贴对象的选择受到多方面因素的影响，并非仅仅取决于上市公司所有权属性，地方政府财政补贴对象的选择同时还兼顾有“扶强”与“护弱”的特征，高科技企业、亏损国有企业、贸易出口企业等是地方政府财政补贴的重点选择对象。郭（Guo，2017）考察不同类型地方财政补贴的分配情况，研究结果显示地方政府对新成立企业一般选择财政拨款方式进行补贴，对大型扩张企业一般运用免息、贴息贷款方式进行补贴，对高新技术企业主要运用税式支出形式进行补贴。卢现祥和尹玉婷（2018）研究人际关系在政府补贴中的作用，发现与政府建立人际关系的企业能够占取更多财政补贴资源。曲红宝（2018）研究政治联系与企业获得财政补贴的关系，结果显示政治联系与民营企业获得地方政府财政补贴存在直接的因果联系。白霄等（2019）基于“政府补贴悖论”的视角，考察上市制造企业盈利能力对其获得政府补贴的作用效应。研究结果显示企业盈利能力与政府补贴获取程度存在显著正向关系，而且与政府建立政治关联和强盈利能力可以增加企业获得政府补贴资源的机会。喻贞等（2020）考察中国A股上市公司获得政府补贴的动因时，发现国有企业获得政府补贴是由于承担国家政策性支出，而民营企业则主要因为科技研发创新。王竹泉等（2021）研究中国企业绿色发

展理念与政府补贴关系，结果表明践行绿色发展理念企业能够获得更多地方政府财政补贴。张慧等（2021）研究政府补贴对制造企业生存发展的作用，研究结果表明地方政府给予科技创新型企业、国有控股企业更多财政补贴资源和相对更高的补贴强度。

1.2.3.2 地方政府直接补贴激励的有效性研究

直接补贴作为地方政府产业政策最重要工具，在制造业转型过程中发挥着政策诱导和资金扶持作用（张同斌和高铁梅，2012；韩振国和杨盈颖，2018）。当前研究政府直接补贴对制造业转型影响效果的相关文献中，形成截然不同的两种观点。部分研究文献从资源依赖和信号传递的视角，强调地方政府直接补贴在制造业转型中的积极作用，认为地方政府直接补贴为制造业转型提供可靠资金来源，发挥补贴“定向诱导”和“租金创造”的乘数效应导向功能（张同斌和高铁梅，2012），增强制造企业转型过程中研发创新能力，并在一定程度克服外部冲击而陷入融资困境的可能性（Antonelli & Crespi，2013）。另一些学者则从政治腐败和资源配置扭曲的视角提出地方政府直接补贴对制造业转型的负面效果，强调地方政府财政直接补贴分配过程由于监管机制缺失造成政治腐败和财政资源配置扭曲，从而导致地方政府直接补贴对制造业转型的实际效果偏离原定产业政策目标（Meuleman & De Maeseneire，2012）。

资源依赖和信号传递是学术界解释地方政府补贴扮演“扶持之手”激励作用的两个主要研究视角。地方政府直接财政补贴对制造业转型的积极作用，从资源依赖的视角来看，地方政府直接财政补贴为制造业转型带来额外的资源，降低制造企业转型对外部融资的依赖。从信号传递视角看，政府直接财政补贴起到企业质量认证的功能，向外部传递企业积极发展比较优势的信号，有助于企业获得外部融资，进一步有效缓解企业转型中融资约束问题（Antonelli & Crespi，2013；张慧等，2021）。实证分析研究中，布拉内斯和布梭尼（Blanes & Busom，2004）、宋凌云和王贤彬（2013），从资源依赖的视角，基于工业企业数据考察政府直接财政补贴对企业转型升级的影响，研究发现政府直接财政补贴显著提升企业研发积极性，进而促进工业产业结构的转型变迁，而且政府直接补贴的政策产业结构的变动效应与资本密集度、融资约束程度和国有化水平存在显著正相关。袁航和朱承亮（2020）、张志立等（2020）分析政府直接财政补贴对制造业结构转型的影响时，发现地方政府直接财政补贴能显著促进制造产业结构转型，并存在企业区域、企业规模和企业所有权性质异质性结构转型效应，进一步研究还发现地方政府直接补贴作用路径主要是通过提升企业研发创新能力来促进制造业产业结构转型。胡春阳和王展祥（2020）通过构建产出—政府补贴模型，研究政府直接补贴对全要素生产率影响的内在机理，发现政府直接补贴能显著提升企业全要素生产率，推动企业转型升级。王昀和孙晓华（2017）分析政府直接财政补贴对工业转型升级的作用效果，认为政府直接生产性补贴有助于提高企业研发创新投资，进而倒逼制造业以绿色生产率的提升为表征转型升级。迪奥图瓦（Duhautois，2015）、莫法特（Moffat，2015）研究也证实了政府直接补贴对产业结构转型具有激励效应。王等（Wang et al.，2020）、苏振东（2012）从信号传递的视角，研究指出政府直接补贴大大降低了企业转型升级的技术创新研发的融资约束，缓解企业外部融资困境，增加企业技术创新研发活动资金，而且财政补贴激励机制主要通过影响产出增长率与技术进步途径作用于企业转型升级。洛佩兹（Lopez，2011）基于资源依赖和信号传递双重视角，从政府补贴收入效应、技术效应、组成效应和规模效应四个方面研究对制造业转型升级的影响，结果表明四种功能效应均显著促进制造企业转型，减少生产型的环境污染。

然而，部分文献从资源配置扭曲的视角指出政府直接补贴寻租行为不仅增加了政府直接财政补贴资源错配的可能性，还可能导致企业生产成本的增加。由于政府补贴资源分配是通过委托—代理模式进行决策的，但受托责任执行经常缺乏有效的激励与监督，容易导致政治寻租行为，造成“政府失灵”（Meuleman & De Maeseneire，2012）。如果由于政治寻租行为影响真正需要政府补贴支持的转型企业无法获得补贴，而收到政府财政直接补贴的企业却将补贴资源投到政治寻租和价格垄断中，那么政府直接财政补贴很可能成为产业结构转型的障碍（Meuleman & De Maeseneire，2012；Battistin et al.，2001）。民营企业、中小企业存在严重转型升级研发创新的融资困境，更容易将政府财政补贴资金用于提升竞争优势转型升级的研发创新活动中，而大型企业则可能将直接补贴财政资源用于扩大市场规模，提升垄断地位的经营活动行为中，由此地方政府直接补贴对民营企业、中小企业转型升级的激励效应更大（Zheng et al.，2015）。然而，中国现实是规模较大的国有企业更容易成为地方政府财政补贴的对象（张慧等，2021），这种扭曲财政资源的配置行为造成补贴偏离产业政策目标。邵敏等（2011）考察政府财政补贴强度对企业全要素生产率的影响，结果发现中国中西部地区财政补贴“护弱”的特点，即便短期内解决企业生存困境，但也无法长期提升企业竞争力。马丁（Martin，2009）、任曙明和张静（2013）对政府直接补贴政策效应进行研究，认为财政资源配置存在扭曲效应，缺乏效率抑制产出增加和竞争力提升。富鲁卡瓦（Furukawa，2013）通过构建政府补贴理论模型考察财政补贴与企业成长的关系，结果显示政府财政补贴造成企业投资的无效率，严重阻碍企业研发创新，难以长期促使企业转型升级和实现持续成长。周亚虹等（2015）对新能源汽车政府直接补贴进行评估，研究结果显示在新能源汽车起步初始阶段，政府直接补助能给新能源汽车产业带来盈利优势，但在新能源产业扩张后，政府直接补贴难以再激励企业研发创新投资，最终导致的后果是产品同质化与产能过剩。卡托泽拉和维瓦雷利（Catozzella & Vivarelli，2016）利用意大利企业创新调查数据分析政府补贴对企业创新影响，结果显示政府财政补贴对企业研发创新影响效果为负面。宋丽颖和杨潭（2016）考察中国新能源财政补贴的效果时，发现中国地方财政补贴产业政策难以长期有效提高企业经营绩效，而且从长期来看甚至阻碍企业研发创新，降低企业经营业绩。黄昌富等（2018）基于中国制造业上市公司为样本数据，考察政府补贴对企业转型升级的影响，结果发现增加财政补贴不能促使企业实现转型升级。余明等（2010）、卢现祥和尹玉婷（2018）、曲红宝（2018）从政治关系的视角，研究政府财政补贴有效性发现，由于不合理、缺乏有效监管的补贴政策，诱发官员与企业家之间的双寻租行为，导致建立政治关联的民营上市企业获得更多的政府补贴资源，但这种扭曲政府直接补贴行为对民营企业成长性和经营绩效并没有发挥正向的激励作用，甚至降低民营上市企业研发创新投资效率，进而抑制企业转型升级。

1.2.3.3 地方政府间接补贴激励的有效性研究

制造业绿色转型是中国经济高质量发展的基础与前提。在影响制造业绿色转型的诸因素中，政府间接补贴的税收优惠政策是宏观产业政策最重要的影响因素之一。理论上讲，地方政府可以通过税收优惠政策鼓励企业扩大投资和进行研发创新，提高企业经营绩效，进而提升满足消费结构转型升级的供给能力，助力于中国供给侧结构性改革，最终推动制造产业结构转型（刘啟仁等，2019）。实践上讲，政府间接补贴的税收优惠政策通过影响商品的相对价格，促进社会生产要素流动，改变生产要素资源配置效率进而改变微观主体制造企业投资结构和收益，提高劳动生产率，最终推动产业结构转型优化（贾俊雪，2017；李永友和严岑，2018）。

地方政府间接补贴的税收优惠作为产业政策的重要工具，通过加速折旧、税收抵免等降低企业经营成本和增加企业现金流，为有效缓解企业融资困境创造良好条件（曲振涛和林新文，2019），进而推动企业增加研发投资，促进企业研发创新能力的提升，助力企业转型升级（杨得前和刘仁济，2017）。李林木和汪冲（2017）基于中国中小企业的年报数据，考察地方政府间接补贴的税收优惠对企业创新能力和升级水平的作用效应，研究发现税收优惠促进提高企业的创新能力，增加创新成果，推动企业成长，但间接税收优惠效应大于直接税收优惠。库瓦达那蒂恩斋（Koowattanatianchai & Charles，2015）研究发现间接补贴的税收优惠激励企业增加研发投入，提高生产率，进而促进企业转型升级。梁俊娇和贾昱晞（2019）探讨政府间接补贴的税收优惠政策与企业研发创新关系，发现税收优惠能有效激励企业增加研发创新投入，尤其对民营企业、信息高技术企业的正向激励作用更为明显。拉加恩（Rajan，2009）、常青青（2020）、王春元和叶伟巍（2018）从信号传递的视角，研究发现税收优惠向外部投资者释放积极信号，降低研发融资的成本和困境，促进企业研发投入和专利产出增加。李远慧和徐一鸣（2021）考察税收优惠与先进制造业创新水平关系，发现税收优惠政策显著促进制造业企业一般性创新和实质性创新。杨艳琳和胡曦（2021）评估税收优惠政策的制造企业创新绩效，发现税收优惠政策激励制造企业创新绩效提升，而且增加研发投入是促进税收优惠激励创新绩效提升的一条有效路径。张晖明等（2017）基于微观制造企业上市公司数据，分析指出所得税优惠政策、研发费用加计扣除税收优惠政策和创新减免税收优惠政策等有效释放中国制造企业自主创新的双重成本压力，能够提高制造业企业的研发创新投入及增加创新产出，助推制造企业转型升级。布朗温（Bronwyn，2013）基于美国制造业企业非平衡面板数据，发现政府间接补贴的税收优惠的减税创新政策效应对企业研发支出增加大于政府放弃的税收成本，因而认为美国促进制造业创新的税收优惠政策是有效的，税收优惠政策对企业创新研发投资发挥着正向的积极作用。彭涛等（2021）研究税收优惠与风险投资关系，发现投资抵扣税收优惠政策提高风险投资对初创高技术创新型企业的资金投入。刘啟仁等（2019）研究发现税收优惠政策能促进企业的固定资产更新投资，有效提升企业生产效率。郑婷婷等（2020）从数量和结构两个视角考察税收优惠政策与微观企业创新质量的关系，发现税收优惠政策可以从数量和结构两方面同时提升企业创新质量，并且区域市场化发展进程起到积极调节效应作用。茨维克和马洪（Zwick & Mahon，2017）考察税收优惠对企业投资的影响，研究结果显示税收优惠政策提高了企业实体资产收益率，能显著促进增加企业"脱虚向实"实业主业投资，助力于实体企业转型升级。付文林和赵永辉（2014）研究发现税收优惠政策显著增加企业现金流，激励企业增加固定资产更新改造投资，最终提高了企业生产率。刘娟（2019）基于中国通用设备制造业企业数据，研究发现 2014 年加速折旧政策与制造业固定资产投资呈显著正相关关系。李永友和严岑（2018）、范子英和彭飞（2017）、申广军等（2016）研究"营改增""增值税转型"的税制改革政策带来税收优惠的影响，发现税制改革政策的减税效应显著推动微观实体制造企业的固定资产投资，带动以生产率提升为表征的企业转型升级。

地方政府间接补贴的税收优惠作为地方政府促进产业转型的一种有效方式，能够降低企业资源的使用成本（刘啟仁等，2019），但也加剧了地方资源配置的扭曲效应（谢贞发和范子英，2015），从而可能对地方产业转型产生负面的影响。李晶等（2017）、张帆和张友斗（2018）以中国第三板上市公司为样本数据，研究发现增值税和所得税优惠均对企业盈利能力的提升产生负向的抑制作用，并且抑制负向效应随着税收优惠产业政策实施时间的延长而减弱。豪斯（House，2008）以日本、韩国的税收优惠产业政策为案例分析，研究表明由于政府缺乏对产业信息完整掌握，税收优惠政策并未对相关产业的微观企业劳动生产率提升产生积极的激励效应。恩吉尔和米切尔（Engers & Mitchell，2005）构建一般均衡模型考察税收优惠政策与国内研发投入的关系，发现由于税收优惠国际溢出效应，从而导致国内研发投入下降。郑春美和李佩（2015）以创业板高新技术企业为样本数据，研究发现税收优惠的产业政策不能促进企业创新水平的提升，甚至产生抑制的负面影响。李万福等（2016）基于企业调整成本视角考察税收优惠与企业研发创新关系，发现随着调整成本的增加税收优惠积极作用逐渐减弱，当调整成本跨越 0.012 门槛阈值时，税收优惠产业政策的激励作用效应丧失。李维安等（2016）基于新制度主义的研究视角出发，研究发现由于存在腐败行为导致寻租成本的增加，税收优惠产业政策对企业创新绩效没能起到积极作用，甚至产生抑制效果。李艳艳和王坤（2016）从企业行为约束的视角，构建随机效应模型研究发现企业技术创新研发活动受到其自身行为的影响，税收优惠产业政策并未对企业研发创新投入和产出产生明显的促进作用。储德银等（2017）基于中国战略性新兴产业的面板数据，考察税收优惠政策与战略新兴产业专利产出关系，发现税收优惠政策抑制了战略性新兴产业劳动力资本和研发费用的投入，进而阻碍专利产出的增加。黎文靖和郑曼妮春（2016）研究发现选择性税收优惠的产业政策只会带来企业策略性创新数量的增加，而企业创新的“质量”并没有明显的改变。雨童等（2021）基于“高精尖”产业上市企业微观数据，研究发现政府间接补贴的税收优惠政策阻碍了“高精尖”产业企业生产率与资产收益率的提高。

1.2.3.4 地方政府直接补贴与间接补贴激励效应比较研究

政府补贴通过影响生产资源流动和产品价格，以使特定目标群体受益的目的，不同的政府补贴方式会产生迥异的效果（Buigues & Sekkat，2011）。学界对于地方政府直接财政补贴与间接补贴的税收优惠两种政策的比较与选择的争论从未平息（张同斌和高铁梅，2012；Bronwyn，2013）。阿吉翁（Aghion P.，2012）基于中国制造业上市公司的数据研究地方政府直接补贴与间接补贴的税收优惠对企业生产率影响效应，发现直接补贴和税收优惠均促进制造企业生产率提升，但财政补贴作用更为直接、迅速，从短期来看财政直接补贴则要优于税收优惠。而张同斌和高铁梅（2012）研究政府直接补贴与税收优惠对产业结构调整的影响，结果发现政府直接补贴与税收优惠均提高了高新技术产业增加值率，促进高新技术产业内部结构的调整优化，但政府间接补贴税收优惠的激励效果更为显著。马海涛和许强（2014）研究发现政府直接补贴和间接补贴对企业不同创新阶段均具有促进作用，其中政府直接补贴支持政策在企业研发创新投入阶段更为有效，而政府间接补贴的税收优惠政策在企业创新技术转化和产业化阶段的激励效果更为显著。柳光强（2015；2016）基于中国战略新兴产业数据，研究发现政府直接补贴、间接补贴政策促进了信息技术和新能源战略新兴产业的发展，但作用效果具有显著差异，从企业的收入和净利润来看，地方政府的间接补贴的税收优惠政策的作用效果更为明显。马玉琪等（2016）考察政府补贴与企业发展关系，发现财政直接补贴与间接补贴均有利于提升企业初创期的经营业绩，但这种助推效应并不可持续，而且政府直接财政补贴在弥补市场失灵的同时还会带来政策失灵的可能性，对提升企业长期的成长能力不起作用。唐书林等（2016；2018）利用系统演化模型，基于中国上市公司的面板数据，研究发现对企业研发创新的激励作用，政府间接补贴的税收优惠政策的积极作用优于政府直接财政补贴。杨得前和刘仁济（2017）考察税收优惠、直接补贴对企业转型升级的激励效应，结果发现从整体上看，税收优惠比政府直接补贴对企业的转型升级积极促进效果更为显著，从行业分类的角度来看，税收优惠对高新技术行业转型升级的推动作用更为明显，而政府直接财政补贴对企业转型升级的激励作用并不显著。陈远燕等（2018）考察财政补贴、税收优惠与企业创新产出结构的关系，发现财政补贴与税收优惠对企业研发创新专利数量呈正向的推动作用且政府间接补贴的税收优惠对授权专利正面促进作用更大，但作为核心技术创新产出的发明专利，政府直接财政补贴与间接补贴政策工具均无影响。张帆和张友斗（2018）运用系统GMM模型分析政府直接补贴、间接补贴产业政策工具对企业经营绩效的激励效果，发现在竞争性领域政府直接补贴和税收优惠显著提高企业收入增长率和净利润率，但税收优惠的政策效果更加显著。高秀平和彭月兰（2018）研究发现税收优惠更能提升企业盈利和偿债能力，而政府直接补贴则更有助于增加企业研发创新投入，长期来看政府间接补贴政策的效果优于政府直接补贴政策。茵玛库拉达（Inmaculada，2018）基于西班牙制造业企业数据，考察政府直接补贴、税收优惠对投资的影响，结果发现注重质量长期研发投资企业政府直接补贴更有效，而且同时享受直接补贴和间接补贴相比单一享受直接补贴对企业创新绩效促进作用的政策效应更大。陈红等（2019）、周海涛和张振刚（2015）从企业生命周期的视角分析政府直接补贴、间接补贴与企业创新绩效关系，研究发现政府直接补贴、间接补贴对企业创新绩效均有正向促进作用，但政府直接财政补贴更有利于成长期企业的开发性创新，而政府间接补贴更适用于成熟期企业探索性创新。刘兰剑等（2021）、段姝和杨彬（2020）、扎尔尼茨基（Czarnitzki D.，2011）基于新能源汽车上市公司的面板数据，从企业发明专利质量的视角研究政府直接补贴与间接补贴的作用机制，发现两种政策均对企业专利质量的提升起到了正向的促进作用，但政府间接补贴的税收优惠政策能够有效降低企业创新扭曲的风险，可以在一定程度避免政府失灵，因而地方政府在选择补贴工具时应逐渐从政府直接补贴转向间接补贴为主。

1.2.4 文献评述

综上所述，纵观国内外关于制造业转型内涵、影响因素、政策建议和产业转型中政府角色定位、政府补贴资金分配、政府补贴激励的有效性等问题进行了广泛而深入的研究，取得较为丰硕的研究成果。但由于研究具体对象、研究方法和研究思路的不同，研究并没形成一致性的结论，甚至出现结论相互矛盾的现象，对地方政府补贴政策在制造业转型中职能定位与行为逻辑缺乏一个全面系统的分析框架。因此，尽管已有成果对探讨地方政府补贴影响制造业绿色转型的激励效应提供了理论指导、实践基础和政策参考，富有成效。然而，仍需要在以下几个方面深入推进。

（1）制造业绿色转型内涵拓展以及实现的内在逻辑机理。已有文献对制造业转型的研究很少关注绿色因素，并且往往仅就某一影响因素对制造业转型进行剖析，但制造业产业结构转型是一个涵盖多方面的复杂动态演变过程。在当前中国制造业发展日益突出低端化、高能耗和高污染的问题下，制造业转型不再是单纯提高生产效率、节约成本而进行产业结构优化升级，而是站在生态建设和环境保护的高度下进行的全方位制造业产业结构调整优化。因此，制造业产业结构转型需要综合考虑结构转型调整过程中面

临的能源资源、环境约束及其生产效率问题，需要深入探讨制造业转型的扩展内涵和制造业实现绿色转型的内在逻辑机理，但已有文献鲜有涉及。

（2）官员激励机制对地方政府补贴与制造业绿色转型关系的影响。研究地方政府补贴对区域制造业绿色转型的激励效果就不能避开驱动地方政府行为的关键影响因素——中国官员激励制度。当官员自身利益与政府公共利益不一致时，地方官员很可能会关注自身利益公权私用而损害公共利益，最终影响地方政府治理水平及其在区域制造业绿色转型中作用的发挥。而且具备浓厚地方政府意志的制造业转型补贴产业政策，官员激励机制还会影响地方政府制造业转型的补贴支出规模与结构。因此，分析官员激励机制是理解地方政府参与区域制造业绿色转型补贴政策激励效果的关键窗口，但现有文献尚未关注到官员激励制度对地方政府补贴影响制造业绿色转型效果的作用机制。

（3）地方政府补贴“规模—结构”二维机制与制造业绿色转型动态互动关系。已有文献讨论大多数聚焦于政府补贴对微观企业行为激励的有效性问题，往往基于单一静态视角去考察政府补贴支出规模的既定目标激励绩效，而且尚未得到一致的研究结论，更鲜有文献关注实施地方政府补贴政策的有效模式等核心问题。在当前欧美发达国家再工业化“纵向压榨”与发展中国家低成本“横向挤兑”的双重压力下，地方政府补贴作为推动制造业转型重要的产业政策工具，不仅要激励微观制造企业增加研发创新、提高出口产品质量和经营业绩等途径提升制造企业国际竞争力，更为关键的是在中观层面激励制造业产业结构转型升级目标的实现，但目前鲜有研究同时探讨地方政府补贴规模与不同补贴模式对制造业转型的激励动态影响。因此，从中观层面上系统分析地方政府补贴“规模—结构”二维机制与制造业绿色转型动态互动关系，突出地方政府补贴政策的“区位定向诱导”功能，对理解地方政府补贴政策在制造业绿色转型动态演变进程中的政府职能定位显得十分必要。

（4）地方政府补贴对制造业绿色转型激励作用的空间外溢机制。已有研究面板回归假定中国各区域制造业产业结构调整是相互独立的，然而中国各区域间资本、技术和劳动力等生产资源是流动的，一个地区政府补贴政策不仅会影响当地制造业绿色转型，还会通过资源要素价格和流动、知识溢出等作用对相邻地区制造业转型造成影响。一个地区制造产业转型不仅取决于其自身的资源要素禀赋，也依赖于其相邻地区的制造产业转型（Yu & Lee，2012），相邻地区制造业产业结构转型所产生的空间外溢效应会成为该地区制造业转型的重要推动源泉（胡小梅，2016）。如果忽略制造业转型地方政府补贴空间外溢机制的影响，模型回归估计结果可能是有偏差的且存在较大的随机性。因此，需要运用空间计量模型分析制造业产业结构绿色转型地方政府补贴激励的空间外溢机制，考察地方政府补贴对制造业绿色转型本地效应及其跨区域空间溢出效应。

（5）激励制造业绿色转型的地方政府补贴“适度区间”。已有研究政府补贴与产业转型、微观企业行为的实证研究多数建立在参数同质线性假设的基础上，很少涉及地区经济发展水平和地方政府治理能力差异等外部因素的调节机制，更鲜有研究探讨地方政府补贴的经济阈限、地方政府补贴的最优规模等核心问题。中国是一个地区资源禀赋、经济发展水平和地方政府支出偏好存在巨大差异的国家，其各区域经济发展和地方政府治理能力有着明显的不同。地方政府补贴激励制造业绿色转型的效果并不仅仅取决于政府补贴产业政策本身，还受到制造业绿色转型是否与特定经济发展水平和其内生决定的地方政府治理能力相适应。另外，在中国特殊的官员激励制度背景下，过度补贴还会强化微观企业“寻补贴”动机而产生可能抑制制造业转型的问题。因此，需要进一步将区域经济、政府行为特征与产业特征的制造业绿色转型联系起来，聚焦地方政府补贴激励制造业绿色转型作用机理与非线性效应，探寻地方政府补贴最优“适度区间”，为推动制造业绿色转型的政府补贴政策调整优化提供更具针对性、前瞻性实证研究的基础。

1.3 研究思路、内容框架与方法

1.3.1 研究思路

研究按“提出问题”“分析问题”“解决问题”一般研究范式展开，

围绕地方政府补贴与制造业绿色转型关系的研究主题，从理论和实证研究两个层面展开探讨。第一，理论层面上，在对现有相关文献进行系统梳理的基础上，以工业生态理论、新结构经济学理论、外部性理论和内生经济增长理论为依据将制造业转型内涵拓展为制造业绿色效率提升、制造业清洁化转型和制造高级化转型三个方面，并基于扩展的索洛模型理论推演制造业绿色转型的实现机理与内在逻辑。第二，基于内生经济增长理论分析框架，推演地方政府补贴支撑制造业绿色转型理论模型，并从微观、中观和宏观三维层面探究地方政府补贴激励中国制造业绿色转型的作用机制，为实证分析和政策建议提供理论基础。

实证研究层面上，首先，选择恰当指标与方法对制造业绿色效率、清洁化转型、高级化转型进行测度，并在此基础上就制造业绿色转型动态演变特征事实与区域异质性进行描述性统计比较分析。其次，考察当前激励制造业转型的地方政府补贴政策演变历程和具体手段，明确制造业转型中地方政府的职能定位与市场边界，探究地方政府补贴激励政策现状与存在问题，初步揭开中国地方政府实施制造业绿色转型补贴政策激励存在问题与有效条件。最后，运用系统 GMM 模型、中介效应模型、空间杜宾模型和门槛效应模型分析地方政府补贴“规模—结构”与制造业绿色转型互动关系，实证检验地方政府补贴激励制造业绿色的动态效应、空间溢出效应和政府补贴的最优“适度区间”，突出地方政府补贴激励作用的“区位定向诱导”功能与地方政府职能边界，透视地方政府补贴激励制造业绿色转型的作用机制，揭开宏观地方政府补贴干预制造业绿色转型的“黑匣子”，为地方政府制定和调整促进制造业转型的补贴产业政策提供实证经验证据。

1.3.2 研究框架

基于上述研究思路，研究总体分成9个章节，研究主要框架如图1-1所示。

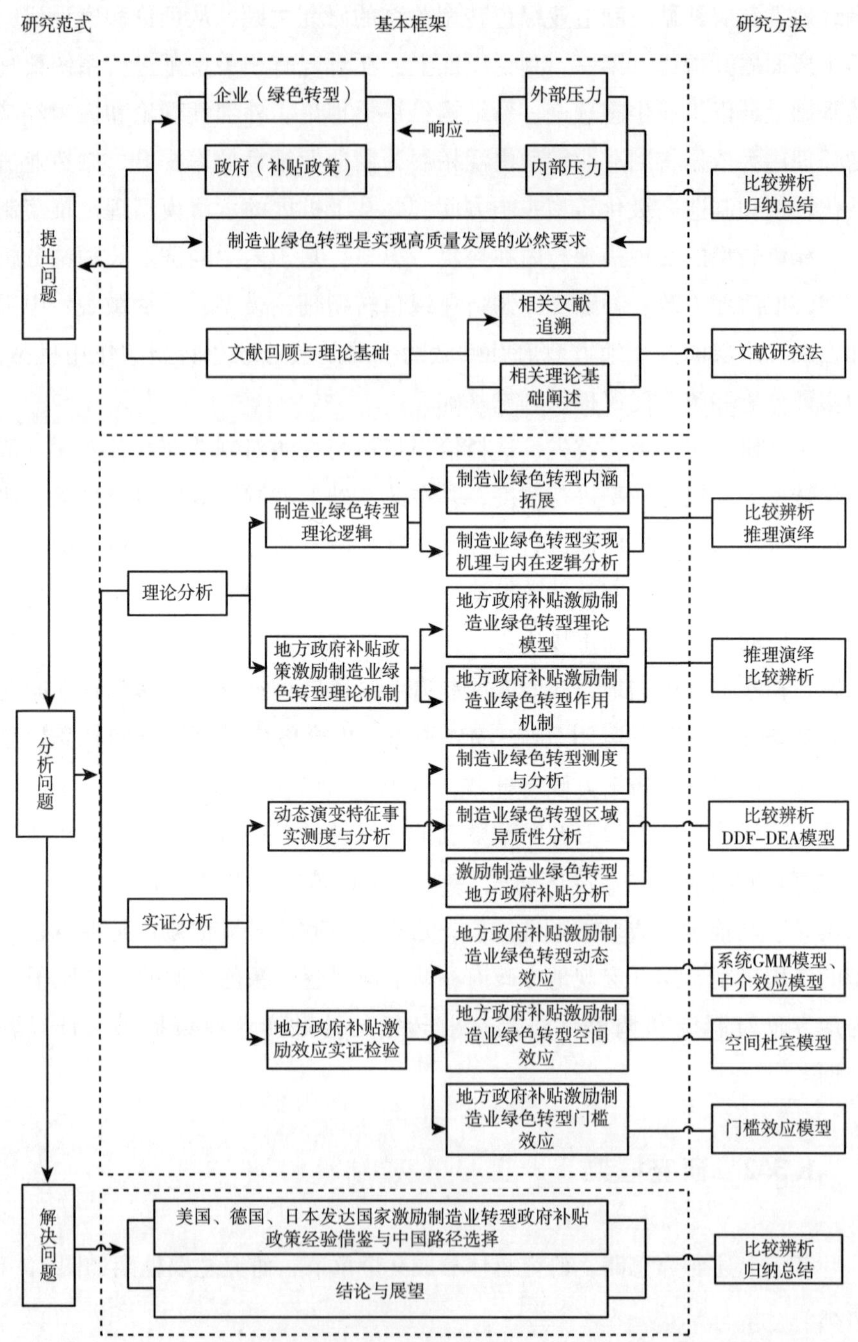

图 1－1　地方政府补贴对制造业绿色转型的激励效应研究技术路线

第 1 章绪论。介绍研究选题背景与意义，总结国内外有关制造业绿色转型的内涵、影响因素和政策建议，详细回顾制造业转型中政府角色定位、制造业绿色转型地方政府补贴资金的分配和补贴政策激励的有效性等相关文献研究进展，并基于吸收借鉴逻辑进行简要研究评述，在此基础上提出研究问题、研究思路、研究框架以及研究主要方法。

第 2 章核心概念与理论分析框架。对研究所涉及制造业绿色转型、激励制造业转型的地方政府补贴等核心概念进行界定，同时从工业生态理论、新结构经济理论、外部性理论和内生经济增长理论阐述实施政府补贴政策影响制造业绿色转型的理论依据。并进一步基于扩展的索洛模型分析制造业绿色转型实现机理与内在逻辑，以及在制造业实现机理逻辑的基础构建推演政府补贴激励制造业绿色转型理论概念模型与作用机制。

第 3 章制造业绿色转型测度与分析。将中国制造业发展质量与世界主要工业发达国家美国、日本、德国制造业进行比较分析，找出当前中国制造业发展面临的主要挑战。对中国制造业绿色转型测度进行简要陈述，基于数据可得性，结合前人研究基础，构建测度制造业绿色效率、清洁化转型和高级化转型衡量指标，并以此为基础分析中国制造业绿色转型动态演变的特征事实和区域异质性特征。

第 4 章激励制造业绿色转型的地方政府补贴政策分析。分析中国激励制造业绿色转型的地方政府补贴政策演变历程及具体手段，阐明在制造业绿色转型中地方政府职能定位，并从地方政府补贴规模、结构和区域异质性三个维度考察激励制造业绿色转型的地方政府补贴现状，并指出当前中国激励制造业绿色转型地方政府补贴政策存在的主要问题。

第 5 章地方政府补贴激励制造业绿色转型效应：基于动态效应视角。以中国 2009～2019 年省际面板数据为样本，利用系统 GMM 模型实证考察地方政府补贴规模、地方政府直接补贴和地方政府间接补贴对制造业绿色转型激励的动态效应以及区域、企业规模和政府治理能力异质性的动态激励效应，并运用中介效应模型从官员晋升激励与寻租激励的视角探寻地方政府补贴对制造业绿色转型激励效应的作用机制。

第 6 章地方政府补贴激励制造业绿色转型效应：基于空间效应视角。以 2009～2019 年中国省际面板数据为样本，利用空间杜宾模型（SDM）

实证分析地方政府补贴规模、地方政府直接补贴和间接补贴对本区域及相邻区域制造业绿色转型的空间溢出效应，探讨邻近地区制造业产业结构绿色转型与政府补贴竞争与模仿策略，并进一步地从空间区域异质性视角考察在中国不同地区地方政府补贴对制造业绿色转型激励效应的空间非均等性特征。

第 7 章地方政府补贴激励制造业绿色转型效应：基于门槛效应视角。以 2009 ~ 2019 年省际面板数据为样本，运用门槛效应模型实证检验地方政府补贴规模、地方政府直接补贴和间接补贴对制造业绿色转型激励的非线性效应，探寻地方政府补贴的"适度区间"以及政府治理能力与经济发展水平对地方政府补贴与制造业绿色转型之间影响的结构突变门槛调节效应。

第 8 章发达国家激励制造业绿色转型补贴政策经验与启示。从政府补贴影响制造业转型的角度分析总结美国、德国、日本等发达国家利用补贴产业政策激励制造业转型的经验，结合当前激励制造业转型地方政府补贴存在的问题以及研究结论，提出激励中国制造业绿色转型的地方政府补贴政策路径选择。

第 9 章结论。对研究结论以及研究创新点进行归纳性总结，并指出将来可拓展的研究领域。

1.3.3 研究方法

1.3.3.1 文献研究法

研究主要从两个方面来运用文献分析方法展开研究。(1) 对与研究相关的工业生态理论、新结构经济学理论、外部性理论和内生经济增长理论等经典理论进行文献追溯，为本研究提供理论基础。(2) 系统梳理总结有关制造业绿色转型的内涵、影响因素与政策建议文献，以及回顾制造业转型中地方政府职能角色定位和制造业转型中地方政府补贴分配与激励作用有效性的相关文献。通过对国内外相关的研究成果进行整理、分析与比较，把握地方政府补贴与制造业转型研究领域的发展态势与前沿动向，为研究问题提出与目标确立以及研究框架搭建提供理论依据。

1.3.3.2 比较辨析法

（1）利用经济合作与发展组织（OECD）数据库和 World Bank UN 数据库，综合比较中国制造业与美国、德国、日本等发达国家的制造业工业增加值、能源消耗量和废气排放量等指标，辨析中国制造业与世界制造业强国的差距和存在的问题，阐明中国制造业全方位绿色转型的必要性。（2）比较分析制造业绿色转型在中国东、中、西部地区的区域差异。（3）比较辨析激励制造业绿色转型具体政府补贴手段。（4）比较辨析地方政府直接补贴与间接补贴对制造业绿色转型的激励效果。（5）比较辨析地方政府补贴对制造业绿色转型影响的区域、企业规模、政府治理能力激励作用效果的异质性。（6）比较辨析美国、德国和日本等发达国家补贴政策支持制造业产业发展的经验，总结归纳可资借鉴经验。

1.3.3.3 推理演绎法

（1）基于扩展的索洛模型，推理演绎制造业绿色转型实现机理与内在逻辑。（2）针对政府补贴政策影响制造业绿色转型的理论模型，在内生经济增长框架下构建参与者行为约束方程，推理演绎地方政府补贴支出政策影响制造业绿色效率以及产业结构转型变迁的理论模型。（3）进一步从微观、中观和宏观的视角，演绎分析地方政府补贴激励制造业产业结构绿色转型调整的作用机制。

1.3.3.4 实证分析法

（1）设计 DDF-DEA 模型测度制造业绿色效率。（2）运用系统 GMM 模型探究地方政府补贴规模、直接补贴和间接补贴影响制造业绿色转型动态激励效应。（3）利用中介效应模型分析地方政府补贴对制造业绿色转型激励的作用机制。（4）采用空间杜宾模型揭开地方政府补贴对本区域与邻近区域制造业绿色转型激励的空间效应及空间异质性效应。（5）运用门槛效应模型，考察制造业补贴规模、直接补贴和间接补贴激励制造业绿色转型的非线性效应，探寻地方政府补贴“适度区间”和参数估计。

1.3.3.5 归纳总结法

（1）根据研究背景，在既有相关文献的全面梳理和理论分析的基础上，归纳总结研究目的，提出研究问题。（2）归纳总结制造业绿色转型的不同内涵和研究角度，并基于研究目的对制造业转型的内涵和地方政府补贴内涵进行拓展界定。（3）根据理论与实证分析结论与发达国家可资借鉴经验，归纳总结了激励中国制造业绿色转型的地方政府补贴产业政策路径选择。

核心概念与理论分析框架

2.1 核心概念

2.1.1 制造业绿色转型

自20世纪70年代来，经济过度扩张带来了一系列资源耗竭以及生态环境问题。随全球性环境污染日趋严峻，人类开始对社会生产模式进行反思，提出了绿色发展理念。绿色发展理念包含两部分内容，一是发展，二是绿色。其中“发展”要求高质量持续发展，即以生产方式的创新、生产率的提高和产品质量的提升来实现经济可持续增长。而“绿色”则要求经济在发展的同时，能够保护自然环境，提高资源利用率。也就是说绿色发展理念要求人类发展经济时要充分考虑自然环境承载能力和自然资源可持续的前提下，尽量减少自然环境对经济发展的束缚，在经济发展的同时自然环境得到优化，生产资源综合利用效率得到提升。绿色发展是《中国制造2025》主攻发展方向和关键着力点，也是对循环、绿色、低碳和可持续发展等经济概念的高度概括。

制造业绿色转型内涵源于“绿色发展”转变而来“绿色转型”，是绿色发展理念在制造业领域的拓展与升华，强调运用环境规制来实现制造业可持续发展，其包含“绿色”和“转型”两个维度。布罗克和泰勒

(Brock & Taylor, 2005) 认为制造业绿色转型是制造业从能源消耗高、环境污染大的传统制造模式向综合考虑经济、环境、资源效益的绿色制造模式转变，致力于实现生态文明与制造业的可持续发展。闫雅芬（2021）认为制造业绿色转型是制造业增长方式向清洁集约化转型，实现生产要素资源合理配置、生产效率持续提升、环境污染持续下降和生产信息智能化的动态系统演化。联合国工业发展组织委员会（2011）认为制造业绿色转型是一种低碳、环保、节能新型工业发展模式，要求制造业发展过程中满足生产和消费可持续性，实现资源利用与生态环境和谐发展。王昀和孙晓华（2017）根据中国工业化进程中的制造低端化、高能耗和高污染问题，提出制造业产业结构绿色转型为工业增加值提升、能源利用效率提高与工业污染物排放下降三个层面。中国工业经济研究课题组（2011）认为制造工业绿色转型集中体现在制造业生产效率提升、环境污染影响下降、资源利用率提升和可持续发展。可以看出，从本质上讲制造业绿色转型不仅是制造模式、生产方式的转变，同样是一种新的价值取向，必然会带来制造业规模、结构、效率、能源和环境改变，实现制造业与能源环境平衡发展，体现在制造业绿色效率提升和制造产业结构实现清洁化和高级化转型。也就是说，制造业绿色转型包括制造业生产率的提升和制造业产业结构调整升级。具体实现路径如图 2－1 所示。

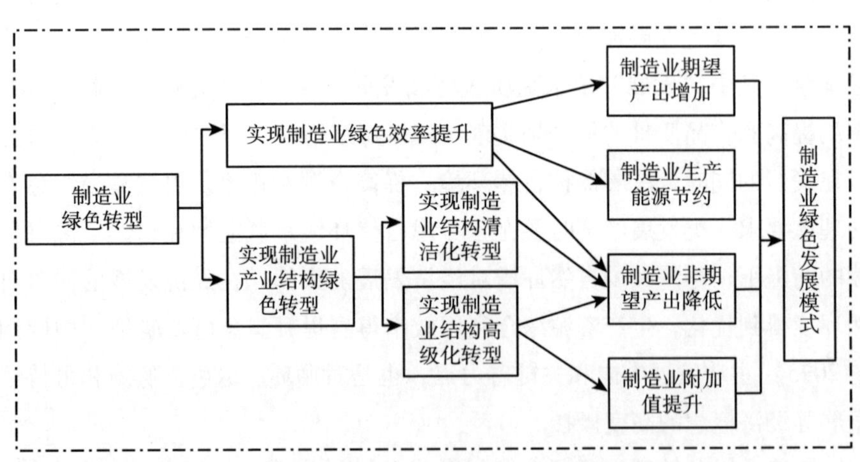

图 2－1　制造业绿色转型的内涵拓展

综上所述，制造业绿色转型是一个包括制造业绿色效率提升、制造业

清洁化转型和制造业高级化转型的系统过程。因此，从制造业绿色效率、制造业清洁化转型和制造业高级化转型三个维度对制造业绿色转型的内涵进行拓展界定。

2.1.1.1　制造业绿色效率

生产效率一直是学术界关注的热点问题，从亚当·斯密提出劳动生产率与国民财富之间有着密不可分的联系，到新古典增长理论认为资本和劳动力的积累可以促使生产效率显著提升，再到后来的内生经济增长理论强调技术进步对生产效率的促进作用。尽管不同学者基于不同研究视角，对生产率的理解有着明显的差异，但普遍认同生产率是指一定生产期间内的生产效率。

早期的生产率仅考虑单一要素变化对总产出的影响，随着社会分工的细化和科技的进步，人们逐渐意识到对总产出的影响是由多种要素共同作用的结果，提出了全要素生产率的概念。全要素生产率是相对于单要素生产率而言，是一定时期内扣除所有投入要素或资源，反映技术进步结果的索罗余值。进入 21 世纪，随着环境污染和能源危机的不断恶化，传统全要素生产率忽略能源与环境对经济长期增长产生的约束性影响，造成测度结果的偏误和政策误导，由此学者提出了绿色全要素生产率的概念，即在传统全要素生产率的基础，考虑经济增长对环境产生的损耗和环境污染对经济增长产生的刚性约束，在计算全要素生产率时加入能源环境要素和非期望产出。

制造业绿色转型是为了实现制造业高质量发展，改变中国传统制造业长期低效粗放的增长模式，提高绿色全要素生产率以实现制造业向高技术、高附加值和清洁化转型升级。因此制造业绿色效率源于考虑资本、劳动力、能源等投入要素和期望产出与非期望产出后得到投入产出比的绿色全要素生产率。制造业绿色全要素生产效率提升意味着制造业劳动生产率得到提升、能源得到充分利用、环境污染防治得到有效改善，实现了资源节约和环境友好良性循环的可持续发展模式。因此，将制造业绿色效率的内涵界定为制造业绿色全要素生产率。

2.1.1.2 制造业清洁化转型

传统的制造产业向清洁型的制造产业结构转变，一方面要求在产品供应、设计、制造、装配、消费和废品管理的整个产品流程中做到绿色清洁，在供应链的各个环节减少环境污染和降低生产资源浪费，实现制造业从污染型向清洁型转变。另一方面是从增加制造业绿色行业的数量方面着手，通过减少污染型行业的比重，扩大清洁行业的占比，进而实现整个制造产业从污染生产到清洁化生产方式的结构转变。制造业清洁化转型作为制造业产业结构绿色转型的重要内容，借鉴胡安军（2019）、童健等（2016）的做法，将制造业清洁化转型的内涵定义为中国区域制造产业结构实现由污染生产向清洁、绿色生产转变，或者中国区域内高污染制造行业比重下降，清洁高技术行业比重上升的动态调整过程。

2.1.1.3 制造业高级化转型

制造业高级化转型是由传统制造重工业、制造业低技术行业和制造业高污染高排放行业向医学制药、电子机械、交通设备等高科技、低污染研发密集型的高新技术制造产业转型（李晓阳等，2021）。高新技术产业具有高附加值、低污染的特征，有助于实现制造业持续增长与环境良性协调发展目标（胡安军，2019）。通过技术扩散与知识溢出效应高新技术制造产业带动传统制造业技术进步，并随着高技术制造产业占比相对扩大，区域制造产业结构向高级化转型，整个区域科技创新水平会随之得到显著提升，进而最终影响整个区域制造产业生产效率，促进区域内制造业、资源和生态环境实现持续均衡发展。制造业高级化转型兼顾能源、生态环境和经济效益，是通过技术创新、环境保护来提升制造业的绿色发展绩效。制造业高级化转型作为制造业绿色转型的重要内容，借鉴张峰等（2019）、原毅军和陈喆（2019）制造业产业结构转型的定义，将制造业高级化转型的内涵界定为中国区域制造产业由低附加值行业转向高附加值行业，地区高新技术制造业在整个区域制造产业中的比重不断上升的动态调整过程。

2.1.2　激励制造业绿色转型的地方政府补贴

地方政府补贴是地方公共财政支出的重要组成部分，是地方政府依据一定时期特定经济发展目的，向微观经济主体提供的一种无偿转移支付（张同斌和高铁梅，2012；Montmartin & Massard，2015），包括财政补贴、税收优惠和政府投资等。由于制造业绿色转型具有显著的正外部溢出效应，这种正向溢出效应如果得不到政府有效治理，会导致区域制造业转型投资不足以及出现“搭便车”行为，甚至引发市场无效率，最终阻碍区域制造业产业结构调整。因此，地方政府往往运用补贴手段，激励制造业微观主体增加转型的研发创新和固定资产更新投资，从而推动制造业企业转型升级（李小奕，2021；Howell，2017）。地方政府激励制造业绿色转型补贴主要是地方政府对符合特定时期经济发展目标准公共物品特征制造业绿色转型企业实施补贴政策的行为。地方政府补贴对制造业转型具有成本缩减和缓解融资约束作用效应，是政府扮演“扶持之手”最直接的手段，能够有效解决“市场失灵”的问题，有助于促进区域制造业产业结构转型调整（胡小梅，2016）。激励制造业绿色转型的地方政府补贴政策可以从政府补贴方式和制造业转型补贴政策两个维度来理解（见图 2－2）。

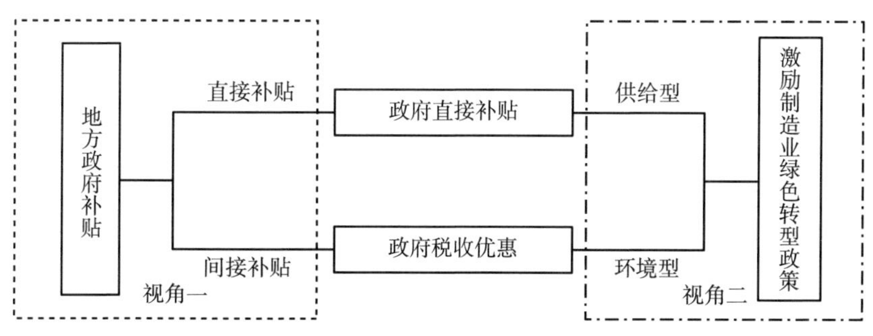

图 2－2　地方政府补贴方式与类型

第一，从地方政府补贴方式视角分析。按照地方政府是否直接参与制造业绿色转型，地方政府激励制造业转型补贴可分为直接与间接补贴两种方式（王昀和孙晓华，2017；张同斌和高铁梅，2012）。（1）地方政府直接补贴是指地方政府通过财政资金转移资助、政府公开购买、转型贷款贴息等直接政府财政补贴方式增加制造企业收入来扶持符合地区产业政策的制造业绿色转型的行为。其中，地方政府财政资助是指地方政府直接为制造企业微观主体绿色转型提供财政资金支持，引导地区制造企业实施科技创新以实现地区制造业转型的行为（Blanes & Busom，2004；余明桂等，2016）。(2) 地方政府间接补贴是指政府运用税收优惠、税式支出、税收减免与返还等间接方式对制造企业应纳税款予以减或免的行为。目的是降低地区制造企业转型成本与风险，推动地区制造业实施转型升级，从而最终助力于区域制造业绿色转型升级实现的行为。虽然从政府的角度看，直接补贴与间接补贴的税收优惠均表现为地方政府财政收入的减少，但是从制造企业的视角看，两者来源的主体不同，政府直接补贴资金来自地方政府部门，税收优惠则源于制造企业自身的资金。

第二，从制造业绿色转型激励政策类型视角分析。按照制造业绿色转型激励政策手段发挥支撑方式，激励制造业绿色转型的政策手段可分为环境型和供给型两种（黄先海等，2015）。(1) 环境型制造业绿色转型政策主要是指税收优惠政策、法制环境、金融环境和市场化程度等能为制造业转型实施行为提供环境激励的政策性工具。(2) 供给型制造业绿色转型政策是指政府通过提供制造业转型财政资金投入、科技人员培训和转型基础设施等政策手段激励制造业转型，一般情况地方政府运用财政资金、科学技术、劳动者和信息技术等直接手段扩大转型外部条件供给。可以看出，环境型制造业绿色转型政策是地方政府一种被动型制造业绿色转型扶持工具，而供给型制造业转型政策则是地方政府主动型制造业绿色转型激励方式。

综上所述，本书认为地方政府激励制造业绿色转型补贴是地方财政支出的重要内容，是地方政府按照特定经济发展目的，以直接或间接方式向制造业提供的无偿财政资助，具有成本缩减和缓解融资约束作用，是政府扮演“扶持之手”最直接的手段，在区域制造业产业结构转型中发挥着关键性作用，具体包括地方政府主动供给型的直接补贴与被动环境支持型的间接补贴税收优惠两种典型激励方式。

2.2　理论基础

2.2.1　工业生态理论

工业生态的概念最早由福罗什和格罗皮乌斯（Frosch & Gallopoulous，1989）提出，认为工业与生态系统应作为一个整体来运行，在工业生态系统中，生态环境资源得到充分的利用，能源利用效率得到明显提升，实现一个生产环节中的废弃物能在另一个生产环节中发挥作用。联合国工业发展组织（1991）提出工业生态是一种兼顾生态环境与工业增长协调创新发展模式，在工业增长中保护生态环境，在生态环境保护中实现工业可持续高质量发展。钱丽（2020）认为工业生态理论是解决如何在环境所能承受的范围内进行工业生产，使原材料和废弃物得到最大化的利用，实现生态环境效益和经济效益的共同提升。工业生态理论经过几十年的发展，形成较完整体系，主要包含几层目标：一是在工业发展中实现经济效益和环境效益统一。也就是要求在工业生产全过程中，一方面，将环境保护与产品和服务的整个生命周期紧密联系起来，实现环境保护和工业经济发展的协调统一。另一方面，将传统工业生产模式转化为绿色环保的生产模式，实现经济效益和生态效益共同提升，通过提高资源使用率，实现工业绿色的可持续发展。二是工业企业在生产经营决策时，应将减少环境污染和资源浪费纳入企业生产经营决策中，从源头上减少污染物的排放，实施绿色技术替代，促进工业产业绿色转型升级，同时实现工业产业发展和生态系统优化。三是工业发展实现高附加值、高技术和绿色化为特征的高质量发展模式，完成经济目标和环境目标融合。

工业生态理论是生态环境视角下的工业发展模式，以工业、经济和生态共同组合为基础，实现从“生态环境对工业发展的限制”转变为“生态环境与工业发展的互动”。当前制造业绿色发展已成为环境经济学与产业经济学研究的热点领域。工业生态经济理论不但为中国制造业绿色转型的产业结构变迁研究奠定理论基础，还为制造业绿色转型中环境问题作用的内在机制提供了有效的分析工具，从而为探究制造业产业结构变迁中面临的资源环境问题得以合理妥善解决。

2.2.2 新结构经济学理论

新结构经济学应用新古典经济学的分析方法（林毅夫，2014），以资源要素禀赋结构作为研究的切入点，强调发展中国家政策制度的实施需要充分考虑资源要素禀赋和经济市场结构特征，来解释现代经济增长的本质及其内生的决定因素。新结构经济理论从结构变迁、结构转型和结构变迁与转型中政府作用的三方面论述发展中国家经济结构与转型规律，根据研究需要，主要说明的内容包括：（1）禀赋结构供给。理论指出一个经济体的要素禀赋结构由其经济发展水平决定，一个国家或地区的产业结构同样取决经济发展所处阶段，任何产业结构变迁不仅需要有效的市场机制还需要政府合理治理。（2）禀赋结构需求。一个国家或地区差异化产业与技术结构会引发不同的要素禀赋结构需求。（3）禀赋结构价格。生产资源要素禀赋的价格取决于生产要素的供求平衡，一般来讲生产结构中的要素禀赋水平越低和资本越密集，生产资源要素禀赋结构价格就越高，禀赋结构价格理论本质上是竞争性价格理论。（4）比较优势生产结构。企业最优的生产结构是边际收益等于边际成本，是与要素禀赋结构相适应的技术和产业结构，因而在竞争市场中具有相对比较优势。如果一个国家或地区所有产业或技术都具有比较优势，那么其就会表现出惊人的竞争力。新结构经济学强调发展中国家的产业结构转型升级必须反映要素禀赋结构变化的比较优势。（5）结构变迁。要素禀赋结构与生产结构相互作用，要素禀赋结构促进生产结构变迁，反过来生产结构变迁又影响要素禀赋结构水平，要素禀赋与生产结构相互累积的变迁有助于促进劳动生产率的持续提高。（6）结构变迁与转型中政府的作用。新结构经济学强调产业结构转型变迁和比较优势是一个不断变化的过程，需要持续匹配“硬性”和“软性”设施来降低运行和交易成本。然而，软硬基础设施是准公共物品具有外部性，其完善与协调需要政府来提供。

林毅夫（2014）依据财政政策逆周期和内生经济增长理论，认为发展中国家在经济下行压力增加时，政府应持续扩大基础设施的投资规模，以达到降低产业结构转型的企业投资成本。同时，为缓解产业结构转型软硬约束，新结构经济学强调政府公共支出的重点领域应集中于基础设施建设和劳动力资本积累等方面，以助推产业结构转型。总体来讲，新结构经济学理论为地方政府介入产业结构转型的职能定位提供理论指导，为研究地方政府补贴激励制造业绿色转型奠定了理论基础。

2.2.3　市场失灵理论

市场失灵理论是政府公共财政产业政策介入制造业产业结构调整理论依据。制造业转型的本质是生产要素在行业间流动和在市场机制下要素资源配置调整问题。市场机制作为资源配置决定性机制，发挥着关键性影响，然而由于市场机制自身缺陷，市场存在“失灵”现象，市场失灵的存在为政府公共财政产业政策的介入提供了条件。

依据财政政策供给理论，市场失灵主要反映在两个方面：一是信息不对称。实现生产要素资源配置帕累托最优的基础是完全竞争市场机制，然而现实市场并非是完全竞争的，交易双方中存在信息不对称。在市场经济环境下，一旦有微观市场主体企业或个人成为价格制定者，拥有商品市场价格定价权，不再是商品市场价格的被动接受者，此时市场机制的资源配置效率通常是低效的。也就是说如果市场出现垄断，市场完全竞争的机制一旦被打破，生产要素流动被限制，供需双方对交易商品的信息了解不对称，甚至出现逆向选择的风险，这时市场机制无法实现对生产要素资源配置的帕累托最优。二是外部性的存在。由于外部性存在，经济体的行为相互影响发生在市场之外，市场机制无法给出理论框架下的有效解决方案。由于信息不对称和外部性存在，使得市场价格机制无法对交易商品的成本提供正确信号，市场失灵随即出现。

制造业绿色转型是一个动态调整过程，需要大量劳动力、资本和技术等生产资源要素的投入，生产要素供需信息存在着不对称，而且制造业绿色转型的进程中产生的科技创新成果和绿色高科技产品具有明显外部性。因此，制造业绿色转型演变进程中市场失灵几乎成为必然。这个时候需要政府通过适当方式介入，有效规范市场行为，而政府介入制造业产业转型方式之一就是综合运用宏观财政政策进行有效调控，借助直接财政补贴支出政策和间接补贴税收优惠政策分担制造转型的风险与成本，纠正市场失灵，合理引导制造业转型生产资源要素的合理流向。

2.2.4 内生经济增长理论

内生经济增长理论是国家公共财政政策介入制造业转型的重要理论依据。因为新古典经济学的经济增长模型，将知识和技术进步设为一个外生变量，无法提供一个令人信服技术进步与经济增长关系的解释。20 世纪 80 年代经济学家罗默（1990）和卢卡斯（1988）将技术进步作为经济增长的内生要素引入经济长期增长模型，从而解决技术进步与经济增长的关系问题。内生经济增长理论认为经济的长期增长取决于各种内生因素，而技术进步则是维持经济长期增长的基础。技术创新等内生要素具有外部性，对公共财政产业政策比较敏感。因此，内生经济增长理论认为国家公共财政产业政策相当程度影响经济长期增长。

内生经济增长理论认为政府的公共资本具有生产性。阿罗（Arrow，1962）将公共财政资金引入宏观经济的生产函数和家庭的效用函数。卢卡斯（Lucas，1988）将人力资本作为一个内生的因素纳入经济增长模型，认为人力资本的积累对于经济保持长期增长至关重要。由于人力资本积累外部存在，仅靠经济体自身决策无法达到最优状态。罗默（Romer，1990）将技术进步纳入长期经济增长理论模型，把技术进步作为经济增长的一个内生变量，解决长期保持经济增长驱动因素，阐明技术进行推动经济长期增长的事实。罗默的经济增长模型中，研究与开发活动具有“外溢效应”和“高风险性”，政府可以运用公共财政支出政策财政补贴、财政资金直接参与投资和税收优惠等手段缩小企业从事研发创新私人收益与社会收益的差距，提高生产要素配置效率来促进经济增长。

可见，内生经济增长理论认为政府财政产业政策干预能够有效影响制造业产业结构转型演变进程。一方面，公共财政政策能够消除劳动力资本的外溢性，通过财政补贴、税收减免等政策引导制造企业劳动力资本积累

和私人消费教育投资增加，逐渐实现帕累托改进。而劳动力知识积累又为制造业转型升级提供生产要素支持，助推制造业产业结构由劳动密集型向知识密集型变迁。另一方面，内生经济增长理论认为，制造业产业结构转型所需的技术进步是一个重要内生因素，转型研发创新存在的正向外溢性和高风险特征，单纯依靠私人投入无法实现帕累托最优。公共财政政策可能通过财政补贴、税收优惠政策向市场传递信号，鼓励制造企业和社会资本增加技术进步的制造业转型创新研发投入，为制造业产业转型提供技术支撑，进而促进制造业产业结构调整变迁。总之，内生经济增长理论充分肯定财政产业政策在制造业转型过程中的积极作用，主张政府对制造业产业转型采取积极干预手段，克服市场机制自身缺陷，激励制造业产业结构转型升级。

2.3　理论框架

2.3.1　制造业绿色转型实现机理与逻辑分析

2.3.1.1　制造业绿色转型实现机理分析

新古典增长索洛模型（Solow model）探讨在完全竞争和规模报酬不变的前提下，劳动的供给和资本的积累对产出增长的影响。索洛模型研究结论认为无论经济从哪一点出发，经济增长都将趋向收敛并最终达到稳态。为了探讨制造业绿色转型的实现机理，借鉴胡安军（2019）、王昀和孙晓华（2017）的做法，在可持续增长理论的分析框架下，将能源投入和非期望负产出纳入制造业生产函数，通过对索洛模型进一步扩展，分析制造产业实现可持续发展的绿色转型所需要满足的均衡条件。

假设规模报酬不变，并且制造业部门的生产函数是替代弹性不变的CES生产函数，能源、劳动力和资本作为投入要素，制造业的产出包括期望产出和非期望负产出，技术进步分为劳动力技术进步、能源利用技术进步。那么，制造业部门产出 $Y(Y_g,Y_f)$ 生产函数形式可表示为：

$$Y(Y_g,Y_f)=F(K,A_L,L,A_E,E)$$
$$=[(A_L^{\beta}L^{\beta}K^{1-\beta})^{\varphi}r_{\lambda}{}^{1/\alpha}+(A_E E)^{\varphi}r_E{}^{1/\alpha}]^{1/\varphi} \quad (2-1)$$

其中，Y_g 是制造业期望产出，Y_f 表示制造业非期望负产出，K 为制造业资本积累投入要素，L 为制造业劳动力投入要素，E 为制造业能源耗用投入要素，A_L 为劳动力技术进步，A_E 为能源利用技术进步，α 表示能源耗用要素与资本投入要素、劳动力投入要素的替代弹性，且 $\alpha=1/(1-\psi)$，$r_{\lambda}+r_E=1$。

因为索洛模型假设技术进步是外生的，式（2－1）扩展索洛模型将制造业技术进步分解为制造业劳动力技术进步（A_L）和制造业能源利用技术进步（A_E）。假设资本折旧率 δ 和储蓄率 s 是外生且保持固定不变，P_E 为制造业耗用能源的价格，g_L 为制造业劳动力技术进步率，g_E 为制造业能源利用技术进步率，n 为制造部门劳动力增长速度。则可以得到：

$$\begin{aligned}\dot{L}&=nL\\ \dot{k}&=s(Y-P_E E)-\delta K\end{aligned} \quad (2-2)$$

在满足上述所有假设的前提下，对制造业产业扩展索洛模型进行以下分析：

（1）在制造产业实现平衡增长稳态时，分析能源技术进步需要满足的条件。

根据式（2－1）扩展索洛模型，当满足 $\alpha\to1$ 和 $r_E\to0$ 条件时，扩展索洛模型（2－1）将退化为近似索洛模型，在制造产业部门的资本投入 K 和包含期望和非期望产出 Y，以劳动力技术进步率与人口增长率之和（g_L+n）的速度增长时，制造业产出达到平衡的稳态。根据式（2－1）扩展索洛生产函数可知，当能源耗用投入要素与资本投入要素替代弹性满足 $0<\alpha<1$ 条件时，制造业生产中能源耗用要素和资本要素要保持合理的数量关系，也就是说一定制造产业资本存量积累的增长必须有足够的能源要素投入增加。另外，如果替代弹性 α 保持不变，在整个制造业能源投入充足时，制造业的生产达到稳态，那制造业产出与资本积累增长仅与社会储蓄率 s、劳动力技术进步率 g_L 与制造产业劳动人口增长速度 n 相关。然而，

如果能源要素稀缺，而且制造产业以粗放的方式生产，能源要素就成为制造业产出的约束条件，那么，制造业稳态下产出水平还要受到能源利用技术进步的影响。根据扩展索洛模型式（2－1）可推导出能源要素的产出弹性为：

$$\frac{\partial \ln Y}{\partial \ln E} = r_E^{\ 1/\alpha}(A_E E/Y)^{\varphi} \tag{2-3}$$

如果制造业能源投入要素数量被限定，并且制造产业能源利用技术不存在进步，那制造业的产出率将停止增长。因此，在制造业能源投入要素受到约束条件下，要保持制造业产出的增长，提升制造业能源利用技术效率 g_E 是唯一的途径。在规模报酬不变的假设前提下，当制造业的能源利用技术效率和资本存量等于 $g_L + n$ 时，制造业产出达到均衡。如果能源投入要素出现约束，则制造业产出增长受到限制。如果制造业的能源利用技术进步率 g_E 大于 $g_L + n$，则可以促进制造业产出的增加。

（2）制造业实现平衡增长稳态时，分析污染治理技术进步需要满足条件。

假设制造业的非期望负产出为 F，通过治理达到降低制造业非期望产出，其治污技术进步为 A_p，治污技术进步率为 g_p。当制造业治污技术水平为 A_p，部门的非期望产出量将减少 A_pF。制造业的非期望产出函数是治污程度 F^p 与经济活动 M 单调递增凹函数。如果治污技术进步 A_p 是规模报酬不变，则制造业污染物非期望产出 D 可表示为：

$$D = MF - MA_p(F, F^p) \tag{2-4}$$

$$D = MF[1 - A_p(1, F^p/F)] \tag{2-5}$$

$$D = MFp(\theta) \tag{2-6}$$

$$p(\theta) = [1 - A_p(1, F^p/F)] \tag{2-7}$$

$$\theta = F^p/F \tag{2-8}$$

θ 为制造业治理非期望产出占期望产出比，制造业可用于消费和投资部分的期望产出 Y_g 变为：$Y_g = (1-\theta)F$

根据制造业期望产出、非期望产出和资本积累，则对应制造业的人均产出变量为：

$$y=(1-\theta)f(k) \tag{2-9}$$

$$\dot{k}=s(1-\varphi)[f(k)-p_E e]-k(\delta+n+g_L)k \tag{2-10}$$

$$d=f(k)Mp(\theta) \tag{2-11}$$

其中，$d=D/A_L L$，$k=K/A_L L$，$y=Y/A_L L$，$f(k)=F(k,l,e)$。

根据索洛模型，当制造业产出达到均衡的稳态时，制造产业资本存量增长率等于 g_L+n，总产出的增长率同样为 g_L+n，而人均资本积累和产出等于劳动技术进步率 g_L，进而可以推导出制造业非期望产出的增长率为：

$$g_D=n+g_L-g_p \tag{2-12}$$

由制造产业非期望产出的增长率 g_D 可知，制造产业的非期望产出受到两方面的影响，其中一方面是制造业污染物排放增长率 $n+g_L$，另一方面受制造业治污技术进步率 g_p 的影响。由此可见，在可持续平衡增长路径下，要实现制造业的绿色发展，实现制造业部门人均期望产出增长，除了要求劳动力技术进步率 $g_L>0$ 外，还要满足制造业非期望产出的增长率 $g_D<0$，即需要提高制造业治污技术进步率 g_p，使得 $g_p>n+g_L$。

综上所述，在扩展的索洛模型下，要实现制造业绿色转型，达到长期均衡发展的稳态，提升制造部门劳动力技术、能源利用技术和治污技术是关键。由于制造业绿色转型调整进程的创新技术存在正向外部性，导致制造业转型私人收益小于社会收益，引发企业转型创新投资不足等市场失灵导致无效率问题。因此，制造业绿色转型必然要求政府运用补贴产业政策“诱导”功能来解决市场调节机制失灵问题。

2.3.1.2 制造业绿色转型实现内在逻辑分析

在中国生态环境影响诸多因素中，制造业演变发展过程对能源与生态环境影响最为严重（万攀兵等，2021）。制造业对资源与环境的影响主要反映在三个方面：一是制造业生产准备阶段。在制造业生产准备阶段需要向自然界索取生产原材料资源，原材料资源特别是不可再生自然资源的索取会造成对生态环境的严重冲击。二是制造业生产阶段。制造业在生产过程中能源消耗与废气、废水和废物的排放会造成生态环境严重恶化。三是制造产品使用阶段。在制造产品消费的过程中，如果非绿色制造产品没办

法做到循环利用与妥善处理，将对自然资源环境造成严重的影响，比如未经处理含汞、镉和铅的废电池的丢弃。可以看出在制造业产业发展演变过程中，传统制造业高污染与高能耗粗放型的生产模式给区域生态资源环境带来严重压力。在资源与生态环境的双重压力下，区域制造业高质量发展必然要求实现绿色转型。

制造业绿色转型实现的内在逻辑可以通过图 2 – 3 来直观反映。图 2 – 3 虚线封闭环内为制造业生产过程。从图 2 – 3 可以看出，制造业生产过程中投入的生产资源可分为再生和不可再生两种生产资源，经过制造企业组织生产获得相伴而生的产出——期望产出和非期望产出。在制造产品和服务的生产过程中，传统制造业粗放发展模式会带来“三高一低”问题，面对自然资源与生态环境压力，制造业需要减少不可再生自然资源生产要素的投入和降低非期望产出“三废”污染物的排放，提高制造业期望产出率，以实现制造产品和服务数量与质量的提升，这个生产过程的最终实现依赖于制造业产业结构绿色转型。从具体细分来讲，一是依赖制造业绿色效率提升。制造业绿色效率水平的高低取决于制造业污染物治理效率、能源消耗利用率和最终期望产出效率，要实现制造绿色效率提升必须提高污染物治理效率、能源消耗利用率和期望产出效率。二是依赖制造业产业结构的清洁化转型。制造业产业可分为重污染型行业和清洁型行业，在生产资源要素投入一定的条件下，制造业重污染行业非期望产出比较多，而制造业清洁行业非期望产出相对较少。如果制造业实现由重污染行业向清洁行业的转移或生产方式发生转变，最终区域制造业生产过程自然会实现绿色清洁化转变。三是依赖制造业产业结构高级化转型。由于高新技术制造是一种高技术、高附加值和低污染的制造产业，如果区域内制造业向高新技术制造业转型，意味着区域内制造业的生产效率、能源利用效率和污染物治理效率能得到有效改善，将极大提高制造业的期望产出，进而推动区域制造业产业结构的绿色转型。因此，区域制造业绿色转型需要通过制造业绿色效率提升、制造业清洁化转型和制造业高级化转型三个方面结合来实现，以达到区域不可再生资源投入减少、非期望产出下降和期望产出增加的目的，最终实现区域制造业绿色高质量发展。

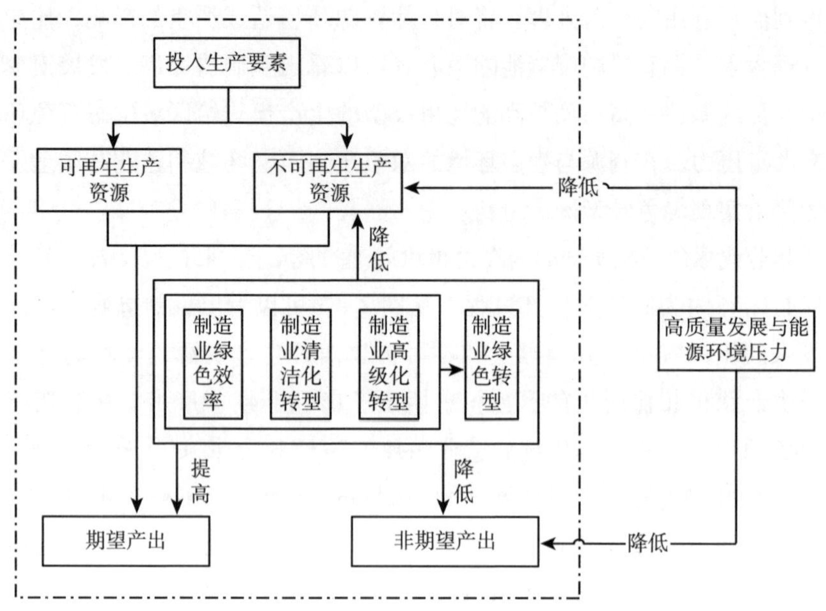

图 2-3　制造业绿色转型实现内在逻辑关系

2.3.2　地方政府补贴激励制造业绿色转型的理论机制

2.3.2.1　地方政府补贴激励制造业绿色转型的理论模型

制造业绿色转型本质上是资本、劳动、技术等生产资源要素在不同行业间的合理配置，提高制造业生产效率和淘汰高污染、高能耗和低效率产能，推动制造业清洁绿色高质量发展。根据制造业绿色转型实现机理与逻辑分析结果可知，制造业绿色转型的实现取决于制造业劳动力技术、能源利用技术和治污技术进步，通过提高制造业绿色效率水平，推动制造业产业结构清洁化转型和高级化转型相互结合来实现。因此，地方政府补贴能否有效激励制造业绿色转型理论概念模型要体现两方面内容：一是对通过影响制造业绿色效率水平，二是通过影响制造业产业结构转型调整进程。

第一，地方政府补贴对制造业绿色效率的影响。

在内生经济增长框架下构建包含政府补贴公共财政支出的参与者行为约束方程，分析地方政府补贴支出政策影响制造业绿色效率作用机理。为简化分析过程，借鉴严成樑（2020）所设定的技术创新驱动经济增长的分析框架，假定经济系统的参与者由劳动者个人、政府部门、制造业中间产品生产部门和制造业最终产品生产部门组成，劳动者个人既是生产者又是同质的消费者，且以自身效用最大化为目标，生产部门的投资决策以利润最大化为目标作为投资选择的依据。政府部门通过征税取得财政收入为其公共开支和对制造业转型技术创新中间部门实施政府补贴政策。分析框架中参与者行为约束方程：

（1）劳动者个人。

为便于推导，假设参与劳动者个人有无限寿命、人口保持不变，参与者个人劳动与闲暇时间能够自由分配，劳动与闲暇时间分配选择最终结果取决参与者个人消费预算约束，那么参与者个人的效用函数可表示为：

$$\max \int_0^{\infty} \frac{[C_t^{v}(1 - l_t)^{1-v}]^{1-\phi}}{1 - \phi} e^{-\rho t} dt \tag{2-13}$$

式（2－13）中，C 为消费，l 为劳动时间，v 表示参与者个人闲暇的偏好，ϕ 为劳动者跨期消费的替代偏好，ρ 表示贴现率。

假设参与者个人的税后收入能够自由选择消费、储蓄和投资制造业转型过程的能源技术和治污技术研发创新，个人预算约束方程可以表示为：

$$\dot{k}_t = (1 - \tau_k) b_t k_t + (1 - \tau_w) w_t l_t + \int_0^1 \pi_{it} dt - (1 + \tau_c) C_t - (1 - S_G) R_t \tag{2-14}$$

其中，b 表示利率，w 表示劳动者工资水平，$\int_0^1 \pi_{it} dt$ 表示制造企业利润，R 表示制造业转型过程对能源利用技术和治污技术的研发创新投入，S_G 表示地方政府为制造业转型能源利用技术和治污技术的研发创新部门提供补助资助率，τ 表示税率。

构建汉密尔顿函数对上述最优化问题进行求解：

$$\begin{aligned} H = & \frac{[C_t (1 - l_t)^{1-\upsilon}]^{1-\phi}}{1 - \phi} + \lambda[k_t - (1 - \tau_k) R_t k_t - (1 - \tau_w) w_t l_t \\ & - \int_0^1 \pi_{it} dt + (1 + \tau_c) C_t + (1 - S_G) R_t \end{aligned} \tag{2-15}$$

求最优解可以得到：

$$(1-\tau_w)W_t=\frac{1-\upsilon}{\upsilon}\frac{C_t}{1-l_t} \tag{2-16}$$

$$\frac{\dot{C}_t}{C_t}=\frac{(1-\tau_k)R_t-\rho}{1+(\phi-1)\upsilon} \tag{2-17}$$

从上文可以知道，税率影响劳动者劳动与闲暇时间，税率的提高造成劳动者个人将倾向于分配更多的闲暇时间。

（2）制造业中间生产部门。

假设制造业中间生产部门由许多生产不同产品垄断厂商构成。制造企业中间厂商从资本市场上借入资本来进行组织生产中间商品，制造业中间生产部门的生产函数为：

$$X_{it}=K_{it}/A_{it} \tag{2-18}$$

式（2-18）中，K_t 为第 i 个制造业中间生产厂商使用的资本数量。b 表示资本 K 的利息率，那么制造业中间生产部门最大化利润为：

$$\max[p(i)X(i)-b_tK_{it}] \tag{2-19}$$

根据最优解能够得到：

$$b_t=(1-\phi)^2l_t^{\phi}X(i)^{-\phi} \tag{2-20}$$

最终可以得到制造业中间生产部门利润函数为：

$$\pi_{it}=\phi(1-\phi)l_t^{\phi}X(i)^{1-\phi} \tag{2-21}$$

若制造业中间生产部门进行转型能源利用技术和治污技术的绿色研发创新，如果转型绿色技术研发创新成功，则转型绿色技术创新成功可以给中间制造厂商获取超额垄断利润。但是转型绿色技术创新具有不确定性，假设制造业中间厂商技术创新发生率服从 Poisson 过程：

$$\omega_t=\gamma n_t \tag{2-22}$$

式（2-22）中，γ 为能源利用技术和治污技术绿色研发创新效率参数，$n_t=R_t/A_t^{max}$ 为能源利用技术和治污技术绿色创新研发投入密度，A_t^{max} 表示能源利用技术和治污技术领先参数。

假设制造业技术创新中间部门是完全竞争，不存在套利条件，则有：

情况一：政府没有对能源利用技术和治污技术绿色研发创新提供补助

资助：$\omega_t E_t = R_t$。

情况二：政府对能源利用技术和治污技术绿色研发创新提供补助资助：$\omega_t E_t = (1 - S_G) R_t$。

E_t 为能源利用技术和治污技术绿色创新的垄断利润，可以表示为：

$$E_t = \int_t^{\infty} \pi_t(\tau) \exp\left[-\int_t^{\tau} (b_s + \omega_s) ds\right] d\tau \tag{2-23}$$

根据严成樑（2020），转型能源利用技术和治污技术绿色创新水平提升由中间制造部门进行技术创新活动所带来的溢出效应，从事能源利用技术和治污技术绿色创新制造业中间厂商技术领先参数 A_t^{max} 增速可以表示为：

$$\frac{\dot{A}_t^{max}}{A_t^{max}} = \varepsilon \gamma n_t = \varepsilon \omega_t \tag{2-24}$$

ε 表示转型能源利用技术和治污技术绿色创新制造业中间部门的研发创新对公共知识的贡献，即知识增长与技术创新率比值。

（3）制造业最终产品生产部门。

假定制造业最终产品厂商是完全竞争的，投入劳动力 l_t 和中间品 X_i 生产最终产品 Y_t，则：

$$Y_t = l_t^{\phi} \int_0^A X(i)^{1-\phi} di \tag{2-25}$$

最终产品生产部门通过对劳动力和中间产品投入决策以达到利润最大化为目标，即：

$$\max\left\{ l_t^{\phi} \int_0^A X(i)^{1-\phi} di - W_t l_t - \int_0^A P(i) X(i) di \right\} \tag{2-26}$$

根据最优性条件求解，可以得到制造业最终产品生产部门对劳动力和中间品的需求函数：

$$W_t = \phi l_t^{\phi-1} \int_0^A X(i)^{1-\phi} di \tag{2-27}$$

$$P(i) = (1 - \phi) l_t^{\phi} X(i)^{\phi} \tag{2-28}$$

（4）政府部门。

第一种情况，不存在制造业转型绿色技术创新的财政支出补助，地方政府收入仅用于一般公共预算财政支出，其预算约束方程为：

$$\tau_c C_t + \tau_w W_t l_t + \tau_k b_t K_t = G_t \tag{2-29}$$

第二种情况，地方政府对制造业转型能源利用技术和治污技术绿色研发创新部门进行财政支出补贴资助，那么地方政府收入除了满足公共预算一般的财政支出外，还要满足对制造业绿色技术创新中间部门进行财政补贴支出，那么其预算约束方程变为：

$$\tau_c C_t + \tau_w W_t l_t + \tau_k b_t K_t = G_t + S_G R_t \tag{2-30}$$

（5）竞争性一般均衡条件求解。

假设劳动市场、资本市场、制造业中间品市场和技术创新市场出清，并且劳动者个人实现自身福利最大化，制造企业已实现利润最大化和政府部门不存在预算赤字。则可以推导出：

最终生产函数：

$$Y_t = (A_t l_t)^{\phi} K_t^{1-\phi} \tag{2-31}$$

社会资源约束方程：

$$\dot{K}_t = (A_t l_t)^{\phi} K_t^{1-\phi} - C_t - R_t - G_t \tag{2-32}$$

当产出增长达到平衡稳态时：

$$\delta_{gtfp} = \frac{\dot{Y}_t}{Y_t} = \frac{\dot{C}_t}{C_t} = \frac{\dot{K}_t}{K_t} = \frac{\dot{G}_t}{G_t} = \frac{\dot{A}_t}{A_t} = \frac{\dot{R}_t}{R_t} = \varepsilon\gamma n \tag{2-33}$$

不存在地方政府财政补助稳态绿色生产率：

$$\delta_{gtfp} = \varepsilon[\gamma\phi(1-\phi)k^{1-\phi}l - b] \tag{2-34}$$

存在地方政府转型创新补助稳态绿色生产率：

$$\delta_{gtfp} = \varepsilon\left[\frac{\gamma\phi(1-\phi)k^{1-\phi}l}{1-S_R} - b\right] \tag{2-35}$$

因此，可以得到平衡增长稳态下有地方政府补贴与无地方政府补贴绿色生产率差：

$$\Delta\delta_{gtfp} = \varepsilon\gamma\phi(1-\phi)k^{1-\phi}lS_G/(1-S_G) \tag{2-36}$$

显而易见 $\Delta\delta_{gtfp}$ 必定大于零，可见地方政府对制造业转型过程中的能源利用技术和治污技术绿色创新进行补助资助促进了稳态制造业绿色产出率

的增长。也就是说，在实际经济生活中，地方政府增加制造业中间部门转型绿色研发创新补助资助有利于激励制造业绿色效率提升，引发生产要素资源聚集与流动，进而推动制造业产业的高质量持续发展。

第二，地方政府补贴对制造业产业结构转型调整的影响。

进一步考察地方政府补贴支出政策对制造业产业结构变迁的影响。在内生经济增长框架下，借鉴严成樑（2020）的分析，构建一个地方政府补贴公共支出政策对制造业产业结构转型影响的一般均衡模型，模型由家庭、农业、制造业和政府部门组成的一个开放性社会，制造业由清洁高技术战略新兴行业和传统污染劳动密集型两个行业组成。家庭消耗农产品、清洁高技术产品和传统污染劳动密集型产品，并在预算约束下实现家庭福利最大化。制造业厂商目标在竞争市场中追求企业利润最大化。政府对制造业部门征税并在平衡预算条件下提供补贴资金支持。

（1）家庭。

家庭福利最大化目标函数：

$$\max\{\ln C_1+\alpha(\lambda G)\ln C_2+\beta(\lambda G)\ln C_3\} \tag{2-37}$$

式（2-37）中，C_1 表示家庭对农产品消费，C_2 为家庭对制造业污染劳动密集型产品消费，C_3 为家庭对制造业清洁高技术产品消费，G 为地方政府补贴支出总规模，λ 为地方政府补贴支出效率。α 为政府提供公共服务与污染劳动密集型制造产品互补参数，β 为政府提供公共服务与清洁高技术制造产品互补参数。家庭福利随地方政府公共服务增加而提升，但边际效用递减。

假设农产品的价格为 1，家庭预算约束方程为：

$$C_1+P_2C_2+P_3C_3=W(L_1+L_2+L_3) \tag{2-38}$$

其中，W 为劳动者工资，L_1 为农业部门劳动力数量，L_2 表示在传统制造业污染劳动密集型行业劳动力数量，L_3 表示在战略新兴清洁高技术制造业行业劳动力数量。

构造拉格朗日函数：

$$H=\max\{\ln C_1+\alpha(\lambda G)\ln C_2+\beta(\lambda G)\ln C_3\}+\lambda\{W(L_1+L_2+L_3)-(C_1+P_2C_2+P_3C)\} \tag{2-39}$$

求解化简整理得：

$$\lambda=\frac{1}{C_1}\quad P_2=\alpha(\lambda G)\frac{C_1}{C_2}\quad P_3=\beta(\lambda G)\frac{C_1}{C_3}$$

（2）厂商。

厂商生产函数：

$$Y_i=A_iK_{ia}^{\sigma i}K_{id}^{\rho i}L_i(\lambda G)^{\nu} \tag{2-40}$$

式（2-40）中，Y 表示产出，A 表示技术进步水平，K_a表示内资资本，K_d表示外商资本，i=1、2、3 分别表示农业、传统制造业污染劳动密集型行业、制造业清洁高技术战略新兴行业，σ 为内资产出弹性，ρ 为外商投资产出弹性，ν=θ、ψ、η 分别表示农业、传统制造业污染劳动密集行业、清洁高技术战略新兴制造行业产出弹性。

农业、传统污染劳动密集制造业行业、清洁高技术战略新兴制造业行业利润最大化的生产函数分别为：

$$\max\{A_1K_{1a}^{\alpha1}K_{1d}^{\rho1}L_1(\lambda G)^{\theta}-WL_1-b(K_{1a}+K_{1d})\} \tag{2-41}$$

$$\max\{A_2K_{2a}^{\alpha2}K_{2d}^{\rho2}L_2(\lambda G)^{\varphi}-WL_2-b(K_{2a}+K_{2d})\} \tag{2-42}$$

$$\max\{A_3K_{3a}^{\alpha3}K_{3d}^{\rho3}L_3(\lambda G)^{\eta}-WL_3-b(K_{3a}+K_{3d})\} \tag{2-43}$$

b 为资本利率，τ 为对制造业行业税率，农业部门税率为 0，求解化简整理得：

$$\begin{aligned}A_1K_{1a}^{\alpha1}K_{1d}^{\rho1}L_1(\lambda G)^{\theta}&=P_2(1-\tau)A_2K_{2a}^{\alpha2}K_{2d}^{\rho2}L_2(\lambda G)^{\varphi}\\&=P_3(1-\tau)A_3K_{3a}^{\alpha3}K_{3d}^{\rho3}L_3(\lambda G)^{\eta}\end{aligned} \tag{2-44}$$

（3）政府部门。

平衡预算状态下，政府只对制造业征税来获取公共服务的财政资金，其预算约束方程为：

$$G=T=\tau\{A_2K_{2a}^{\alpha2}K_{2d}^{\rho2}L_2(\lambda G)^{\varphi}+A_3K_{3a}^{\alpha3}K_{3d}^{\rho3}L_3(\lambda G)^{\eta}\} \tag{2-45}$$

（4）均衡求解。

将 P_2、P_3 代入式（2-44）得到：

$$A_1K_{1a}^{\alpha1}K_{1d}^{\rho1}L_1(\lambda G)^{\theta}=\alpha(\lambda G)\frac{C_1}{C_2}(1-\tau)A_2K_{2a}^{\alpha2}K_{2d}^{\rho2}L_2(\lambda G)^{\varphi}$$

$$=\beta(\lambda G)\frac{C_1}{C_3}(1-\tau)A_3K_{3a}^{\alpha 3}K_{3d}^{\rho 3}L_3(\lambda G)^{\eta} \quad (2-46)$$

假设市场出清，各部门消费、投资和出口等于各自产出，μ_i（i = 1、2、3）表示用于消费农产品、传统制造业污染劳动密集型行业产品、战略新兴制造业清洁高技术行业产品占各自产出比重，则可以得到：

$$C_1=\mu_1Y_1、C_2=\mu_2(1-\tau)Y_2、C_3=\mu_3(1-\tau)Y_3$$

代入式（2－46）可得到：

$$A_1K_{1a}^{\alpha 1}K_{1d}^{\rho 1}L_1(\lambda G)^{\theta}=\alpha(\lambda G)\frac{\mu_1Y_1}{\mu_2Y_2}A_2K_{2a}^{\alpha 2}K_{2d}^{\rho 2}L_2(\lambda G)^{\varphi}$$

$$=\beta(\lambda G)\frac{\mu_1Y_1}{\mu_3Y_3}A_3K_{3a}^{\alpha 3}K_{3d}^{\rho 3}L_3(\lambda G)^{\eta} \quad (2-47)$$

劳动力市场出清，$L_1+L_2+L_3=1$ 则：

$$\frac{Y_1}{A_1K_{1a}^{\alpha 1}K_{1d}^{\rho 1}L_1(\lambda G)^{\theta}}+\frac{Y_2}{A_2K_{2a}^{\alpha 2}K_{2d}^{\rho 2}L_2(\lambda G)^{\varphi}}+\frac{Y_3}{A_3K_{3a}^{\alpha 3}K_{3d}^{\rho 3}L_3(\lambda G)^{\eta}}=1 \quad (2-48)$$

式（2－47）、式（2－48）联立化解可以得到：

$$Y_1=\frac{A_1K_{1a}^{\alpha 1}K_{1d}^{\rho 1}(\lambda G)^{\theta}}{1+\alpha\frac{\mu_1}{\mu_2}(\lambda G)+\beta\frac{\mu_1}{\mu_3}(\lambda G)} \quad (2-49)$$

$$Y_2=\frac{\alpha\frac{\mu_1}{\mu_2}A_2K_{2a}^{\alpha 2}K_{2d}^{\rho 2}(\lambda G)^{\varphi+1}}{1+\alpha\frac{\mu_1}{\mu_2}(\lambda G)+\beta\frac{\mu_1}{\mu_3}(\lambda G)} \quad (2-50)$$

$$Y_3=\frac{\alpha\frac{\mu_1}{\mu_3}A_3K_{3a}^{\alpha 3}K_{3d}^{\rho 3}(\lambda G)^{\eta+1}}{1+\alpha\frac{\mu_1}{\mu_2}(\lambda G)+\beta\frac{\mu_1}{\mu_3}(\lambda G)} \quad (2-51)$$

式（2－49）～式（2－51）对地方政府补贴支出规模 G 求偏导数，可以得到：

$$\frac{\partial Y_1}{\partial G}=\frac{A_1K_{1a}^{\alpha 1}K_{1d}^{\rho 1}(\lambda G)^{\theta}\left[\frac{\theta}{G}-(1-\theta)(\alpha\frac{\mu_1}{\mu_2}+\beta\frac{\mu_1}{\mu_3})\lambda\right]}{\left[1+\alpha\frac{\mu_1}{\mu_2}(\lambda G)+\beta\frac{\mu_1}{\mu_3}(\lambda G)\right]^2}<0 \quad (2-52)$$

$$\frac{\partial Y_2}{\partial G}=\frac{A_2K_{2a}^{\alpha 2}K_{2d}^{\rho 2}(\lambda G)^{\varphi+1}\left[\frac{\varphi+1}{G}+\varphi\left(\alpha\frac{\mu_1}{\mu_2}+\beta\frac{\mu_1}{\mu_3}\right)\lambda\right]}{\left[1+\alpha\frac{\mu_1}{\mu_2}(\lambda G)+\beta\frac{\mu_1}{\mu_3}(\lambda G)\right]^2}>0 \quad (2-53)$$

$$\frac{\partial Y_3}{\partial G}=\frac{A_3K_{3a}^{\alpha 3}K_{3d}^{\rho 3}(\lambda G)^{\eta+1}\left[\frac{\eta+1}{G}+\eta\left(\alpha\frac{\mu_1}{\mu_2}+\beta\frac{\mu_1}{\mu_3}\right)\lambda\right]}{\left[1+\alpha\frac{\mu_1}{\mu_2}(\lambda G)+\beta\frac{\mu_1}{\mu_3}(\lambda G)\right]^2}>0 \quad (2-54)$$

从上述分析可以得知，当地方政府补贴支出规模 G 提高时，农产品产出量下降，传统制造业污染劳动密集型行业产品产量和清洁高技术战略新兴制造业行业产品产量增加，生产要素资源由农业部门向制造业生产部门转移，区域产业结构由农业转向制造业，地区产业结构得到了转型升级。因为$\frac{\partial Y_2}{\partial G}<\frac{\partial Y_3}{\partial G}$，消费者对战略新兴清洁高技术制造行业产品的收入需求弹性比传统污染劳动密集型行业产品的收入需求弹性大①，随地方政府补贴支出规模 G 的扩张、政府补贴效率 λ 的提高，制造业清洁高技术行业的边际产出量超过传统制造业污染劳动密集型行业边际产出量，制造业内部产业结构由传统制造业污染劳动密集型行业转向战略新兴清洁高技术制造行业，战略新兴清洁高技术制造行业得到了扩张，最终推动整个制造业内部产业结构实现清洁绿色化转型调整。

根据内生经济增长理论模型分析框架可知：地方政府补贴可以通过直接或间接的途径影响制造业绿色转型。一方面，地方政府对制造业转型过程中的能源利用技术和治污技术的绿色创新补助资助提高了制造业稳态绿色生产率，引发生产要素资源在清洁高技术制造行业聚集，促进制造业绿色可持续发展。另一方面，通过实施制造业转型的地方政府补贴产业政策，扩大地方政府补贴支出规模和提高补贴支出效率，能够降低微观主体制造企业生产经营成本，增加制造业部门 Y_2 和 Y_3 产出量，而且随着政府补贴支出规模增加和补贴支出效率的提高还扩大了家庭收入，提高了家庭

① 参见伊恒和李世刚（2019）《资源配置效率的改善空间有多大——基于中国制造业的产业结构估计》文献推导结果，即$\frac{\partial Y_2}{\partial G}<\frac{\partial Y_3}{\partial G}$。

的消费水平，由于家庭对农产品 Y_1 和制造业 Y_2、Y_3 产品的消费需求弹性差异，进而改变了消费者的消费结构，引导生产资源要素流向而产生恩格尔效应，最终推动制造业内部产业结构转型调整优化。

2.3.2.2　地方政府补贴激励制造业绿色转型的影响机制

由于制造业绿色转型存在正的外部性，其社会收益大于制造企业本身私人收益，导致市场无效率。此外，制造业绿色转型投资具有长期性、高风险性以及收益不确定性，因而需要地方政府补贴产业政策进行激励干预。地方政府补贴激励产业政策通过影响生产资源要素流动与积累，从微观、中观和宏观层面作用于制造业产业结构绿色转型调整变迁。

（1）地方政府补贴激励制造业绿色转型调整的微观机制。

地方政府补贴对制造业绿色转型的激励是通过对微观市场主体——产品和企业实施作用而推动制造业产业结构转型调整，即地方政府补贴通过影响微观主体企业生产要素的流动、产品市场价格和产量来促进制造业产业结构绿色转型调整。因此，在研究地方政府补贴激励制造业绿色转型影响机制时，首先要分析地方政府补贴对制造业微观参与主体制造企业的影响机制。

假设市场完全竞争，地方政府只对单个制造企业某一产品给予补贴资助，这种政府补贴的行为不会影响市场产品的价格。市场参与主体作为理性“经济人”的制造企业按利润最大化原则进行生产投资决策，即制造企业的均衡产量应该是边际收益 MR 等于边际成本 MC 的产量。因为单个制造企业的产量不会影响产品的市场价格，所以在均衡产量时，产品的市场价格 $P = MR = MC$。如图 2 – 4 所示，地方政府在对单个制造企业的某一产品给予补贴前，企业按照 $MC = P$ 决定产量 Q_1 进行生产决策。假设现在地方政府对符合产业政策单一制造企业每单位清洁高技术产品给予 t 元政府补贴或税收优惠，这时生产清洁高技术制造企业边际成本线 MC 下移 t，得到新的边际成本线为 $MC - t$。在完全竞争的市场环境下，单个制造企业不会影响到产品的市场价格，制造企业仍按边际成本等于市场价格决定均衡产量，制造企业的均衡清洁高技术产品产量由原来的 Q_1 变为 Q_2，制造企业均衡清洁高技术产品产量明显得到了增加。因此，地方政府对符合产业政策单个制造企业清洁高技术产品给予补贴资助会导致其产量增加，制造企业利润增加，从而有利于清洁高新技术产品供给增加，最终促进清洁高新技术制造产业投资的增长。由此可见，地方政府对符合产业政策清洁高技术单个企业政府补贴能够有效激励其生产清洁高技术制造产品的积极性，获得地方政府补贴的制造企业具有价格竞争优势，从而提升生产和销售清洁高新技术产品的市场份额。

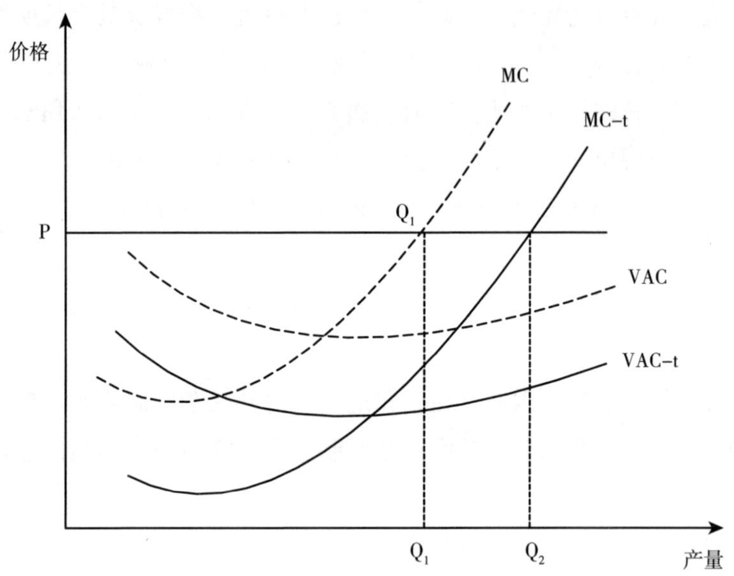

图 2-4　地方政府补贴激励制造业绿色转型微观机制——单个企业

政府对符合产业政策清洁高技术单个企业补贴范围扩大到整个行业，行业内所有的制造企业边际成本都因政府补贴而下降。从图 2-5 可以看出，地方政府补贴使得原来行业供给曲线 S 左移 T 变成 S-t，如果需求曲线 D 不变，供给曲线左移引起供给增加导致产品市场价格下降，市场价格由 P 变成 P_1，产品市场价格下降，又反过来影响需求，导致整个清洁高技术制造行业产品的需求和供给都上升，最终清洁高技术制造行业的发展得到了扩张。

（2）地方政府补贴激励制造业绿色转型的中观机制。

地方政府补贴的中观激励机制是指地方政府补贴产业政策对制造业不同行业的激励作用。地方政府根据制造业绿色产业发展战略，对制造业不

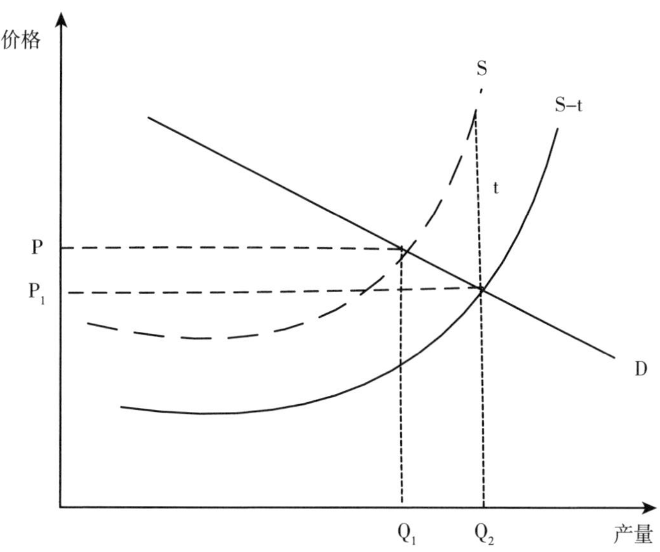

图 2-5　地方政府补贴激励制造业绿色转型微观机制——单个企业

同行业分别采取不同直接财政补贴、税收优惠等产业政策，引起生产要素在制造业不同行业间流动，使得整个制造业不同行业间生产要素累积程度发生变化，导致制造业不同行业发展速度出现差异，最终达到影响制造业产业结构转型调整进程目的。

假设市场存在制造 A 行业和 B 行业，分别生产 a、b 两种产品。如图 2-6 所示，在社会资源一定的情况下，曲线 XX 代表生产最大边界，是生产 a、b 产品所有可能产量集合，U 为消费者效用无差异曲线。假定两个行业的初始税负一样，消费者无差异曲线 U 与生产可能边界曲线 XX 相切于 E_1 点，N_1 为公切线，N_1 的斜率为消费者购买 a、b 两种产品相对价格，但对于生产者而言，N_1 的斜率为 a、b 产品生产边际成本比，在均衡点 E_1，无差异曲线 U 的斜率与生产可能曲线 XX 的斜率相等，则：

$$MRS_{AB} = \frac{U_A}{U_B} = \frac{P_A}{P_B} = \frac{MC_A}{MC_B} = MRT_{AB} \quad (2-55)$$

现在地方政府根据制造产业绿色发展战略，对制造 A 行业和制造 B 行业分别实施不同产业政策，假设制造 A 行业为传统高污染劳动密集型行业，制造 B 行业为清洁高技术战略新兴行业，假设地方政府对制造 A 行业增税或加征污染罚款，对制造 B 行业实施政府补贴政策，这时制造 A 行业的产品 a 的生产成本上升，制造 B 行业的产品 b 的生产成本下降，a、b 两种产品生产边际成本比随之发生变化，在资源一定条件下，制造业的生产者将减少 a 产品的生产，把有限的资源更多用于 B 行业 b 产品的生产。此时产量均衡点由 E_1 移动到 E_2，公切线由 N_1 变成 N_2，N_2 公切线的斜率为实施不同财政产业政策后的边际替代率 MRT。在政府对制造 A 行业加征税或罚款以及对制造 B 行业给予政府补贴等实施差异化的财政产业政策后，制造 A 行业 a 产品的价格相对上升，制造 B 行业 b 产品的价格会相对下降，消费者会增加 B 行业产品的消费，减少 A 行业产品的消费，此时消费者效用无差异曲线 U 的切线改为 N_3，很显然切线 N_3 斜率大于切线 N_2 斜率，可以用公式表达为：

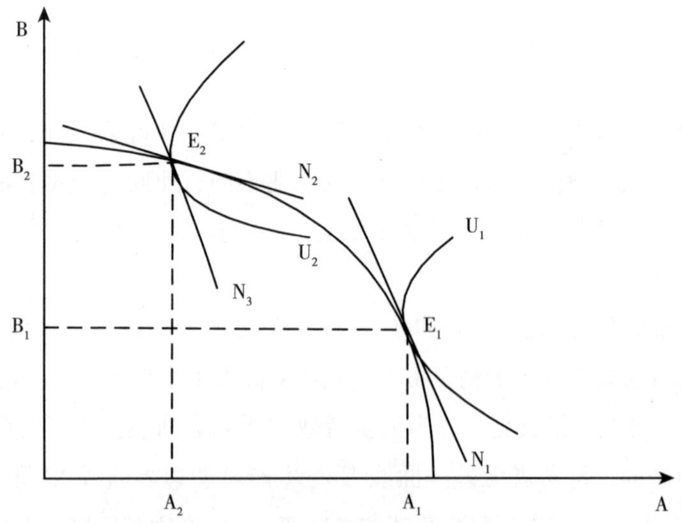

图 2 -6　地方政府补贴激励制造业绿色转型的中观机制

$$\frac{U_A}{U_B} = \frac{P_A}{P_B} = \frac{MC_A(1 + t_A)}{MC_B} \tag{2-56}$$

$$MRS_{AB} = \frac{U_A}{U_B} = \frac{P_A}{P_B} > \frac{MC_A}{MC_B} = MRT_{AB} \tag{2-57}$$

因为 MRS_{AB} 大于 MRT_{AB}，制造业部门的生产要素就会由制造行业 A 向制造行业 B 流动，流动过程直到 MRS_{AB} 与 MRT_{AB} 相等为止。新的产量均衡

点为 E_2，此时污染劳动密集型 a 产品产量由 A_1 降低到 A_2，均衡产量减少了（$A_1 - A_2$），清洁高技术 b 产品的均衡产量增加至 B_2，增加产量为（$B_2 - B_1$），最终清洁高技术战略新兴制造 B 行业发展，传统高污染制造 A 行业收缩。从资源配置视角来看，政府倾斜式补贴政策使得清洁高技术行业生产资源要素的相对价格下降，污染劳动密集行业中生产资源要素的相对价格上涨，生产资源要素价格上升产生的替代效应使得更多生产要素配置到清洁高技术战略新兴制造 B 行业。生产资源要素流入、生产效率提升得快的清洁高技术制造行业 B 不断增长，而生产资源要素流出、技术提升不明显的传统污染劳动密集型制造行业 A 则出现增长放缓甚至负增长，最终整个制造业实现产业结构清洁高技术转型调整。因此，基于制造业高质量发展的目的，地方政府采取不同制造行业差异化的补贴产业政策，通过影响生产资源要素流动与积累，使得传统高污染劳动密集型制造行业 A 和清洁高技术战略新兴制造行业 B 的供给和需求均发生改变，进而推动制造业产业结构绿色转型调整变迁。

（3）地方政府补贴激励制造业绿色转型的宏观机制。

地方政府补贴激励制造业宏观机制主要由对国民收入的作用来反映，地方政府补贴宏观影响的作用包括两种类型：一个是需求管理型政策，另一个是供给管理型政策。需求管理型地方政府补贴通常主张通过减税或增加财政直接支出来刺激社会总需求，以此促进国民收入增长，实现社会经济发展。而供给管理型地方政府补贴则主张通过结构性的税收优惠手段，加大对企业科技创新、高新技术产业和战略新兴产业的税收优惠激励，促使资源生产要素流向清洁、高技术、高附加值制造产业，以推动制造业产业结构转型升级。

在需求管理型的地方政府补贴下，地方政府补贴产业政策的实施会影响商品市场、货币市场以及国际收支平衡。从图 2 - 7 可以看出，最初在 E_0 点商品市场曲线 IS、货币市场曲线 LM、国际收支平稳曲线 BP 曲线达到均衡。当政府实施政府补贴产业政策，商品市场 IS 曲线上移至 IS_1，新的商品市场 IS_1 曲线与货币市场 LM 曲线相交于点 E′位于国际收支平衡 BP 曲线的上方，这时国内利率水平上升，引发国外资本涌入导致国际收支顺差。在国家固定汇率管制下，央行通过货币买卖增加国内货币供应，使货币市场 LM 曲线上移至 LM_1，在 E_1 达到新的国际收支均衡，此时国民总收入提高到 Y_1。但如果一个国家实行的是浮动利率管制，需求管理型政府补贴政策会导致本国货币升值和净出口的减少，使得商品市场 IS_1 曲线下移至 IS_2，国际收支平衡 BP 曲线下移到 BP_2，货币市场 LM 曲线再次上移到 LM_2，在 E_2 点达到新的国际收支均衡，国民总收入为 Y_2。以上可以看出由于净出口下降，地方政府补贴结果使得浮动汇率下国民收入小于固定汇率制国民收入。随着循环反复，浮动汇率制下，商品市场 IS_1 曲线最终回到初始 IS 曲线的位置，使得地方政府补贴归于无效。

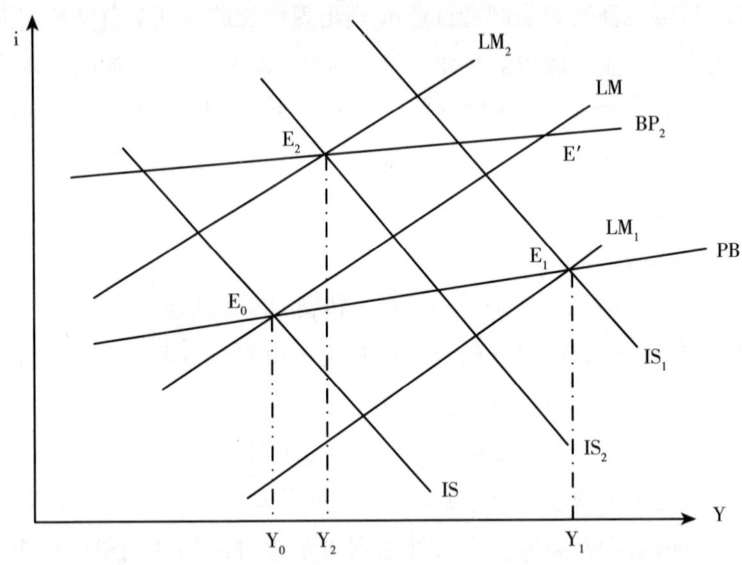

图 2-7　地方政府补贴激励制造业绿色转型的宏观调控机制——需求管理型

供给管理型地方政府倾斜式补贴产业政策下，地方政府补贴可以降低清洁高技术战略新兴制造企业经营成本，提高清洁高技术战略新兴制造企业经营利润，提升清洁高技术战略新兴出口产品国际竞争力，扩大清洁高技术战略新兴产品国际市场净出口额。随着出口额提升，商品市场 IS 曲线上移至 IS_3，如果地方政府补贴继续产生影响，商品市场 IS_3 曲线越过 IS_1，而且本国商品国际竞争力的增强，致使国际支出平衡 BP 曲线向下方移至 BP′，此时商品市场 IS_3 曲线与货币市场 LM 曲线的交点位于 BP′上方，本国货币升值，央行扩大货币供给量，使货币市场 LM 曲线下移至 LM_3，而

国际收支平衡 BP′曲线上移至 BP_3，最后在 E_3 点到达均衡状态（见图 2－8）。由此可见，在开放的经济条件下，供给管理型地方政府补贴产业政策对经济促进作用效果显著，更有助于激励制造业产业结构绿色转型的调整优化。

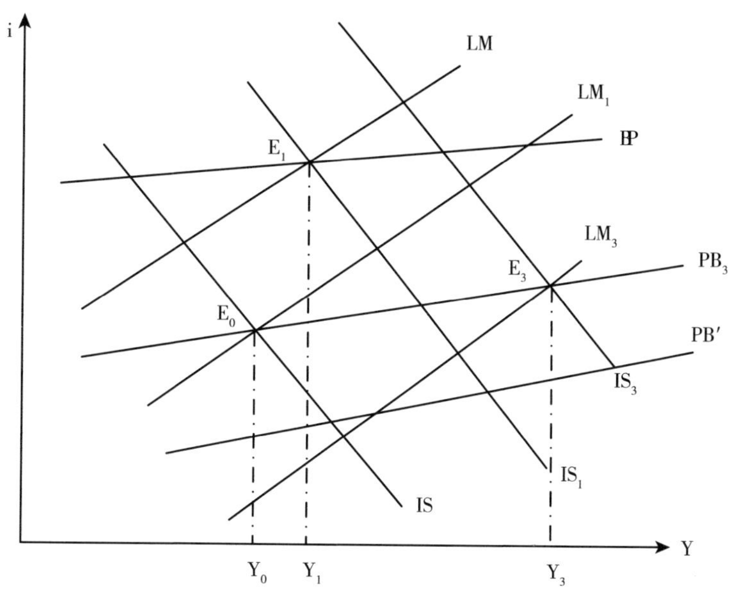

图 2－8　地方政府补贴激励制造业绿色转型的宏观调控机制——供给管理型

2.4　本章小结

地方政府补贴与制造业绿色转型关系作为研究落脚点，本章节通过对制造业绿色转型和激励制造业绿色转型的地方政府补贴概念内涵解析，从地方政府补贴与制造业绿色转型关系基础理论出发，构建地方政府补贴激励制造业绿色转型的理论分析框架，是全书的理论基础。

（1）对制造业绿色转型和激励制造业转型地方政府补贴的内涵进行拓展与界定。根据中国工业化进程中出现的制造低端化、高能耗和高污染问题，基于价值增值和绿色成长理念，将制造业绿色转型的内涵拓展为制造业绿色效率提升、制造业清洁化转型和制造业高级化转型三个层面。将地方政府激励制造业转型补贴定义为地方政府按照特定经济发展目的，以直接或间接方式向制造业转型提供的无偿补贴资助，具体包括地方政府主动供给型的直接补贴与被动环境支持型的间接补贴的税收优惠两种典型激励方式。

（2）激励制造业绿色转型政府补贴政策的理论基础。对与研究相关的工业生态理论、新结构经济学理论、市场失灵理论和内生经济增长理论进行系统追溯分析，为地方政府补贴与制造业绿色转型关系的系统研究提供理论支撑。

（3）考察制造业绿色转型的实现机理与内在逻辑。研究发现在扩展的索洛模型下，要实现制造业绿色转型，达到长期均衡发展的稳态，提升制造业劳动力技术、能源利用技术和治污技术是关键，而且由于制造业绿色转型外部性存在，导致制造业转型私人收益小于社会收益，引发市场失灵，必然要求政府运用补贴产业政策“诱导”功能来解决制造业绿色转型市场调节机制失灵问题。基于中国能源与环境约束现实研究制造业绿色转型实现内在逻辑，发现区域制造业绿色转型需要通过制造业绿色效率水平提升、制造业产业结构清洁化转型和高级化转型三个方面相互结合来实现。

（4）构建地方政府补贴激励制造业绿色转型理论概念模型与影响机制。以内生经济增长理论为分析框架，构建参与者行为约束方程，推演地方政府补贴激励制造业绿色效率提升和产业结构转型调整的理论模型，结果表明地方政府补贴能够有效提高制造业稳态的绿色效率，促进地区产业结构由农业转向制造业，并推动制造业内部产业结构由传统污染劳动密集制造业行业转向战略新兴清洁高技术制造行业，最终促进制造业产业内部结构绿色化转型。此外，进一步从微观、中观和宏观层面分析地方政府补贴激励制造业绿色转型的作用机制，发现地方政府倾斜式的产业补贴政策通过影响生产要素的流动、产品市场价格从而产生收入效应和替代效应能够从微观、中观和宏观层面上有效推动制造业产业结构绿色转型。

第3章

制造业绿色转型测度与分析

3.1 中国制造业发展的现状与挑战

制造业作为中国国民经济的主体，对中国工业化和现代化起支撑作用，是经济发展的关键引擎，是中国经济高质量发展的基础。经过40多年的发展，中国制造业总产值在2010年全球占比达到19.8%，跃升为全球第一的制造业大国，到2019年中国制造业总产值全球占比增长至28.1%，约等于美国、日本、德国三个制造业强国总和①。但中国制造业发展质量与世界主要工业发达国家美国、日本、德国相比，劣势明显。为了审视中国制造业发展面临的挑战，将反映制造业发展质量的核心指标进行比较。从工业增加值看，2009～2019年中国制造业增加值率从29.51%下降到21.41%。根据OECD的统计数据②，美国、日本和德国制造业增加值率在30%～40%，而中国制造业增加值率却低于30%（见图3－2）。从能源消耗量看，2019年中国制造业单位GDP能源消耗量（0.177）是美国的1.3倍，约为日本和德国的2倍（见图3－3）。从制造业污染气体排放看，尽管从2009年到2019年中国制造单位GDP废气体排放从0.1851下降到0.0814，下降了56%，但仍然远高于美国（0.01859）、日本（0.0043）和

①② 作者根据OECD数据库、World Bank和UN数据库整理而得。

德国（0.0122）的废气排放水平（见图3-4）。按照《2020中国制造强国发展指数报告》，中国制造业仍排在美国、德国、日本三个制造强国之后，在世界陈列中处于第三阵列。综上所述，尽管中国制造业在总量上占优，但是中国制造业大而不强，从价值增值、能源消耗量以及污染物排放等发展质量指标看，与发达国家相比差距明显，中国制造业亟待全方位转型升级。

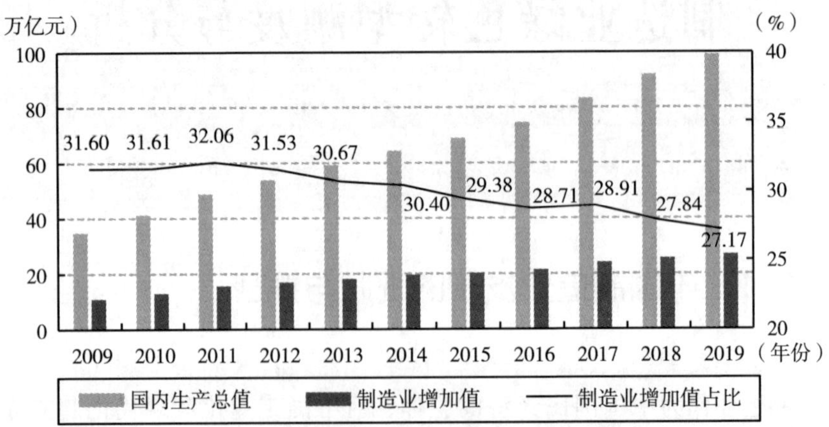

图3-1　2009~2019年中国制造业增加值及GDP占比

资料来源：作者根据OECD数据库、World Bank和UN数据库整理而得。

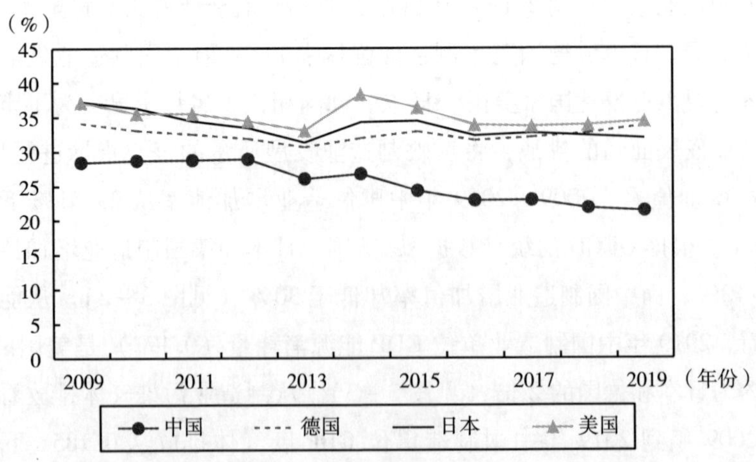

图3-2　2009~2019年工业增加值率比较

资料来源：作者根据OECD数据库、World Bank和UN数据库整理而得。

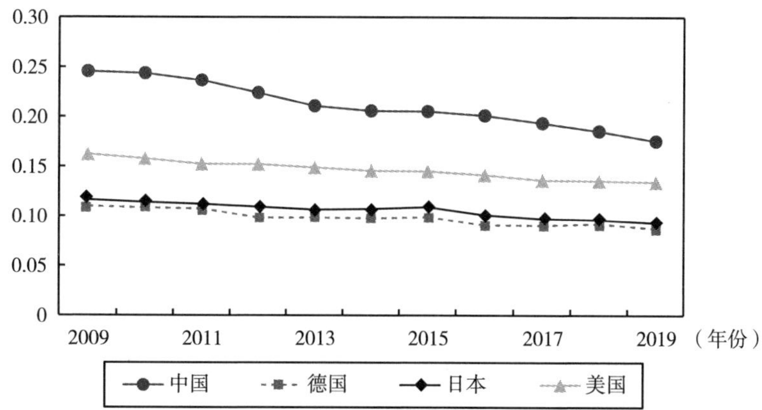

图 3－3　2009～2019 年单位 GDP 能源消耗比较

资料来源：作者根据 OECD 数据库、World Bank 和 UN 数据库整理而得。

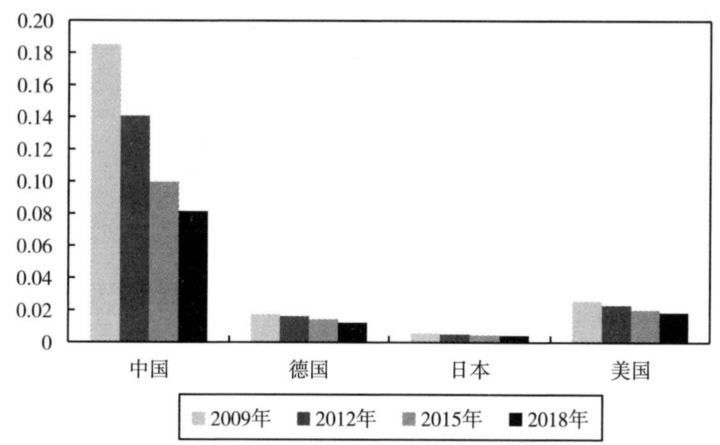

图 3－4　制造业单位 GDP 废气排放比较

资料来源：作者根据 OECD 数据库、World Bank 和 UN 数据库整理而得。

3.2　制造业绿色转型测度简述

根据第 1 章制造业绿色转型的文献回顾可知，当前学者更多关注制造业转型，对制造业绿色转型则鲜有研究，而且在制造业转型或绿色转型测度指标上尚未达成共识。多数学者使用单一指标来测度制造业转型，如苏杭等（2017）为了研究中国制造业转型升级的发展趋势，选择制造业增加值率的变化作为制造业转型衡量指标。聂国卿和郭晓东（2018）、张平淡与屠西伟（2021）基于中国制造业上市公司数据，从制造业创新的数量和质量两个角度来衡量制造业转型升级水平。李捷等（2017）从供给侧角度选择全要素生产率（TFP）作为测度制造业转型效率指标。王昀和孙晓华（2017）、彭星和李斌（2015）采用绿色全要素生产率（GTFP）作为地区制造业绿色转型的衡量指标。单一指标衡量制造业转型的方法不够全面，部分学者使用层次分析法、主成分分析法、熵权法等构建综合评价指标体系来衡量制造业转型水平，如余东华和崔岩（2019）从制造业生产智能化、制造业资源集约化、制造业价值链和制造业绿色技术创新四个方面构建评价指标体系，采用主成分分析法测度制造业产业结构转型水平。（Yang & Yu，2013）从制造业自主创新能力、生态环境和生产率增长三个方面构建制造业转型指标体系，采用层次分析法综合测度制造业转型程度。彭星（2016）从转型方式、结构调整、节能减排和绿色创新四个层面指标，运用熵权法主观赋权测算制造业绿色转型水平。但综合指标体系构建往往缺少理论基础，一般是研究者根据自身研究目的需要选择指标，容易导致指标间相互关联，甚至存在指标重复出现的问题，而且主观赋权容易导致测算结果偏误。

结合第2章制造业绿色转型拓展内涵，制造业绿色转型涵括制造业绿色效率水平提升、制造业产业结构清洁化转型和高级化转型。因此，本章从绿色效率、清洁化转型和高级化转型三个维度测度与分析中国制造业绿色转型，为全面理解中国区域制造业绿色转型概况和为下文的实证分析做铺垫。

3.3 制造业绿色效率测度与分析

3.3.1 制造业绿色效率的测度概述

全要素生产率是相对于单要素生产率而言，是一定时期内扣除所有投入要素或资源，反映技术进步结果的索罗余值。随着“绿色 GDP”等发展理念的深化，实现绿色经济成为经济发展的大势所趋，环保指标开始作为评价经济发展质量的重点内容，越来越多的学者开始关注经济发展与生态环境、自然资源之间的关系。制造业绿色转型的目的是实现制造业产业绿色高质量发展，改变中国制造业长期的粗放式增长模式，通过提高绿色全要素生产率从而转向集约式增长模式。因此，研究中国制造业绿色效率时不再仅考虑传统生产要素——资本和劳动，还需要关注影响的能源消耗与环境指标。制造业绿色全要素生产率（GTFP）从全要素生产率由（TFP）发展而来，在全要素生产率（TFP）的基础上，加入考虑能源与环境因素的能源消耗和非期望产出后得到的索罗余值，能够有效评价制造业不同发展模式间转型效率，较为客观地反映制造业发展质量水平。因此，用制造业绿色全要素生产率指标作为衡量制造业绿色效率水平的代替指标。

制造业绿色全要素生产率的测量方法分为两种：一种是参数估计方法。对函数的具体形式先进行假设，然后再进行参数估计，将污染排放量作为没有支付的投入，主要包括随机前沿（SFA）、OP、LP 和 ACF 分析方法。另一种是非参方法，不考虑函数的具体形式，根据制造业生产投入和产出的数量关系，构造一个包含所有生产方式的可能性集合，将制造业生产过程中产生废水、废气和固体废弃物作为非期望产出处理，并借助方向距离函数进行测算，主要是 DEA 分析法，具体测度方法包括三大类：

（1）DEA-Malmquist 指数法。

为了解决生产中多投入多产出问题，谢帕德（Shephard，1970）在测算生产率时放弃对函数具体形式假设要求，加入生态环境污染和能源消耗两个指标，并假定所有产出均具有强可处置性和同比例扩张等限制条件。但在实际应用过程，DEA-Malmquist 指数法难以满足制造业转型升级增加期望产出的同时降低非期望产出的要求。

（2）Malmquist-Luenberger 指数法。

法勒等（Fare et al.，2007）将方向性距离函数与 Malmquist 相结合加入环境约束条件，提出了用于解决非期望产出的 ML 模型。基于方向距离 ML 指数法测算生产效率时要求投入产出具有精准测量角度，但由于其能适用于制造业生产过程多投入多产出条件，并且可以满足制造业产业结构转型要求增加期望产出的同时减少环境污染两方面进行综合权衡。

(3) SBM-Luenberger 指数法。

福山和韦伯（Fukuyama & Weber, 2009）和法勒和格罗斯科普夫（Fare & Grosskopf, 2007）建立了基于 SBM 的 Luenberger 生产率指标解决了要求期望与非期望产出的等比例限制，指标为非径向、非角度，不需要对具体角度进行选择，但是在其求解的过程中，线性规划模型中加入过多的限制约束条件，使其存在没有可行解的情况增加。

综上所述，在充分考虑环境、能源指标的条件下，研究选择方向性距离函数（DDF）的 ML 指数方法对制造业绿色全要素生产率进行测算分析。

3.3.2 制造业绿色效率测度模型设定

(1) 制造业绿色生产效率函数。

根据范（Fan M., 2015）、王昀和孙晓华（2017）研究思路，构建了一个生产可能性集合，将能源和环境要素以及传统资本、劳动生产要素纳入模型，把每个省作为一个单独决策单元（DMU），每个单独决策单元有资本、劳动等 N 种生产要素资源投入单元 X 中，且有 $X=(x_1,x_2,\cdots,x_n)\in R_N^+$，决策单元对应 M 种的期望产出 Y 和 H 种非期望产出 A，且有 $Y=(y_1,y_2,\cdots,y_m)\in R_M^+$，$A=(a_1,a_2\cdots,a_H)\in R_H^+$，则方程如下：

$$P(X)=\{(y,a):X\rightarrow(y,a)\},x\in R_N^+,y\in R_N^+,y\in R_M^+,a\in R_H^+ \qquad (3-1)$$

式（3-1）中，P（x）为能源和环境为约束条件的制造业所有生产可能性集合。

假设某个单元投入和产出向量为(x_k^t,y_k^t,a_k^t)，用 DEA 方法将制造业生产可能性集合模型化为：

$$p^t(x^t)=\left\{\begin{aligned}&(y^t,a^t):\sum_{k=1}^{K}z_k^t y_{km}^t\geqslant y_{km}^t,m=1,2,\cdots,M;\\&\sum_{k=1}^{K}z_k^t a_{ki}^t\leqslant b_{ki}^t,i=1,2,\cdots,H;\\&\sum_{k=1}^{K}z_k^t a_{kn}^t\leqslant x_{kn}^t,n=1,2,\cdots,N;\end{aligned}\right\} \qquad (3-2)$$

式（3-2）中，Z_k^t 为每省市观察值赋予的权重。

（2）方向性距离函数构建。

方向距离函数（DDF）表达式如下：

$$\overrightarrow{D_0}(x,y,a;f) = \sup\{\beta:(y,a)+\beta f \in P(x)\} \tag{3-3}$$

式（3－3）中，f 表示方向向量。

根据现有文献中的通常做法，构建方 DDF 向距离函数图（见图 3－5），横轴表示制造业非期望产出量 a，纵轴表示制造业期望产出量 Y。f＝(y，－a)为方向向量，表示投入资本、劳动等生产要素资源 x 一定时，以 f＝(y，－a)方向性向量作为具体权数，沿着 DEA 数据包络线可能前沿面，寻求制造业期望产出最大化以及“三废”污染物排放最小化方向，即代表制造业绿色效率提升的方向。如图 3－5 所示的 C、D、E 表示三个决策单元，如果在生产过程中仅考虑期望产出，此时生产效率最高的决策单元为 E。当充分考虑非期望产出量 A 时，制造企业在生产过程中需要对耗费能源资源进行处理，此时决策单元 E 的期望产出高于 C、D，但是由于 C、D 对非期望产出进行了处理，所以 C、D 制造业生产过程产生的污染物排放低于 E，对应所有生产可能性集合为 DEA 数据包络线 OCBDE 与横轴之间的部分区域。制造企业向量 f(y,a)由 A 向 B 的移动为制造业效率改善和技术进步调整过程，意味着提高了制造业绿色效率。

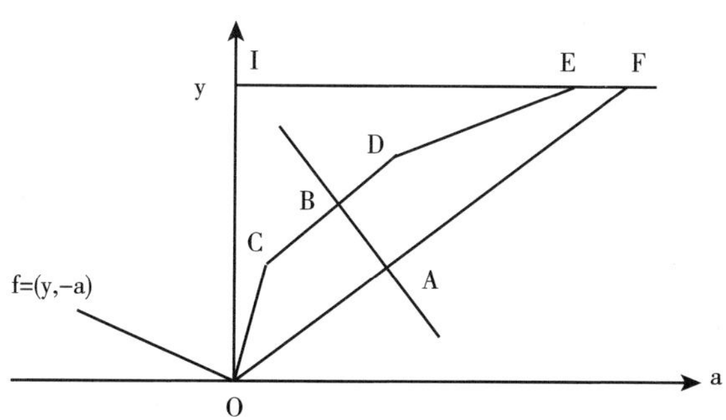

图 3－5　方向性距离函数

方向性距离函数沿着 ABD 方向能够拟合增加制造业期望产出和减少制造业生产中“三废”污染物排放。根据 DEA 分析方法对 DDF 函数求解，则得到制造业绿色效率规划方程为：

$$\overrightarrow{D_0}(x^{t,k},y^{t,k},a^{t,k}:y^{t,k}-a^{t,k}) = \max\beta \tag{3-4}$$

3.3.3 制造业绿色效率的测度指标与数据来源

借鉴胡安军（2019）处理方法测算制造业绿色效率，基于数据的可得性与可比性要求，样本选取除西藏、中国港澳台地区外中国30个省份2009~2019年面板数据，求解中国制造业绿色效率水平，DDF-DEA模型指标包括投入要素、期望产出和非期望产出。

3.3.3.1 投入要素

劳动投入。劳动力对制造业的生产经营活动有着至关重要的作用，理论上劳动投入应该是充分考虑制造业生产过程中劳动力投入的人数、时间、效率等多种影响因素之后的结果，但考虑数据的可得性，参考金晓雨(2018)、胡安军（2019）等学者的做法，采用地区规模以上的制造业从业人数作为地区决策单元的劳动投入要素指标。

资本投入。资本是制造业生产中投入的总投资，目前学界有三种测度方式：一是使用资本永久盘存法（唐鹏飞，2017；杨轶波，2020）；二是使用每年新增固定资产投资总额（汪克亮等，2020）；三是使用固定资产投资净值（胡安军，2019；谢荣辉，2017）。由于制造业固定资产期初的资本存量数据难以获取，无法用永续盘存法进行估算，借鉴胡安军(2019）的做法，选取地区规模以上制造业固定资产投资净值作为地区决策单元资本投入变量，并以2000年各地区的CPI指标进行平减。

能源投入。能源投入表示在制造业生产过程中能源的消耗量。能源是制造业生产活动中必要的资源要素投入，而制造业绿色效率倡导节约能源和减少污染排放的绿色理念，因而在制造业绿色效率的测算中，考虑能源要素投入显得非常重要。参考胡安军（2019）的处理方法，使用地区规模以上制造业折合万吨标准煤的能源消费量作为决策单元能源投入指标。

3.3.3.2 期望产出

根据已有的研究文献，测算制造业绿色全要素生产率（GTFP）期望产出可以采用制造业工业增加值和制造业工业总产值来表示。考虑制造业

生产过程的能源消费、污染物排放存在着中间品的投入特性，因此期望产出指标选择含制造业中间投入成本的制造业工业总产值来衡量。由于 2013 年后统计年鉴不再公布工业总产值数据，基于数据的可得性与可比性原则，借鉴王昀和孙晓华（2017）的处理，制造业工业总产值采用与其相近的制造业销售产值来替代。

3.3.3.3　非期望产出

制造业在生产过程中的非期望产出是指污染废弃物排放。国内研究大多是以“三废”中的某一项或多项作为非期望产出的衡量指标。参照胡安军（2019）的处理方法，选择地区规模以上制造业“三废”排放量作为制造业生产过程产生的非期望产出指标。根据制造业绿色效率指标选择分析结果，制造业绿色效率测度的具体指标及其数据来源如表 3 -1 所示。

表 3 -1　　制造业绿色效率计算投入产出指标及数据来源

总体指标	变量名称	指标说明	数据来源
投入要素	劳动投入	制造业企业年平均从业人数	《中国统计年鉴》
	资本投入	固定资产投资净值	《中国统计年鉴》
	能源投入	能源消费总量	《中国能源统计年鉴》
期望产出	制造业总产值	制造业销售产值	《中国统计年鉴》
非期望产出	废气	制造业废气排放量	《中国环境统计年鉴》
	废水	制造业废水排放量	《中国环境统计年鉴》
	固体	制造业固体废弃物排放量	《中国环境统计年鉴》

3.3.4　制造业绿色效率的动态演变特征分析

根据 Malmquist-Luenberger 指数法测算制造业绿色效率基本原理，选择 MaxDEA 软件，利用中国 30 个省级的制造业投入和产出数据，计算 2009 ~ 2019 年各地区制造业绿色效率。通过计算 2009 ~ 2019 年中国各省份的制造业绿色效率均值，绘制得到 2009 ~ 2019 年中国制造业绿色效率变化均值趋势图（见图 3 -6）。从图 3 -6 可以看出，中国制造业绿色效率变化具有明显的阶段性特征，总体上呈现近似于“W”型曲线变化趋势，最高点出现在2012年为1.30，最低点出现在2015年为0.90，且从2015开始中国制造业绿色效率呈现逐年上升。此外，在2009～2019年中国制造业绿色效率均值为1.09，可以看出中国制造业绿色效率整体呈缓慢上升的趋势。

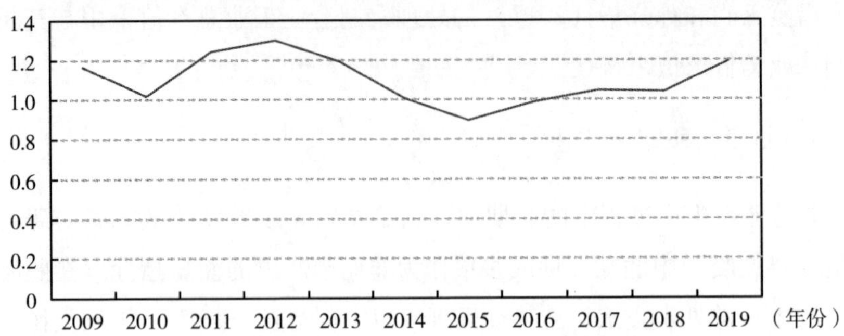

图3－6　2009～2019年中国制造业绿色效率变化趋势

资料来源：作者根据OECD数据库、World Bank和UN数据库整理而得。

2010～2012年中国制造业绿色效率呈现上升趋势，其可能原因是技术进步影响绿色效率水平提升。在创新驱动发展战略下，2010年开始政府持续加大对战略新兴制造业企业产业扶持力度，产业结构优化调整持续推进，使得战略新兴产业的技术创新取得明显突破，迅速提升了制造业整体生产率，最终使得中国制造业绿色效率水平得到显著提升。

2013～2015年制造业绿色效率呈现不同程度的下降趋势，其原因可能是从2013年开始，国家实施“三去一降一补”供给侧结构性改革，中国制造业产业发展进入产能调结构的关键发展阶段。此外，2013年工业与信息化部出台《工业节能“十二五”规划》政策，强化了制造业生产环节能源消耗和生态环境的约束，增加了制造业生产经营成本，从而可能导致制造业绿色效率水平出现短期下滑。

2015～2019年制造业绿色效率呈现平稳上升的趋势，其可能原因在于2015年《中国制造2025》发展战略将绿色发展理念纳入制造业产业发展战略中，要求构建制造业绿色创新体系，积极推动制造业产业结构转型升级，从而使得中国制造业转型创新技术和能源利用率大幅度提升，环境污染物排放减少。此外，还可能是因为中国实施“三去一降一补”供给侧结构性改革初见成效。

3.4　制造业清洁化转型测度与分析

3.4.1　制造业清洁化转型的测度概述

现有文献测量制造业清洁化转型主要有两种方法：一是利用能源消耗、污染排放强度等指标建立制造业转型综合评价指标体系来测度制造业清洁化转型（傅志寰等，2015；彭星和李斌，2015）。二是使用清洁型产业产值和污染密集型产业产值的相对权重单一指标来衡量制造业产业结构清洁化转型水平（童健等，2016；胡安军，2019）。总体来看使用单一指标来测度制造业产业结构转型方法简单易行，能够有效解决综合评价方法指标的重复出现的问题，能保持计算所使用数据的原始性，结果相对较为真实。另外，使用综合多指标来测度制造业清洁化转型，综合指标体系中的部分指标存在高度相关性，甚至存在一些指标重复计算问题。考虑制造业产业结构的“结构性效益”和清洁产业市场现状，根据第 2 章制造业清洁化转型拓展内涵，参考童健（2016）、胡安军（2019）的处理方法，将整个制造业划分成清洁型制造行业和污染密集型制造行业两类，用二者的工业总产值之比来作为测度制造业产业结构清洁化转型水平指标。

3.4.2　制造业清洁化转型的测度指标与数据来源

由于制造业清洁化转型指标选择用清洁型制造行业工业总产值与污染密集型制造业行业工业总产值之比来测度，这就涉及清洁制造行业和污染制造行业的划分标准问题。根据童健（2016）和胡安军（2019）采用行业污染物排放强度作为区分清洁和污染密集型制造行业的做法，具体计算处理如下：

首先，计算制造业各行业在 2009～2019 年各污染物排放强度，即 $WP_{it}=E_{it}/Y_i$，其中 i 为具体制造业行业，t 为制造业中非期望产出“三废”排放量，Y 制造行业工业总产值，WP 为制造业行业非期望产出污染物排放强度。

其次，对制造业各行业单位产值的非期望产出污染排放进行标准化处理，然后对得分进行等权重加权平均，求得制造业行业的非期望产出综合污染排放强度，以此作为区分清洁型和污染密集型制造行业指标。

最后，根据上述非期望产出污染物排放强度均值的中位数，将制造业行业分清洁制造行业和污染制造行业。具体区分结果如表 3 - 2 所示。

其中，计算制造业“三废”排放量数据来源自《中国环境统计年鉴》，计算制造业行业工业总产值数据源于《中国工业统计年鉴》。

表 3 - 2　　制造业行业分类

清洁行业（14 个）	污染行业（14 个）
烟草制品业，纺织服装、服饰业，家具制造业，印刷和记录媒介复制业，文教、工美、体育和娱乐用品制造业，医药制造业，橡胶和塑料制品业，通用设备制造业，专用设备制造业，电气机械和器材制造业，计算机、通信和其他电子设备制造业，交通运输设备制造业，仪器仪表及文化、办公用机械制造业，废弃资源综合利用业	农副食品加工业，食品制造业，酒、饮料和精制茶制造业，纺织业，皮革、毛皮、羽毛及其制品和制鞋业，木材加工和木、竹、藤、棕、草制品业，造纸和纸制品业，文教、工美、体育和娱乐用品制造业，石油加工、炼焦和核燃料加工业，化学原料和化学制品制造业，非金属矿物制品业，化学纤维制造业，黑色金属冶炼和压延加工业，有色金属冶炼和压延加工业，金属制品业

资料来源：根据 2009 ~ 2019 年平均行业排污强度测算而得。

3.4.3　制造业清洁化转型动态演变特征分析

图 3 - 7 反映了中国制造业清洁化转型水平均值变化趋势。从图 3 - 7 中可以看出，中国制造业产业结构清洁化转型水平从 2009 年的 0.96 上升至 2019 年的 1.72，增长了 79.17%，期间略有波动，但整体呈持续上升趋势。这说明中国清洁型制造行业工业总产值占比不断上升，中国制造业生产正逐渐向着清洁、绿色化的生产方式转变调整。

从图 3 - 7 可以看出，2009 ~ 2011 年中国制造业结构清洁化转型水平略有下降，这可能是因为应付 2008 年金融危机的 4 万亿元经济刺激投资计划，部分资金投到钢铁、建材、机械等污染大、能耗高的传统制造行业，

在一定程度上使得污染密集型制造行业工业总产值占比上升。而 2012 ~ 2019 年，中国制造业产业结构清洁化转型水平得到明显改善，这可能主要是因为 2012 年党的十八大召开，做出“大力推进生态文明建设”的战略性决策，并颁发《大气污染防治行动计划（2014 ~ 2020 年）》等环境保护制度。同时为了应对能源和环境带来的双重压力，中国政府实施了“三去一降一补”供给侧结构性改革，支持和引导制造业清洁化生产，使得清洁型的制造行业工业总产值占比不断上升，制造业产业内部结构向清洁化转型调整速度加快。

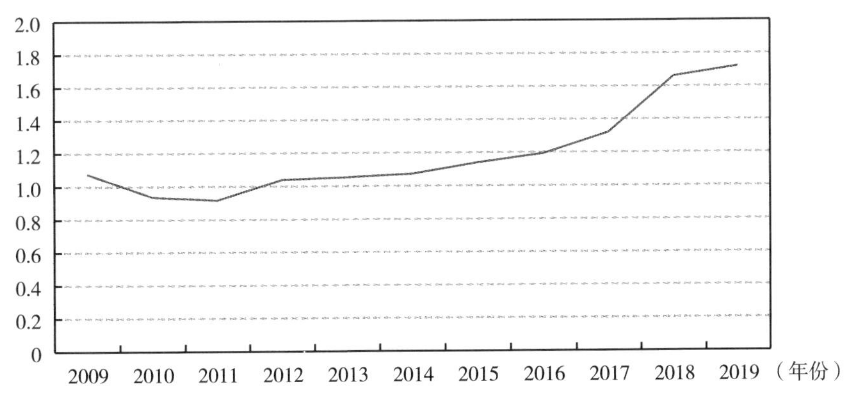

图 3 – 7　2009 ~ 2019 年中国制造业清洁化转型变化趋势

资料来源：作者根据 OECD 数据库、World Bank 和 UN 数据库整理而得。

3.5　制造业高级化转型测度与分析

3.5.1　制造业高级化转型的测度概述

制造业高级化转型是指制造产业由低附加值行业转向高附加值行业，地区高新技术制造业在整个区域制造产业中的比重不断上升的动态调整过程（李晓阳等，2021）。对于制造业结构高级化转型测度大多数学者采用产值比指标。如彭冲等（2013）采用资本密集型制造业产值分占整个制造业总产值的比作为测度制造业高级化转型指标。雷玉桃等（2020）、肖兴志和李少林（2013）使用高新技术制造业总产值占制造业总产值的比重作为测量制造业高级化转型指标。根据第2章制造业高级化转型内涵，基于前人的研究成果，借鉴肖兴志和李少林（2013）、雷玉桃（2020）的做法，采用在整个制造业产业中，高新技术制造业总产值占比作为衡量制造业结构高级化转型水平指标。

3.5.2 制造业高级化转型的测度指标与数据来源

衡量制造业高级化转型程度是使用区域高新技术制造业总产值占地区制造业总产值的比重来表示。高新技术产业具有高附加值、低污染的特征，有助于实现制造业持续增长与环境良性协调发展目标（胡安军，2019）。高技术制造业作为知识技术密集型制造产业，在一定程度上代表一个地区制造业发展的质量。根据中国高新技术产业的认定标准，高新技术制造业包括：信息化学品、计算机及办公设备、电子及通信设备、医药、航空及航天设备和医疗仪器仪表六大类。为了消除折算误差带来的影响，同时保持指标数据的可比性，计算制造业高级化转型水平所选取高新技术制造业总产值、区域制造业总产值均按当年价计算。测算制造业高级化转型数据来源于《中国高新技术产业统计年鉴》和《中国工业统计年鉴》。

3.5.3 制造业高级化转型的动态演变特征分析

图3－8展示了2009～2019年中国制造业高级化转型总体变化趋势。中国制造业高级化转型水平表现为先缓慢下降后快速上升的变化特征，最低点出现在2012年（0.0712），这可能因为应对2008年金融危机“四万亿”经济刺激的投资计划，部分投资于重工业和高耗能制造产业，使得2009～2012年制造业高级化转型波动式下降。但2012年之后，欧美国家纷纷推行“再工业化”制造业发展战略，抢占未来高技术先进制造业制高点。在此背景下，中国政府提出“中国制造2025”和“一带一路”建议，加快布局发展战略性新兴高技术制造产业，在市场需求推动及政策红利释

放等多重利好因素作用下，中国制造业加速向先进的高新技术产业迈进，改善了国内制造产业结构，提升制造业在全球价值链中的位置，逐渐形成高技术制造产业集群效应，最终使得高新技术制造业总产值比重得以迅速提升。

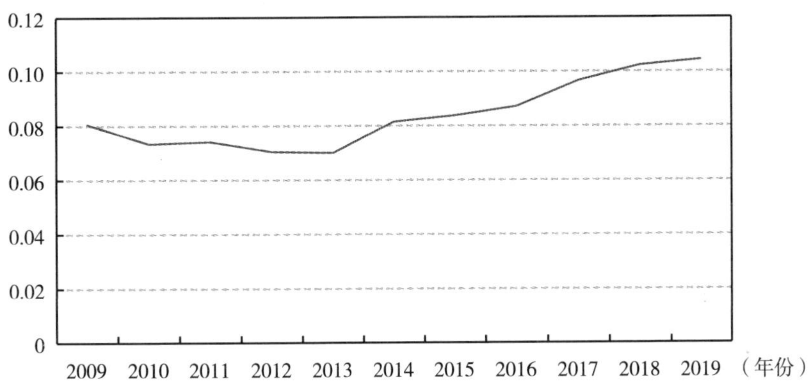

图 3-8　2009~2019 年中国制造业高级化转型变化趋势

资料来源：作者根据 OECD 数据库、World Bank 和 UN 数据库整理而得。

3.6　制造业绿色转型区域异质性特征分析

由于中国各区域自然资源禀赋、政治环境、市场化程度、经济基础等存在诸多方面的不同，中国制造业绿色转型水平在中国不同区域也可能呈现出显著的差异性。为了考察中国制造业绿色转型水平区域异质性特征，按地理区域和经济发展水平将中国划分为东部、中部、西部三个不同区域（见表 3-3）。

表 3-3　中国三大区域划分

区域	省份
东部	北京、天津、河北、辽宁、上海、江苏、浙江、福建、山东、广东、海南
中部	山西、吉林、黑龙江、安徽、江西、河南、湖北、湖南
西部	内蒙古、广西、重庆、四川、贵州、云南、陕西、甘肃、青海、宁夏、新疆

3.6.1 制造业绿色效率区域异质性特征分析

计算2009~2019年中国制造业绿色效率均值，绘制得到中国三大区域制造业绿色效率变化趋势图（见图3-9）。从图3-9可以看出，2009~2019年中国三大区域制造业绿色效率变化趋势表现出明显的区域异质性特征，但与总体样本变化趋势基本保持一致。

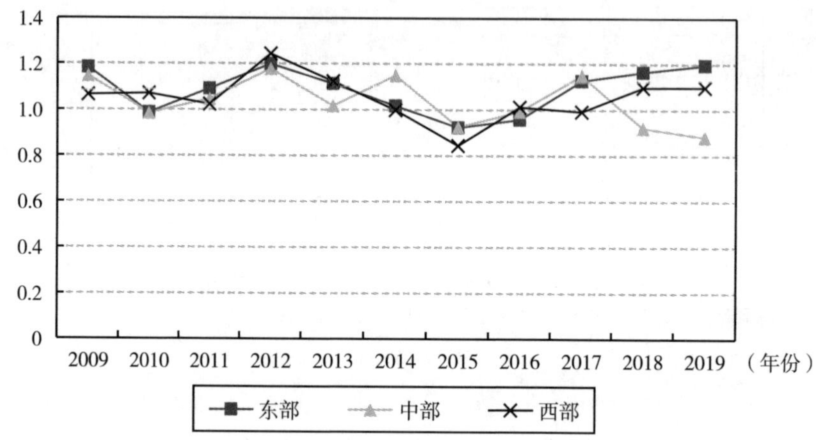

图3-9 2009~2019中国三大区域制造业绿色效率均值变化趋势

资料来源：作者根据OECD数据库、World Bank和UN数据库整理而得。

从具体数据看，2009~2019年，中国东部地区制造业绿色效率从1.22降低到1.17，下降了2.46%，平均年度绿色效率水平为1.09；中部地区制造业绿色效率从1.15降低到0.88，下降了23.48%，年均绿色效率水平为1.04；西部地区制造业绿色效率从1.07提高到1.10，增长了2.8%，年平均绿色效率为1.03。从区域年均制造业绿色效率水平来看，东部地区最大，但在2009~2019年只有西部地区制造业绿色效率水平实现了增长。从变动趋势看，东部地区由于沿海先天地理优势和相关政策支持，制造业最先取得发展，制造业技术创新能力优于中西部地区，是中国重要的制造业基地和科技创新研发区域，但随着发达国家纷纷实行推动制造业的"回归"战略，同时东南亚发展中国家利用低成本优势参与国际竞争，导致东部地区总体制造业绿色效率出现轻微下滑。中部地区制造业绿色效率在研究区间变动幅度最大，中部地区由于长期以来粗放的发展模式，个别城市发展受到资源限制，产业结构不能适应绿色转型的发展要求，积累了一系列的矛盾和问题，使得该地区制造业发展极易受到外部冲击的干扰，表现出区域绿色效率水平整体的不稳定且呈下降趋势。西部地区承接东部地区产业转型和国家政策支持，其起点基础较差，制造业绿色效率水平近年来得到快速提升。

进一步从省际横向的视角进行考察，计算中国各省份区域2009～2019年制造业绿色效率均值。在2009～2019年研究期间，北京市的制造业绿色效率最高（1.25），然后是上海（1.188）、广东（1.166）、浙江（1.152）、海南（1.144）和江苏（1.143）6个省份，而制造业绿色效率最低的地区分别是山西（0.94）、内蒙古（0.96）、宁夏（0.97）和新疆（0.99）4个省份。从中国制造业绿色效率区域分布图的总体上来看，中国制造业绿色效率水平分布呈现出东部地区相对较高，而中西部地区相对落后的分布态势。

3.6.2　制造业清洁化转型区域异质性特征分析

图3-10描述了中国三大区域2009～2019年制造业清洁化转型的变化趋势。从纵向时间维度来看，2009～2019年三大区域制造业清洁化转型水平呈明显上升趋势，其中东部地区由1.32上升至2.34，增长了77.27%；中部地区由0.89上升至1.63，增长了83.15%，西部地区由0.67上升至1.01，增长了50.75%。总体上来看，中国当前制造业清洁化转型改善很大程度上源于东部地区制造业产业结构清洁化转型水平的提升，中部地区借鉴了东部地区和发达国家的先进生产方式，制造业清洁化转型程度逐渐增强，初步具备了后发优势，但由于生产技术相对落后，人才的大量流失等因素，导致中部地区制造业清洁化转型水平落后于东部地区。西部地区为了维持地方经济发展承接了大量东中部地区转移过来的高污染制造业项目，形成以重化工业、矿产开发及加工为主导的制造业产业结构，导致其制造业结构清洁化转型相对滞后，但仍呈缓慢上升趋势。

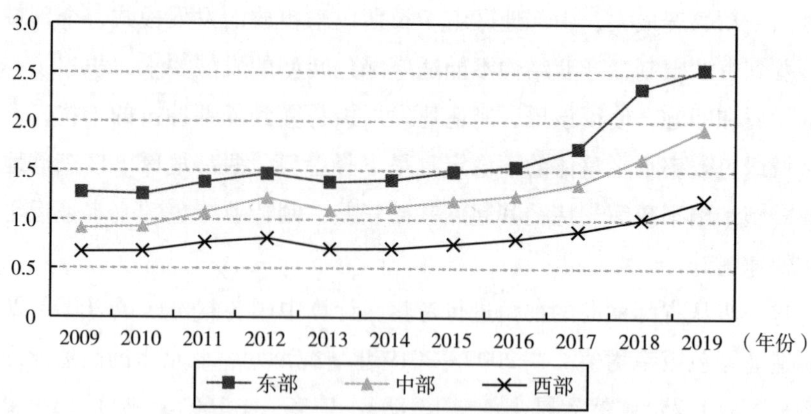

图 3－10 2009～2019 年中国三大区域制造业清洁化转型均值趋势

资料来源：作者根据 OECD 数据库、World Bank 和 UN 数据库整理而得。

进一步从省际横向的视角考察，对中国各省份的制造业清洁化转型水平进行比较分析。东部地区大部分省市制造业结构清洁化转型较好，制造业生产方式逐步转向了清洁高技术战略新兴制造行业。制造业清洁化转型水平排名第一的省份为北京市（3.86），其制造业清洁化转型程度遥遥领先其他省份。与东部地区相比，中部各个省份的清洁化转型水平要相对较低，排名基本处于中下游，清洁化行业工业总产值与污染密集型行业工业总产值相差不大。西部地区的清洁化转型水平除了重庆（1.55）、四川（1.12）处于全国中上游水平外，其他地区制造业清洁化转型水平均处于下游，制造业清洁化水平低的省份分别是青海（0.163）、甘肃（0.247）、新疆（0.261）以及宁夏（0.267）。当前制造清洁化转型水平变化情况主要原因可能是东部地区的制造业发展相对较早，其技术条件、人才条件和地理环境条件相对优越，良好经济基础使其有能力引进先进技术去治理制造业“三废”和进行转型的技术研发创新。此外，近年东部地区的制造业发展逐渐转向清洁、高技术的战略性新兴产业，其传统高耗能、高污染制造企业逐渐搬迁至中西部省份。如宁夏、新疆、甘肃、青海等省份承接了大量东部转移的传统制造产业，而且西部地区其经济相对落后，在生态环境与经济发展之间更加关注经济发展，西部地区制造业产业结构偏向于能源密集型行业，以传统高污染和高耗能制造产业为主，使得西部地区制造业清洁化转型水平远落后于中国东部地区。

3.6.3　制造业高级化转型区域异质性特征分析

根据制造业高级化转型水平指标，计算得到 2009 ~ 2019 年中国三大区域制造业产业结构高级化转型水平均值趋势图（见图 3 – 11）。根据图 3 – 11 可以看出，从纵向时间维度来看中国三大区域制造业高级化转型水平存在明显区域差异，东部地区制造业产业结构高级化转型水平远高于中西部地区，东部地区高技术制造产业空间集聚性优势相当明显。中西部地区高新技术产业与地区制造业的产值之比快速增加，分别从 4.37%、4.17% 升至 8.42%、7.80%。中西部地区依据资源优势，明确发展模式，围绕东部产业转移的重点领域寻找最适合自身实际的制造业产业发展道路，减少了低水平重复建设，加快培育壮大高新技术产业，对东部地区形成追赶态势。

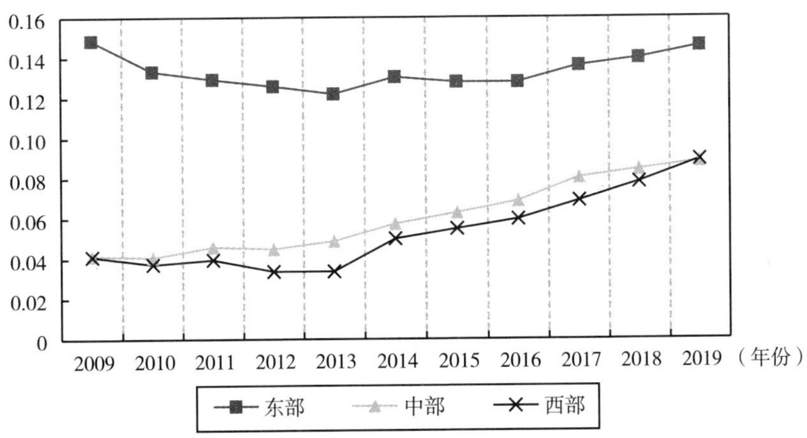

图 3 – 11　2009 ~ 2019 年中国三大区域制造业高级化转型均值趋势

资料来源：作者根据 OECD 数据库、World Bank 和 UN 数据库整理而得。

进一步从横向省际的视角，对制造业高级化转型水平区域分布进行比较分析。从图 3 – 11 的横向省际区域分布情况来看，结果进一步印证了中国三大区域进行分析的观点，即中国区域制造业高级化转型水平存在显著的区位差异，东部省份制造业高级化转型水平明显高于中西部地区省份。根据图 3 – 11 可以发现，制造业高级化转型水平较高的省份均集中在中国东部地区，依次分别为广东（0.253）、北京（0.242）、上海（0.207）、浙江（0.206）、江苏（0.205），并且其制造业高级化转型水平远高于中西部地区的省份。这可能主要是得益于近年来东部地区政府采取积极产业政策助推高新技术制造业发展，而且东部地区制造业高级化转型存在着明显区位环境、人才条件和科技创新优势。此外，由于东部制造业发展较早，部分省份已完成工业化初级阶段进入工业化后期，正在加快推进新旧产能转换，逐渐淘汰或转移低端、重污染的制造业行业。总体上来看，中国制造业高级化转型水平相对高的主要集中在中国东部省份，而制造业高级化转型水平相对低的省份多集中在中国中西部地区，总体上中国制造业高级化转型水平呈现由东至西依次递减的趋势特征。

3.7 本章小结

本章基于2009~2019年中国30个省份的面板数据，从中国制造业发展现状与面临的挑战出发，根据制造业绿色转型的内涵，分别对制造业绿色效率、清洁化转型和高级化转型进行测度，以及其动态演变事实和区域异质性特征进行分析。本章分析有助于了解中国制造业绿色转型的基本特征事实，也为后面实证分析做铺垫。

（1）制造业绿色转型测度。借鉴已有研究文献，运用DDF-DEA模型计算制造业绿色全要素生产率作为制造业绿色效率替代指标。以清洁型制造业总产值与污染型制造业总产值的比作为评价制造业清洁化转型水平指标。基于高新技术制造产业高技术、高附加值和清洁型的特性，使用高新技术制造业总产值与区域制造业总产值的比作为区域制造业高级化转型水平的衡量指标。

（2）制造业绿色转型动态演变和区域异质性特征分析。中国制造业绿色转型呈现波动式上升趋势，其阶段性和区域异质性特征明显。具体来讲，中国制造业绿色效率整体呈近似“W”型波动变化特征，制造业清洁化转型水平呈波动式快速上升趋势，而制造业高级化转型水平则表现先缓慢下降后快速上升，最低出现在2012年，总体上呈“U”型变化特征。从区域异质性角度来看，中国制造业绿色效率水平、清洁化转型水平与高级化转型水平相对高的地区主要集中在中国东部省域，而在中西部区域制造业绿色效率水平、清洁化转型水平与高级化转型水平相对较低，总体上呈现由东至西依次递减的变化特征。

激励制造业绿色转型的地方政府补贴政策分析

4.1 激励制造业绿色转型的地方政府补贴演变及手段

4.1.1 激励制造业转型的地方政府补贴演变历程

地方政府补贴是指地方政府或公共机构依据一定时期的经济或政策方针，为实现某种特定的政策目标而以直接或间接的方式给予相关利益主体的无偿资金支持（吴建祖和华欣意，2021）。由于制造业绿色转型具有显著的正外部溢出效应，这种正向溢出效应如果得不到政府的有效治理，会导致区域制造业转型难以实施以及出现“搭便车”行为，最终抑制区域制造业整体质量的提升。因此，地方政府往往运用补贴手段，激励制造业微观主体增加转型升级的研发创新和设备更新投资，推动区域制造业企业转型升级（李小奕，2021；Howell，2017）。地方政府补贴对制造业绿色转型具有成本缩减和缓解融资约束效应，是政府扮演“扶持之手”最直接手段，能够有效解决“市场失灵”问题，适度政府补贴有助于促进区域制造业产业结构转型升级（胡小梅，2016）。地方政府补贴的本质是政府利益的无偿转移行为，属于地方财政支出范畴。中国激励制造业转型的地方政府补贴制度以社会主义市场经济体制为背景，其演变历程与中国的财政体制改革紧密相连。中国财政体制经历三次重要的改革：第一次是 20 世纪 80 年代初期推行的财政包干制度改革；第二次是 1994 年实施的分税制改革；第三次是 2013 年开始实施现代财政制度改革。

4.1.1.1 财政包干制下的地方政府制造业补贴政策（1978～1993 年）

财政包干制度改变了解放初期财政统收统支下中国财权高度集中的状况，通过让利和放权明确划分中央与地方政府财政收支范围和管理权限。由于财政包干制度的地方经济增长所带来的剩余收入归地方政府支配，使得地方财政收支与地方经济发展息息相关，初步确定了地方政府独立的经济主体资格。中国在实施财政包干制度改革的同时，进行行政性分权并初步建立官员晋升与地方经济发展绩效挂钩的政绩考核机制，强化了地方政府官员发展经济的政治动机，这使得中国官员考核机制得以形成和发展。这一阶段中国地方政府为了自身经济利益，向高利润的加工制造企业提供大量政府补贴产业倾斜政策，进而在各地同时掀起一场彩电热、冰箱热和轻纺工业热，造成中国区域间产业结构严重趋同，抑制了区域优势制造产业的发展。而且面对激烈的市场价格竞争环境，为了保护本地区制造产品，各地方政府采取了地区封锁的保护措施，导致国内市场被割裂，抑制市场配置资源功能的有效发挥，阻碍制造业产业结构转型调整优化。另外，由于以“分灶吃饭”为特征的财政包干体制，导致中央财政收入被削弱，中央对地方政府的调控能力被弱化，进一步加剧地方经济割据，最终阻碍地方政府补贴政策激励制造业转型作用的有效发挥。在财政包干制时期，地方政府倾斜加工制造业产业的补贴政策，使得劳动和技术密集型加工制造行业占比得到提升，轻纺工业和耐用消费品工业得到快速发展，极大改善了轻工业和重工业的比例，制造业产业结构合理化在一定程度上得到改善，但由于加工制造业重复建设导致产能过剩，战略新兴制造业发展缓慢，整个制造产业结构高度化发展滞后。

4.1.1.2 分税制下的地方政府制造业补贴政策（1994～2012 年）

1994 年中国正式启动分税制改革，此次改革就中央与地方政府间财力配置格局进行了重新调整，基本上确立了中央与地方的财政收入分配关系。1994 年的分税制改革使中央的部分权力向地方转移，地方政府拥有高度的自主权，能够因地制宜管理地方经济以及安排地方财政支出与经济建设。地方政府实质上成为经济运行中的“准市场主体”，充当着区域经济发展中“企业家”的角色，在中央和地方政府之间逐渐形成了以“财政分权”为特征的“中国式分权”。

“中国式分权”为地方政府激励制造业转型补贴政策的存在提供了动力支撑（皮建才和赵润之，2019）。“中国式分权”使地方政府拥有有效的手段干预辖区的经济发展，并且使地方官员政治晋升与其辖区经济发展绩效紧密联系。在 GDP 增长模式下，中国地方政府官员为了追求政治利益而展开为区域经济增长的一系列竞争，地方政府将政绩考核内嵌于辖区内 GDP 的增长。由于中国地方政府补贴没有特定法律约束，在制造业补贴对象、标准、范围等方面缺乏明确规定，地方政府在制定和实施政府补贴政策时拥有较大的自由裁量权。在分税制时期为配合官员政绩考核，地方政府采用“区别对待，有保有压，有促有控”制造业产业结构调整的补贴激励政策，重点扶持医药、电气机械、电子通信设备等技术密集型战略新兴制造业。如 2012 年北京市统筹安排 200 亿元财政资金支持节能环保产业和新一代信息技术制造等战略新兴产业研发及产业化；广东财政在“十二五”期间统筹安排 30 亿元扶持先进制造业发展专项资金，无偿补贴战略新兴装备制造产业核心技术研制攻关项目；安徽省在 2020 ~ 2012 年投入 50 亿元支持医药、电动汽车等战略性新兴制造产业的发展。仅 2012 年中国共有 2290 家制造上市公司获得 731.33 亿元地方政府补贴资金支持①。在分税制时期，地方政府补贴将产业政策导向与市场生产要素资源配置机制有机结合起来，重点扶持战略新兴制造产业，在一定程度上促进制造业产业结构高级化转型调整。

4.1.1.3 现代财政体制下的地方政府制造业补贴政策（2013 年至今）

党的十八届三中全会提出构建现代中国财政制度，把财政职能定位为国家治理的基础和支柱。随后 2014 年国家对分税制进行了深度调整，打破

① 资料来源：作者根据国泰安数据库整理所得。

分税制时期以行政隶属关系划分事权支出责任的局限性，对中央与地方政府间事权和支出责任进行了原则性划分和安排。在中国现代财政分权政治体制下，地方官员对所属地区产业发展具有较强话语权，其在制造业转型过程中扮演十分重要的角色（秦黎和章文光，2018）。党的十八届三中全会提出纠正单纯以 GDP 增速作为政绩考核的偏向，明确提出涵括科技创新、生态环境、节能减排等经济发展质量的综合政绩考核体系，而且将生态环境与制造业产业结构转型作为"十三五""十四五"规划的重要经济发展目标，这刺激着地方政府推动本辖区内制造业倾斜式发展和产业结构绿色转型。在现代财政体制时期，地方政府制造业补贴政策强调国家发展战略，把补贴政策的着眼点转向为制造业转型创造良好的外部环境和加快制造业产业结构调整上来，紧跟国家制造业高质量发展战略。为推动区域制造业高质量发展，地方政府出台大量促进制造业产业结构调整的补贴政策，如湖北省对制造业实施以"智能化、集群化、绿色化"为核心专项转型财政补贴资金支持；河南省出台支持制造企业改造升级专项补贴政策，对制造企业实施的重点技术改造项目给予最高 2000 万元财政补贴资助；浙江省建立和完善多元化的绿色制造投融资机制，为制造业绿色转型提供财政贴息贷款支持；江苏省对软件和集成电路制造企业实施所得税优惠政策，对符合条件的制造企业或项目，可按规定享受"十免""五免五减半""两免三减半"等间接政府补贴的税收优惠政策。在现代财政体制期间，地方政府制造业产业结构转型补贴紧跟国家高质量发展战略，地方政府补贴资金重点投向智能制造、高端装备制造、医药制造等制造业产业结构转型的关键领域，中国制造业产业结构合理化和高度化都得到了极大改善，制造业产业整体正逐渐向绿色、高技术、清洁化转型调整。

4.1.2　激励制造业绿色转型的地方政府补贴手段

中国制造业正面临着成本困扰和绿色贸易壁垒，如何实现区域制造业高质量发展，解决制造业发展中能源与环境问题成为中国地方政府经济工作的重心。在此背景下，作为中国制造业产业结构调整核心内容的绿色转型已成为推动制造业高质量发展的重要动力。要实现制造业从劳动密集型的传统“三高”发展模式转变为智能化、绿色化的可持续发展模式，需要政府运用适当产业政策工具进行诱导干预。中国地方政府为了推动制造业智能化、绿色化转型，先后实施了一系列财政和金融产业政策，其中地方政府补贴政策已成为激励制造业产业结构绿色转型的重要动力。中国现行激励制造业绿色转型的政府补贴手段大致可分为财政补贴、财政贴息、政府购买和税收优惠四大类。

4.1.2.1 财政补贴

财政补贴是指根据促进制造业绿色转型的产业政策要求，由地方政府向特定企业或特定项目提供无偿资助的财政专项资金。制造业财政补贴的申请、使用有严格的条件限制，只有符合相关产业政策规定资质的制造企业才具有资格申请财政专项补贴。由于制造业绿色转型外部性存在，制造企业私人收益小于社会收益，仅凭靠市场机制难以满足制造业转型投资所需要的资金支持，导致无法有效激励制造业进行转型研发创新的意愿和动力，因此地方政府财政补贴政策的支持资助显得十分必要。一方面，财政补贴可以弥补制造业绿色转型的成本投入，降低制造业转型风险，推动制造业绿色转型能够尽快实现成果转化，进而引导制造业产品和服务向清洁化和高级化方向生产。另一方面，财政补贴还发挥引导社会资本的作用，合理的财政补贴除了能直接推动绿色制造转型外，还能体现政府对制造业产业结构绿色转型的支持与政策导向，诱导社会资金和金融资本参与需要高研发投入和重资产投入的制造业产业结构转型中，发挥财政资金杠杆作用，拓宽制造业转型的融资渠道，保障制造业转型项目投资的资金需求（见表4－1）。

表4－1　激励制造业转型的地方财政补贴政策列举

制度文件	具体实施方式
湖北省颁发《省级制造业高质量发展专项资金管理办法》	对制造企业实施“智能、集群、服务、绿色与安全”为核心转型升级重大技术改造项目，根据产业导向和技术水平择优选取资助项目，对符合要求的每个项目补助资助100万～1000万元财政专项资金
广东省颁发《加快先进制造业项目投资建设若干政策措施的通知》	设立先进制造业发展专项财政资金，对引进、改造以及新建高质量技术制造业投资项目提供500万～20000万元财政专项资助

续表

制度文件	具体实施方式
四川省颁发《四川省促进制造业项目投资建设若干政策措施的通知》	对符合制造业产业数字化、智能化技术改造和绿色化技术改造要求的制造业投资项目，按不超过固定资产投资总额 5% 的比例，提供最高 1000 万元财政专项奖补
河南省颁发《制造业头雁企业培育行动方案（2021～2025 年）的通知》	支持企业改造升级。对实施的重点技改项目，给予 1000 万～2000 万元财政专项补贴，财政专项资助金额不超过技改项目投资总额的 30%

资料来源：作者根据公开政策文件整理而得。

4.1.2.2　财政贴息

财政贴息是指政府为支持制造业绿色转型，对制造企业开展特定转型投资项目而使用银行贷款所产生的利息给予补贴的行为。通过财政贷款贴息产业政策，一方面，对于资金投入大、周期长、信息不对称的项目，银行可能因投资周期长、不确定性等风险而拒绝借贷。但由于得到地方政府给予财政贴息，银行的贷款利息得到保证，降低银行借贷风险，在一定程度上能有效缓解制造业绿色转型外部融资约束。另一方面，虽然政府代替制造企业支付部分或全部贷款利息，节约了制造企业利息费用，但制造企业仍需偿还本金以及可能的贷款部分利息，因而能促使制造企业慎重对待转型的借贷资金投入，有利于制造企业资金的合理配置及使用效率提高。相比于大规模财政补贴而言，财政贴息政策用少量的财政资金实现引导制造企业和银行金融机构共同参与制造业绿色转型投资活动中，充分发挥了财政资金的杠杆作用（见表 4－2）。

表 4－2　　激励制造业转型的财政贴息政策列举

制度文件	具体实施方式
安徽省颁发《制造业融资财政贴息专项实施细则的通知》	政府提供制造业财政贴息的融资总规模 1000 亿元，专门用于资助支持绿色先进制造业新建和改造项目建设投资
江苏省颁发《关于加快发展先进制造业振兴实体经济若干政策措施的意见》	对制造企业实施互联网化提升计划，生产管控集成化、购销经营平台化、服务网络化等重点项目，按投资额或贷款额给予不超过 1000 万元财政贴息支持
广西壮族自治区颁发《财政支持工业振兴实施方案（2021～2023 年）的通知》	采取"桂惠贷"、贷款贴息、融资担保等方式，支持制造业供应链与产业链稳定循环的改造投资项目

续表

制度文件	具体实施方式
北京市颁发《高精尖产业发展资金管理办法的通知》	对年度固定资产投资制造企业提供普惠性贴息，最高财政贴息率为2%，政府对单个制造企业投资项目每年贴息资助额最高达1000万元

资料来源：作者根据公开政策文件整理而得。

4.1.2.3 政府购买

政府购买是地方政府为推动制造业产业政策的落实，针对特定的产业发展需求，对符合标准的技术、产品和服务等优先采购以扩大市场需求，降低由于市场不确定性风险的制造业转型产业补贴政策。政府购买在促进制造企业转型自主创新的过程中起着财政补贴、财政贴息等财政政策所不可替代的作用，其不同于财政补贴、财政贴息等影响的是制造业转型新产品、新服务、新技术的供给，而政府购买影响的是需求侧，为制造企业转型产品提供正规可靠的销售渠道。政府购买通过扩大制造业转型市场需求，激励制造企业增加转型研发投入和生产。一方面，政府通过采购制造业绿色产品或服务营造绿色消费的氛围，向社会公众传递绿色消费理念，发挥示范效应并通过有效的信号传递来引导制造产业结构转型调整方向。另一方面，绿色技术及产品具有前沿性和先进性，在开始投入市场时，往往面临需求不足的问题，存在较高的市场风险，政府采购在一定程度上减少这一风险。对于制造企业来说，获得政府采购订单意味着转型的产品获得政府的认可，使制造企业不仅获得转型项目合理收益，而且还有利于制造企业转型技术、产品和服务的推广（见表4－3）。

表4－3　激励制造业转型的政府购买政策列举

制度文件	具体实施方式
安徽省颁发《支持首台套重大技术装备首批次新材料首版次软件发展若干政策的通知》	对制造业“三首”产品实施政府采用计划，促进重大装备、新材料和软件产品研发和示范应用
重庆市颁发《深化“互联网＋先进制造业”发展工业互联网实施方案的通知》	实施制造企业“上云上平台”计划，通过财政支持、政府购买服务等方式推动企业实现业务系统向云端迁移，降低智能化改造成本
湖北省颁发《支持新一轮企业技术改造若干政策的通知》	采取政府购买服务的方式，分区域、分行业免费提供诊断咨询服务，对制造企业实施改造升级提出可行的解决方案

续表

制度文件	具体实施方式
江苏省颁发《关于进一步降低企业负担促进实体经济高质量发展若干政策措施的通知》	对符合国民经济发展要求、代表先进技术发展方向，但首次投向市场、暂不具备市场竞争力的制造精品，自 2019 年起政府采购实施首购与首用制度；将符合条件的新能源汽车优先列入全省公务用车和公共交通车辆协议供货范围

资料来源：作者根据公开政策文件整理而得。

4.1.2.4　税收优惠

税收优惠是按照制造业产业政策的有关规定，地方政府运用税收优惠、税式支出、税收减免与返还等间接方式对制造企业应纳税款予以减或免的行为。税收优惠政策的目的是降低地区制造业转型成本与风险，推动地区制造业实施转型升级策略，从而最终助力于区域制造业绿色转型实现的政府行为。根据制造业绿色转型的产业政策目标，地方政府实施间接补贴的税收优惠政策，一是可以降低制造业的纳税成本，增加可供制造业支配的内源资金，使得制造业有更多的资金投入转型升级活动中，从而保障制造业绿色转型实现。二是激励地方制造转型的税收优惠政策使产业结构转型的外部性问题在一定程度能得到有效解决，激励制造业自主生产清洁、高新技术产品，最终使得区域内清洁、高技术制造产品能迅速扩大市场份额。同时通过实施制造业科研人员的个人所得税优惠政策，增强制造业转型的高端人才吸引力，为制造业转型创造良好的基础条件。三是通过税收优惠政策还可以有效降低制造业的融资成本，吸引更多社会资本参与制造业产业结构绿色转型实践中，发挥社会资本优化效应，推动制造业产业结构转型调整变迁（见表 4 -4）。

表 4 -4　　激励制造业转型的税收优惠政策列举

制度文件	具体实施方式
福建省颁发《关于加快发展智能制造九条措施的通知》	对智能装备制造业研发费用采用加计扣除所得税优惠政策，没形成无形资产可按发生额的 50% 加计扣除，形成无形资产的则根据该无形资产发生实际成本 150% 进行所得税税前摊销
安徽省印发《支持首台套重大技术装备首批次新材料首版次软件发展若干政策的通知》	对从事重大技术装备研发制造企业，经认定为高新技术企业的，按 15% 税率征收企业所得税，享受研发费用加计扣除、固定资产加速折旧等税收优惠

续表

制度文件	具体实施方式
重庆市印发《支持制造业高质量发展若干政策措施的通知》	将制造业企业研发费用税前加计扣除比例提高至100%，对先进制造业企业按月全额退还增值税增量留抵税额
江苏省印发《关于进一步降低企业负担促进实体经济高质量发展若干政策措施的通知》	对软件和集成电路制造企业实施“十免”“五免五减半”等所得税优惠政策

资料来源：作者根据公开政策文件整理而得。

综上所述，地方政府制造业转型补贴工具包括财政补贴、财政贴息、政府购买和税收优惠等多种手段，但通常研究将地方政府补贴方式总体分为直接补贴和间接补贴两种典型激励方式：一是以财政补贴、财政贴息、政府采购等为代表的直接补贴方式；二是以税收优惠政策为主体的间接补贴方式。

4.1.3 激励制造业绿色转型的地方政府补贴手段比较

地方政府鼓励制造业绿色转型补贴主要方式有直接补贴与间接补贴的税收优惠两种方式，均是通过让渡地方政府利益来降低制造业转型活动成本，弥补由于制造业绿色转型知识外溢性导致的外部性成本补偿问题，激励制造业开展转型升级活动的积极性。尽管从地方政府的角度来看，直接补贴与间接补贴的税收优惠均表现为地方政府财政收入的减少，但是从制造企业的角度看，两者来源的主体不同，政府直接补贴资金来自地方政府部门，税收优惠则源于制造企业自身的资金。现有文献研究结果多数表明地方政府直接与间接补贴政策对产业结构转型调整均具有正向激励作用，然而二者的影响机制、激励效果不同。

4.1.3.1 直接补贴和间接补贴作用机制差异分析

基于市场失灵理论地方政府以直接补贴和间接补贴手段予以干预和纠正，尽管二者均是通过为制造业绿色转型提供资金支持来引导传统制造业增加对技术创新、固定资产更新投资，以实现制造业产业布局优化调整，建立高效、清洁、低碳高质量发展绿色制造业体系，提升制造业全球价值链的核心竞争力，但是针对激励制造业绿色转型的直接补贴和间接补贴两种政策手段的作用机制不同。直接补贴属于事前激励，在制造业转型初始阶段给予支付，是政府通过无偿性财政支出资助实现对制造业绿色转型的资金支持，可以直接缓解企业转型投入资金短缺问题，短期即可起到显著效果。而且由于地方政府具有区域经济调控自主权并控制着关键性生产要素，对于直接补贴对象选择具有倾向性，获得政府直接补贴的转型项目体现出企业和政府的双重偏好（王春元和于井远，2020）。间接补贴与直接补贴相比补贴对象和范围更加宽泛，具有普适性的特点，是一种事后激励手段，其节税得利是期望收入，并且间接补贴政策实施的效果具有时滞性（柳光强，2016）。制造企业只有在完成交易或转型投资活动后且符合间接补贴税收优惠的条件才能享受到，制造企业对税收优惠收入的使用自主性相对较强，既可以将税收优惠的资金直接用于科研创新工作投入，也可以用于其他领域的投资。另外，与政府直接补贴相比，地方政府间接补贴的税收优惠则更加中性，对市场造成的扭曲程度相对较低，有利于促进整体制造业转型效率的提升（杜千卉和张玉臣，2020）。从公平程度视角来看，由于直接补贴是前期一次性投入，政企关联和寻租行为存在，导致政府补贴政策是否落实以及落实程度的高低存在较大的不确定性，影响直接补贴政策使用效率和公平性。而间接补贴税收优惠"普遍性"则相对公平且透明，它具有普遍性、非歧视性，不存在政策执行过程中的人为选择偏差，能够通过市场机制配置转型生产要素资源，有效避免政府失灵出现，有利于发挥制造企业的主观能动性，并根据自身情况做出最佳投资决策。

4.1.3.2　直接补贴和间接补贴激励效果差异分析

地方政府补贴政策通过影响生产要素资源配置结构，使特定目标群体受益的目的，但不同的政府补贴方式因政策目标差异会产生迥异的激励效果（Buigues & Sekkat，2011）。制造业绿色转型间接补贴的税收优惠政策目标集中激励制造业转型科技创新和转型更新设备投资，缓解制造业转型中融资困境的问题，而制造业绿色转型的直接政府补贴政策则承载着优化生产要素资源配置结构、产品服务供给结构和需求结构的政策意图。地方政府直接补贴可能会产生替代效应，造成政府补贴资金挤出制造企业自有转型投资资金，或制造企业将政府直接补贴资金挪作他用，使得直接补贴资金不仅无法有效刺激制造业转型升级，甚至会在一定程度上产生抑制制造业转型效应。同时，由于信息不对称，巨额的政府直接补贴资金可能诱使制造企业提供虚假信息伪装成符合政府补贴条件以“骗取”补贴资金，扰乱正常的补贴政策秩序，从而产生逆向选择，最终阻碍制造业产业结构转型调整（袁航和朱承亮，2020）。而间接补贴税收优惠属于事后激励，间接补贴的节税收益是一项制造企业期望的收入，制造企业为了确保获得间接补贴的税收优惠，会更加注重转型成果产出，这有利于促进转型科技产出与成果的转化（蒋舒阳等，2021），大大增强制造业转型创新意愿，由此形成一个良性循环，激励制造业将更多的资金用于转型升级。但间接补贴税收优惠同样存在逆向选择的风险，制造企业更易将资金视为生产经营所得，而非投入企业转型升级的创新领域，造成非效率投资。茵玛库拉达（Inmaculada，2018）基于西班牙制造业企业数据，考察政府直接补贴、税收优惠对转型投资的影响，结果发现注重质量长期转型研发投资政府直接补贴更有效。张同斌和高铁梅（2012）研究政府直接补贴与税收优惠对产业结构调整的激励效果，发现政府直接补贴与税收优惠均激励高新技术产业附加值提升，促进高新技术产业内部结构的调整优化，但间接补贴的税收优惠激励效果更为显著。王天驰等（2019）采用动态面板模型比较分析直接补贴、税收优惠等不同政府补贴支持手段对风电企业转型技术创新投入的影响，发现直接补贴和税收优惠均能够显著促进企业增加转型创新投入，但政府间接补贴的税收优惠促进效果优于政府直接补贴（见表4－5）。

表4－5　　地方政府直接与间接补贴差异分析

项目	直接补贴	间接补贴
补贴方式	事前激励，能在早期阶段给予支付	事后激励，完成交易或创新活动后
时效性	直接迅速，短期即可起到显著效果	具有时滞性，反应速度相对较慢

续表

项目	直接补贴	间接补贴
自主性	企业自主性受到限制，政府选定对象或项目，专款专用	企业自主性相对较强，可以根据自身需要和市场需要自主决定
公平程度	公平性欠缺，易产生寻租现象，扭曲企业之间的公平竞争	相对公平且透明，不存在政策执行过程中的人为选择偏差
激励效果	信号效应，增加企业通过外部资金进行技术创新活动的意愿；替代效应，补贴资金挪作他用	更加中性，扭曲程度低，不容易被挪用；但可能造成过度投资，使企业投资非效率

资料来源：作者根据资料整理所得。

4.2　激励制造业绿色转型中地方政府职能定位

理论上讲，制造业绿色转型既是市场机制选择的结果，也是地方政府产业政策推动的结果，地方政府在制造业转型中扮演着十分重要的角色。党的十九大报告指出产业结构转型既要充分发挥市场机制调节作用，也要关注政府的职能定位。地方政府职能是指政府作为国家行政机关，在依法对政治、经济、社会等事务进行管理时发挥的职责、功能和作用，它实质上体现了地方政府行政权力的基本内容，与经济社会发展阶段密切相关，在不同经济发展阶段，地方政府职能定位也随之出现相应变化。地方政府应综合考虑制造业绿色转型属性，在产业政策调控和市场机制的动态调整中精准定位自身职能边界。自党的十八届三中全会以来，中国地方政府在履行其职能时不仅要专注服务型政府的打造，也开始重视环境保护等社会职能的履行。在制造业产业结构转型的内生性需求和外在操作实践的作用下，激励制造业绿色转型的过程中地方政府职能角色定位主要包括市场监管的守夜人、经济调控的资助人、社会管理的服务人三方面职能（见图 4－1）。

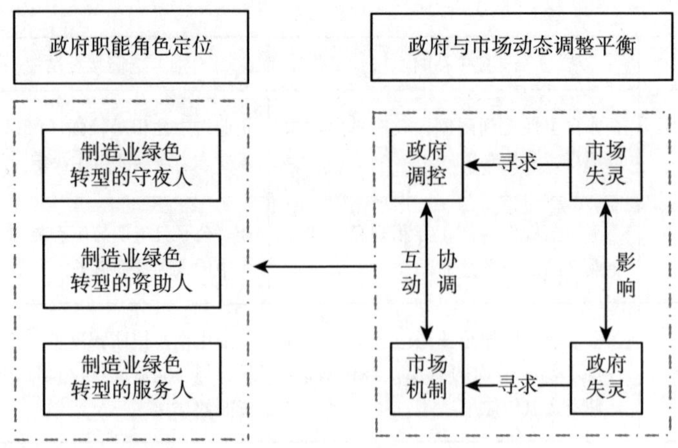

图4-1 制造业绿色转型中政府职能定位逻辑

4.2.1 制造业绿色转型中的“守夜人”

为制造业转型营造一个良好的市场经济秩序是地方政府作为辖区管理者所承担的重要职责，对制造业转型起到不可或缺的作用。根据中国目前的市场化水平和市场经济体制，要求市场对制造业绿色转型发挥调节作用的同时，地方政府需要充分发挥市场监管职能，建立有利于推动制造业绿色转型统一开放、公平竞争的市场环境，增强市场配置生产资源的力度。由于制造业绿色转型过程中面临的各种利益调整，需要依托法律法规等行政手段进行约束，这就要求地方政府确立市场主体交易和竞争过程中的游戏规则，为制造业转型提供完备的监管体系，保障制造业转型顺利调整并实现高质量发展。金碚（2014）认为中国制造业转型的政府关键职能是为企业转型创造公平竞争的市场环境。一个促进制造企业公平竞争、诚信经营的市场环境能够对政府和企业的科技创新投入转化为企业转型创新能力有明显促进作用。建设一个良好的竞争市场环境，地方政府务必做到持续“放管服”改革，营造良好的市场准入机制，注重统筹规划和区域协调，并根据区域产业基础、技术水平和配套环境的差异，加强对制造企业分类指导，实施差异化补贴产业政策，激励制造企业持续科技创新和设备更新投资，加强公平竞争的制度体系建设。

此外，制造业绿色转型核心知识产权能够为市场主体带来重要的经济效益，是制造业转型发展的关键竞争力，但同时也具有较强外部性和高风险性等特点，极易被模仿甚至窃取。如果制造企业实施绿色转型而产生的竞争优势得不到有效保护，将促使制造企业将更多的资源投入非转型生产性投资活动中，最终抑制制造业整体产业结构绿色转型调整。因此，一方面，制造业转型要求地方政府完善知识产权保护制度，出台相关的保护措施，保障制造业转型创新活动的合法权益，激发制造企业转型创新动机和热情。另一方面，地方政府作为市场规则的制定者，理应及时修改和完善符合绿色转型要求的行政规章、法律法规和制造业行业规范，并加强质量技术基础和认证体系建设，制定符合制造业转型要求的产品质量标准，倒逼微观制造企业主体进行绿色转型。

4.2.2　制造业绿色转型中的“资助人”

经济调控职能是地方政府作为一个区域经济主体对区域内经济事务进行管理调控的职能。在市场环境中，市场在生产要素资源配置中发挥着基础性功能，但是由于外部性和信息不对称等因素的影响，市场机制对生产要素资源配置有时会出现失灵，导致市场的无效率。绿色转型是未来制造业发展的大势所趋，也是打破能源资源与生态环境制约的关键。在制造业绿色转型实施过程中必然存在技术成果的积累与共享，具有典型的正外部性问题。一方面，由于外部性存在导致制造业转型中生产要素资源配置低效率甚至出现无效率，造成制造业转型成本难以得到有效补偿，最终导致制造企业实施结构转型升级的意愿下降，抑制制造业整体转型水平提升。另一方面，由于制造业绿色转型具有较大的不确定性、较高的风险以及较长的投资周期，容易受到环境、政策等多方面因素的影响，而且制造业绿色转型需要付出巨大的研发投资和设备更新投资等营运成本，单凭制造企业一己之力无法做到有效实现转型升级。

此外，市场竞争主体间还存在着信息不对称的问题导致经济效率扭曲和资源错配，以及调节的被动性和滞后性问题，同样会引发市场失灵。因此，在市场机制无法有效激励制造企业主体实施转型升级投入，政府必须运用产业政策手段发挥其经济调控职能，构造制造业绿色转型成本补偿机制，激励制造企业开展转型活动。因此，地方政府完善补偿机制是解决制造业绿色转型外部性、信息不对称等市场失灵问题的关键，地方政府补贴成为制造业转型中生产要素资源配置“看得见的手”。政府补贴作为地方政府对制造企业最直接、最普遍的转型激励方式，对制造业绿色转型提供政策资金支持，通过政府补贴资金来引导制造业转型创新链，再由转型创新链引导制造业产业链，为实现制造业绿色转型提供良好的基础保障。

4.2.3 制造业绿色转型中的“服务人”

制造业绿色转型实施离不开政府部门的公共服务，良好公共服务是制造业开展转型升级活动的重要保障。在社会管理职能的要求下，地方政府理应通过整合现有的公共资源，加强知识产权保护，改善营商环境等直接或间接的方式参与区域制造业绿色转型实践中，为制造业转型提供专业化、社会化和市场化的公共服务。杨思莹和李政（2019）研究指出配套完善的基础设施可以打破市场分割和区域间的地理障碍，为制造业转型知识和创新要素传播提供条件，以及为制造业转型科技成果转化创造良好的环境，最终助力于推动区域制造业转型活动的开展。因此，地方政府要按照优势互补、协作配套的现代市场体系构建原则，建设与完善制造业绿色转型的配套基础设施，在原有的基础上进行引导和规划，优化制造业产业结构的空间布局和科技研发，推动同类制造企业集聚，以产业群为基础引导制造业由劳动密集型转向知识密集型制造业，实现制造业产业结构转型调整优化。

人才是制造业实施转型的基础，能否有效地吸引人才参与区域制造业转型实践活动，在很大程度上影响区域制造业转型的实现水平。但是一个区域经济发展所需人才资源不仅是稀缺，而且是跨地区流动的，稀缺人才资源在一个地区流出意味着另一个地区流入。地方政府公共基础设施建设和公共服务供给是区域人才竞争的重要方式，优质的公共服务和完善公共设施直接影响居民生活的质量，从而改变人口迁移决策和人口空间分布（夏怡然和陆铭，2015），进而影响区域劳动力技术结构，最终作用于制造产业结构转型。戴翔等（2016）研究发现劳动者技能的提高促进高技术产

业转移，并激励传统制造产业向高技术制造产业转移调整。地方政府应充分发挥社会服务职能，提供优质公共服务，打造宜居城市，提升区域城市人口集聚能力，并结合人才引进政策吸引优质人才，为区域制造业转型创造基础条件。

4.3　激励中国制造业绿色转型的地方政府补贴现状

2019 年世界知识产权组织（WIPO）报告显示，中国制造业创新指数全球排名第 14 位，是唯一进入前 30 名的发展中国家，是提交国际专利申请最大来源国（郑家兴，2021）。2019 年国家统计局报告数据显示，中国制造业创新指数达到 213.01，创新环境指数达到 225.81，分别增长 8.62%、10.89%，创 2005 年以来的新高①。中国地方政府财政科技支出占地方一般预算支出的比重达 4.31%，同比增长 0.179%。在税收优惠方面，享受地方税收优惠规模以上制造企业高达 2.8 万家，税收优惠总额达 599.5 亿元，同比增长 54.7%②。可见，地方政府补贴政策对于优化中国制造业创新环境，提高中国制造业转型创新实力具有重要激励作用。

地方政府补贴作为主要的产业政策工具，是实现制造业产业结构转型变迁的关键政策手段。中国制造转型的地方政府补贴包括财政补贴、税收优惠、贷款贴息、政府购买等多种手段。考虑到数据的可获得性，借鉴李（Lee E.，2017）的研究，本章节从地方政府补贴规模、结构和区域差异三个角度来分析中国地方政府补贴激励制造业绿色转型的具体情况。

4.3.1　激励制造业绿色转型的地方政府补贴规模分析

4.3.1.1　激励制造业绿色转型的地方政府补贴绝对规模比较分析

图 4－2 汇报了激励制造业转型的地方政府补贴绝对规模的变化趋势。

---

① 资料来源：国家统计局网站。
② 资料来源：作者根据《万德数据库》整理得到。

一方面，从图4-2地方政府补贴的具体数据可以看出，为推动制造业绿色转型，2009~2019年中国地方政府补贴总额从2009年的564.70亿元逐年增加到2019年的2437.13亿元，增幅达到331.58%，平均每年的增长高达30.14%，整体呈显著上升并保持较高的增长趋势。其中，在2011年增长幅度最大，环比增速为48.32%，这可能与中国当年推行绿色发展战略规划实施有关，该计划强调政府在推动经济增长的同时，要加快制造企业自主创新和产业结构调整，为绿色高技术制造业发展和技术进步提供财政支持，因此，在2011年地方政府加大制造转型补贴支持力度。从地方政府补贴直接、间接补贴支出规模来看，地方政府直接补贴和间接补贴规模在2009~2019年都呈现出不同程度的增长。总体上地方政府间接补贴所占比重较为稳定且规模较大，2009年中国地方政府间接补贴规模仅为427.92亿元，而2019年地方政府间接补贴规模达到1862.35亿元，为2009年的4.35倍。地方政府直接补贴投入变化趋势从图4-2能够直观反映出，地方政府直接补贴规模在这十一年补贴规模增长较为平缓，从2009年的136.77亿元到2019年的574.79亿元，仅在2019年增长速率陡然上升。一方面，通过图4-2可知，地方政府补贴作为制造业产业结构转型的宏观调控手段，近年来越来越受到地方政府的重视。这可能因为制造业绿色转型面临着投资成本高、技术缺乏、绿色转型动力不足等问题，严重影响制造业技术改造的积极性，仅仅依靠制造企业自身无法满足绿色转型的需求。在金融监管缺位的情况下，制造实体经济融资难以及融资成本高等问题突出，影响制造业实体经济投资回报率，进一步恶化制造业生存发展环境，严重抑制制造业绿色转型，因此，需要地方政府提供转型补贴资金协助。另一方面，从图4-2可以看出，当前中国地方政府补贴结构偏向间接补贴的方式，对直接补贴投入相对较少。也就是说相对于直接财政拨款，地方政府更倾向于以间接补贴的税收优惠方式激励制造业绿色转型。这可能因为地方政府直接补贴政策作用于制造业转型初级投入阶段，存在较为严重的信息不对称现象，容易导致制造企业寻租行为，而间接补贴市场化程度更高，信息更为透明化，并且是以制造企业转型投入行为为前提的，激励效果可能更理想。

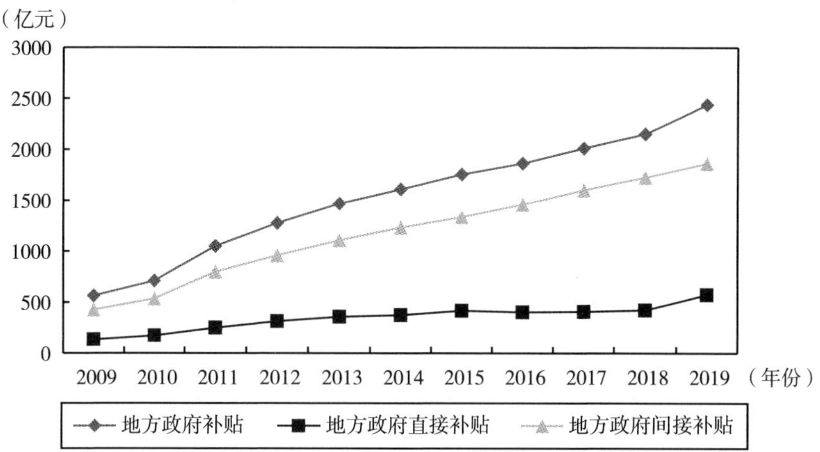

图 4－2　2009～2019 年地方政府补贴支出绝对规模变化趋势

资料来源：作者根据 OECD 数据库、World Bank 和 UN 数据库整理而得。

4.3.1.2　激励制造业绿色转型地方政府补贴政策相对规模比较分析

图 4－3 汇报了激励制造转型的地方政府补贴占公共财政支出的变化趋势。从图 4－3 地方政府制造业转型补贴占一般公共预算支出的比重来看，制造业补贴占财政支出的比重从 2009 年的 0.93%上升至 2014 年的 1.25%，但之后的 2014～2018 年呈缓慢下降趋势，2018 年最低为 1.14%，2019 年略有上升，但仍未达到 2014 年前后的水平。地方政府补贴占财政支出的比重主要是受到间接补贴的影响，2009 年地方政府间接补贴占财政支出比重的 0.7%，2014 年上升到 0.95%，2014～2019 年间接补贴占比基本保持不变，而地方政府直接补贴占地方公共预算支出比重一直保持相对平稳趋势。可见尽管中国地方政府制造业补贴支出规模总额高速增长，但占公共财政支出比重保持较为平稳，并未出现明显变化，激励制造业转型的地方政府补贴在公共财政预算支出中并不占优势，说明当前地方政府对制造业绿色转型的政府补贴支持仍存在较大的增长空间。

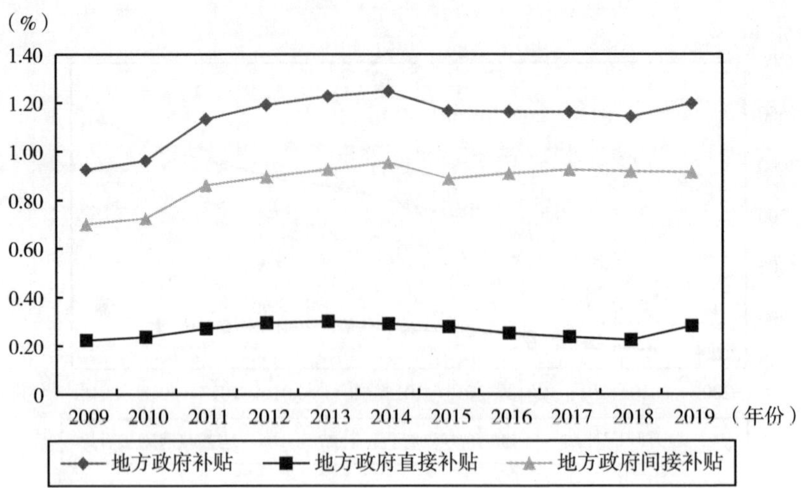

图 4-3　2009~2019 年地方政府补贴与公共财政支出比值变化趋势

资料来源：作者根据 OECD 数据库、World Bank 和 UN 数据库整理而得。

4.3.2　激励制造业绿色转型的地方政府补贴结构分析

图 4-4 汇报了激励制造业转型的地方政府补贴投入具体行业结构情况。从图 4-4 可以看出，中国地方政府补贴的投向行业存在明显的结构性偏向，在制造业不同行业之间具有很大差异。在当前制造业转型高质量发展的目标下，地方政府补贴资金更倾向于支持资本和技术密集型行业以增强制造业的核心竞争力。以 2019 年为例，政府补贴支持最多的前五个行业依次为计算机、通信和其他电子设备制造业、电气机械和器材制造业、汽车制造业、黑色金属冶炼和压延加工业、化学原料和化学制品制造业，分别占政府补贴的 17.91%、10.00%、9.29%、6.49%、6.46%。政府直接补贴支持最多的前五个行业依次为计算机、通信和其他电子设备制造业、铁路、船舶、航空航天和其他运输设备制造业、汽车制造业、黑色金属冶炼和压延加工业、电气机械和器材制造业，分别占政府资金的 24.37%、13.48%、9.78%、9.03%、7.78%。而地方政府间接补贴最多的是计算机、通信和其他电子设备制造业、电气机械和器材制造业、汽车制造业、化学原料和化学制品制造业、黑色金属冶炼和压延加工业，分别占间接补

贴的 17.52%、10.06%、9.23%、6.61%、6.34%。可见，地方政府对制造业绿色转型支持主要集中补贴资助高端制造行业①。

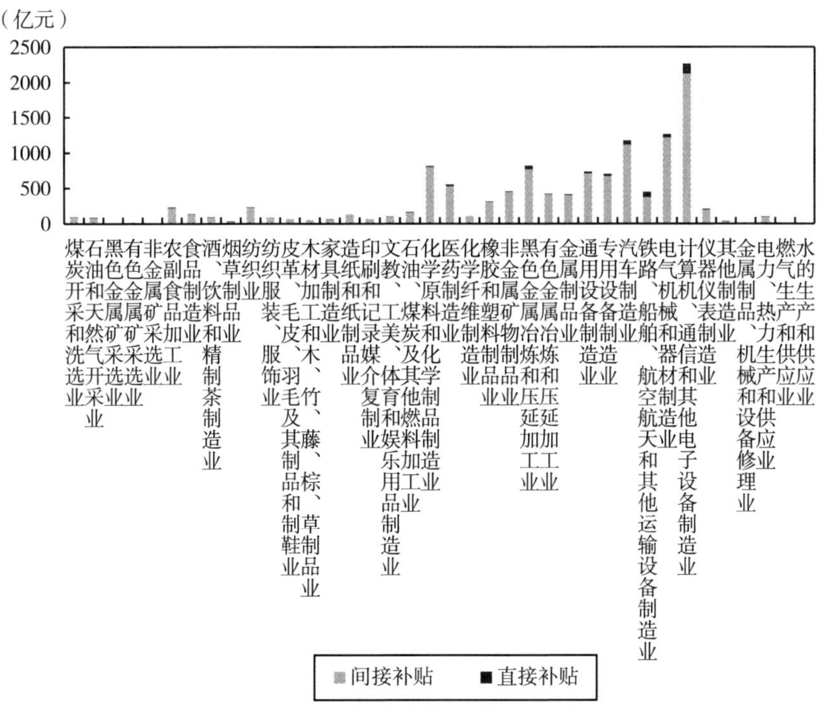

图 4－4　2019 年地方政府补贴投向行业分布情况

资料来源：作者根据万得数据库整理而得。

4.3.3　激励制造业绿色转型的地方政府补贴区域异质性分析

图 4－5 显示了中国三大区域激励制造业转型的地方政府补贴支出基本变化趋势。从图 4－5 可以看出，三大区域整体地方政府补贴支出规模一直呈现上升趋势，每一年东部地区政府补贴支出规模都大于中部地区和西部地区之和，而且样本整体在 2009～2019 年统计期间，地方政府补贴支出结构一直保持着间接补贴高于直接补贴特征。如图 4－5 所示，东部地区政府补贴规模由 2009 年的 386.21 亿元增长至 2019 年的 1596.79 亿元，增长率

① 资料来源：作者根据《万得数据库》整理得到。

313.45%。中部地区政府补贴规模由2009年的111.85亿元增长至2019年的522.09亿元，增长率366.76%，增长幅度高于东部地区，但由于起步较晚，总额数量有限，地方政府补贴平均规模总额远低于东部地区平均水平。此外，中部地区平均整体政府补贴与东部地区水平差距逐年加大，差值由2009年的66.56亿元扩大至2019年的1074.70亿元，差距高达378.01%。西部地区是三个地区中平均整体政府补贴支出最低的地区，西部地区与东部地区、中部地区平均政府补贴差值分别834.16亿元、115.56亿元，且差距还呈现继续扩大趋势。由此可见，东部地区2009～2019年政府补贴规模平均值远高于中部地区和西部地区，中国地方政府制造业补贴支出规模在不同地区间的分配存在显著差异。从地方政府直接补贴规模和间接补贴规模来看，三大区域的间接补贴规模都超过直接补贴规模，且无论是直接补贴规模还是间接补贴规模，中、西部地区与东部地区之间同样存在明显的差距。

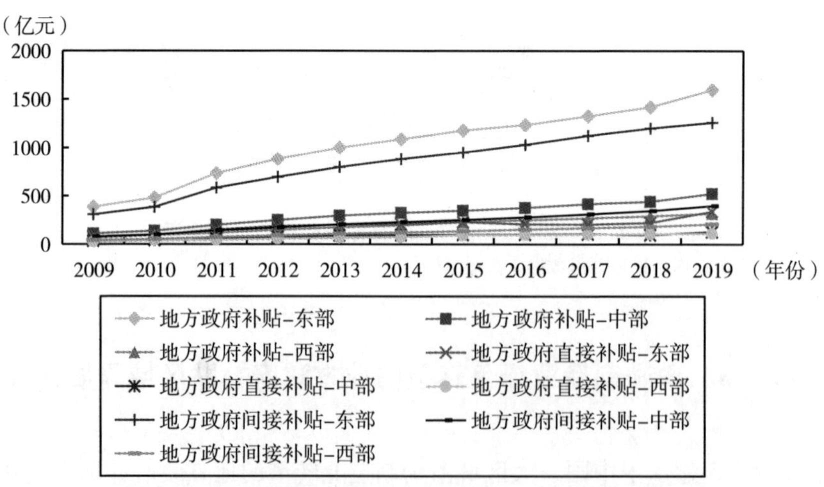

图4－5　2009～2019年中国三大区域地方政府补贴支出规模变化趋势

资料来源：作者根据OECD数据库、World Bank和UN数据库整理而得。

综上所述，中国东部地区地方政府激励制造业转型补贴支出规模远高于中西部地区。这可能因为东部地区经济发展程度较高，工业发展进入后工业化时期，地方政府的产业政策偏向于推动区域制造业绿色转型高质量发展。一方面，东部地区在经济结构、市场竞争机制、人力资本等方面拥

有绝对的优势。随着产业转型升级步伐的加快，东部地区地方政府正在积极实现推动制造业高质量发展，力求地区制造产业实现绿色转型升级，因而对制造业转型提供大量政府资金支持。另一方面，东部地区消费结构与需求的升级也走在中西部地区的前面，随着收入水平的提高消费者更加重视环保理念，消费偏好绿色低碳制造产品，进而引导制造企业供给、生产朝向“绿色化”方向转变，进一步影响地方政府对制造转型补贴资助。这些综合因素导致东部地区地方政府补贴规模较大，且呈现出总体逐年上升趋势，而远离沿海的中西部区域尽管拥有能源、资源禀赋优势，但由于经济发展相对落后，相比于环境质量，中西部地方政府更加偏重区域经济增长，因此与东部区域相比中西部地区制造业转型政府补贴支出规模相对较少。此外，与东部地区相比，中西部地区政府激励制造转型的直接补贴支出规模占比相对较大。

另外，进一步从横向省际的视角考察激励制造业转型的补贴政策。根据图 4－6 可以看出地方政府补贴支出规模存在明显的省域地区性差异，不同省份地方政府补贴方式偏好不同。2009～2019 年，东部地区广东、江苏、山东、浙江、上海等省份基于充足的制造业转型创新资源支持，地方政府补贴支出规模保持了领先水平。地方政府补贴最多的省份为广东，高达 206.01 亿元，占地方政府补贴总额的比重高达 14.78%，且补贴力度还在呈逐年加强趋势。这可能因为广东省是制造业大省，制造业属于其支柱型产业，广东省政府需要不断优化制造业的产业布局，而良好的经济基础为制造业转型提供有力的财力支撑。东部地区海南的政府补贴支出规模远均低于全国平均水平，这可能因为海南是一个以旅游服务业为主的省份，其制造业发展相对较为落后。中部地区湖北、安徽、湖南、河南也保持了较高水平的政府补贴支出规模，均领先于全国平均水平，而江西、黑龙江、山西、吉林政府补贴规模较低，低于全国平均水平。这是因为随着中部地区经济结构转型升级，中部地区迫于压力需要转变依靠传统产业的发展模式，而且“中部崛起”发展战略的实施也为中部地区制造业发展提供了良好平台，因而湖北、湖南、安徽为代表的中部地方政府为传统制造业转型提供更多的资金支持。西部地区也如东部、中部地区一样面临着制造转型问题，但由于西部地区既没有东部地区激励的市场竞争机制，也没有中部地区企业转型中的环境压力，且在经济基础较差影响下缺乏对制造业转型的追求，因此地方政府在制造业转型创新投入相对较少。

综上所述，可以看出激励制造业绿色转型的中国地方政府补贴支出规模在各区域间存在显著的差异，地方政府制造业转型补贴支出规模与当地的经济发展水平、发展政策目标等因素相关，政府补贴支出规模较高的省份集中在经济较发达的东部地区，经济欠发达的中西部地区其激励制造业转型补贴支出规模也相对较低。

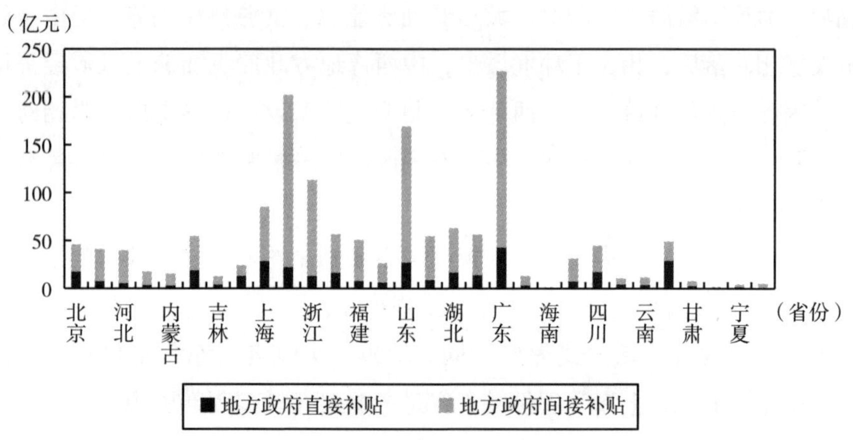

图4-6　中国地方政府补贴支出规模

资料来源：作者根据 OECD 数据库、World Bank 和 UN 数据库整理而得。

图4-7汇报了三大区域激励制造业转型的地方政府补贴占公共预算支出的变化趋势。从图4-7可以看出，三大区域地方政府补贴相对规模都出现一定程度波动，整体上与全国层面样本数据的特征类似。东部地区政府补贴占财政支出的比重明显高于中西部地区，中部地区略高于西部地区。东部地区政府制造业补贴占财政支出的比重呈现出波动式上升的态势，2009~2014年呈显著上升，2014~2019年则出现下降趋势。地方政府间接补贴变化趋势与政府补贴规模相似，而直接补贴占财政支出的比重从2012~2018年则出现出明显的下降趋势，2019年呈现增长。2009~2019年东部地区各省份政府补贴占财政支出的比重的平均值为1.64%，而中西部地区各省份政府补贴占财政支出的比重的平均值分别为0.66%、0.51%。通过对中国三大区域政府补贴占公共预算支出比值的观察不难发现其均存在上

升趋势，东部地区比值高说明东部地区政府重视制造业发展，制造业绿色转型实现程度也相对高。中西部地区制造业绿色转型效果较差，一部分原因是由其财政支出结构导致的，财政支出对制造业转型发展倾斜较少，不能充分发挥政府激励对制造业转型升级的积极推动作用。

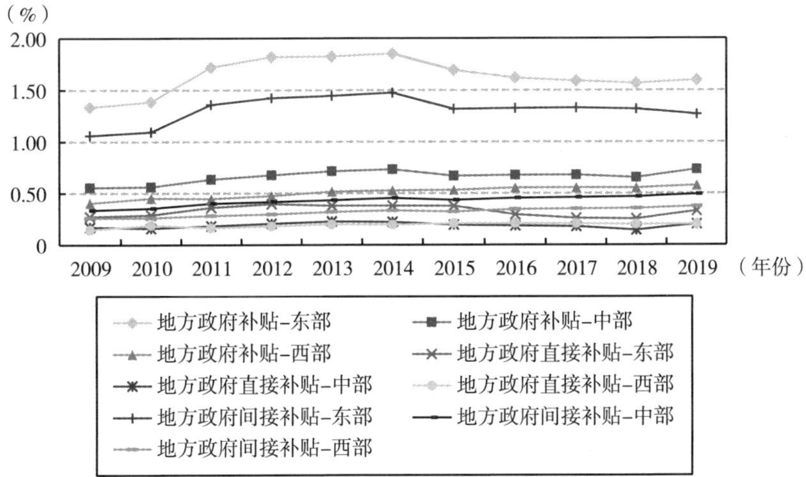

图4－7　中国三大区域地方政府补贴与公共财政支出的比值变化趋势

资料来源：作者根据OECD数据库、World Bank和UN数据库整理而得。

从横向省际的视角考察激励制造业转型补贴政策相对规模。图4－8汇报了2009～2019年中国省份制造业政府补贴占一般公共财政支出的比重平均情况。政府制造业补贴占一般公共财政支出的比重超过2%的地区有安徽、广东、湖南，占比超过1%的地区有9个分别是海南、天津、山东、吉林、陕西、江苏、河南、山西、湖北。从总体上看，东部地区各省份的差异比较大，上海的政府补贴占一般公共财政支出比例最低为0.40%，占比最大的地区是广东，比例为2.31%。中部地区，比例最高的地区依次是安徽、吉林和河南，分别为2.34%、1.44%、1.21%，比例最低的地区是黑龙江为0.66%。最后西部地区，政府补贴占一般公共财政支出最大的地区是陕西，为1.24%，比例最低的是广西，仅为0.12%。可以看出中国地方政府制造业补贴规模占一般公共预算支出比重同样呈现显著的区域异质性特征。

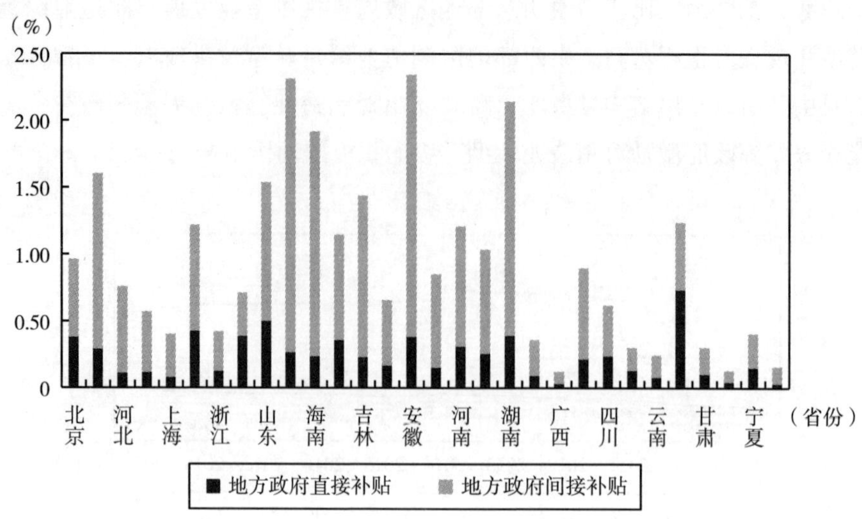

图 4-8　中国地方政府补贴占公共财政支出的比值

资料来源：作者根据 OECD 数据库、World Bank 和 UN 数据库整理而得。

4.4　激励制造业绿色转型的地方政府补贴政策现存问题

中国经济发展步入“三期叠加新常态”时期，经济增长速度明显放缓，制造业产业发展面临能源环境约束、创新能力不足、产业结构失衡等发展瓶颈制约，客观要求地方政府扩大对制造业转型升级的政策资助力度。通过对近年来激励中国制造业绿色转型的地方政府补贴政策分析可以发现，中国地方政府激励制造业转型补贴规模尽管实现了快速增长，但地方政府补贴资源配置效率与制造业实体发展需求仍存在差距，一定程度上限制了制造业产业结构绿色转型调整。

4.4.1　地方政府补贴总量不足，补贴结构不合理

中国地方政府在 2009 ~ 2019 年提供制造业转型补贴规模从 564.70 亿

元增加到 2437.13 亿元，增长高达 331.58%①。尽管中国地方政府制造业补贴在规模上和增速上都保持着良好的增长势头，但与德国、美国和日本等制造发达国家相比，中国地方政府补贴投入力度仍相对不足，特别是地方政府直接补贴占地方一般公共财政预算支出比例不到 1%，且呈逐年下降趋势，难以满足当前制造业转型对于资金的需求，不利于中国制造业开展转型投资活动。当前中国制造业绿色转型正处在关键时期，制造业转型面临的资金压力和研发风险越来越大，地方政府出台的政府补贴政策可以为制造业绿色转型提供动力。地方政府补贴支出结构同样影响着政府制造业转型补贴政策整体效果的好坏。因此，在当前中国公共财政支出刚性和公共财政赤字率持续增长，地方财政压力不断加剧的背景下，地方政府需要把重心放在调整补贴支出结构和效率上来。地方政府补贴政策的制定与规划应结合区域制造产业发展状况以及空间分布特点，根据地方实际的财政收支情况和经济发展需求，调整优化制造业转型地方政府补贴支出结构和效率。

由图 4－4 可以看出，当前中国地方政府补贴支出存在明显的行业结构偏向性。由于制造业所涉及的行业较多，劳动密集型制造业、资本和技术密集型制造业各自对生产要素的投入诉求有所不同，而且获得的政府补贴金额也不尽相同，因而中国地方政府补贴政策对不同制造行业间的激励效应存在显著差异。如图 4－4 所示，中国现行的地方政府补贴政策，对计算机、通信和其他电子设备制造业、节能环保制造业等高技术制造业的政府补贴资助多，而对同属战略新兴产业的新型材料制造业、高端装备制造业的政府补贴则相对较少。由于地方政府制造业行业之间的补贴差异，造成一些制造行业产能过剩而另一些制造行业发展缓慢的不均衡问题，直接影响区域整体经济的运行效率和资源的合理配置，不利于传统制造业的改造和高技术制造业的发展，容易导致制造业产业内部发展的失衡，进而影响了制造业产业结构的整体调整和优化。

4.4.2　地方政府补贴政策的顶层设计缺乏系统性

适应性的地方政府补贴政策不仅能够有效推动制造业产业结构转型的

---

① 资料来源：作者根据万得数据库整理得到。

实现，还能够促进经济体制的完善和经济加速发展，但从当前地方政府补贴政策的顶层设计来看，中国地方政府在激励制造业绿色转型所实施的政府补贴政策设计的系统协调性上还有待加强。具体来说：一是中国政府虽然已经制定了不少激励制造业转型升级补贴政策，但大多都是以通知、规定、暂行条例或者实施意见等形式颁发，且分散在科技、财政和发改委等部门，比较零散，缺乏较高层次的法律法规文件支撑，致使激励制造业转型的政府补贴政策缺乏系统协调性，难以形成系统的地方政府补贴激励制造业转型政策体系，容易造成政策的重复或遗漏，不利于制造企业全面准确地掌握相关的政策动向，甚至会造成市场微观主体制造企业无所适从，加剧有关补贴政策的短视性和波动性，减弱地方政府补贴政策激励制造业转型的有效性。二是激励制造业产业结构转型的政府补贴配套制度尚不完善。在颁发激励制造业产业结构转型的政府补贴政策框架时，缺乏对应具体实施细则和监管机制，导致相应地方政府补贴政策的制定与具体实践脱节，政策预期目标和实际效果存在较大的差距，进一步削弱了地方政府补贴政策激励制造业产业结构转型调整的有效性。三是部分地区政府制定激励制造业转型补贴政策不是基于地方制造业发展实际需要出发而是从政绩角度考虑，盲目介入制造业产业结构转型调整过程。地方政府补贴政策能否落实与本地财政能力直接相关，地区发展不平衡使得激励制造业绿色转型的政府补贴政策实施效果在不同区域存在较大差异。缺乏系统协调的地方政府补贴政策短时间资金扶持对于制造业绿色转型有可能产生积极的助推作用，但从长期来看，难以有效促进本地区制造业产业结构升级，且缺乏区域间与区域内协调的地方政府补贴政策对于整个区域经济发展的持续性、稳定性有很大的损害，容易造成区域间恶性竞争，降低政府补贴资金支持效率，甚至导致地区制造业产业结构转型的扭曲。

4.4.3 地方政府间接补贴政策缺乏前瞻性与合理性

第一，激励中国制造业转型的地方政府间接补贴政策一般都是针对最紧迫问题提出的，一定程度缺乏足够前瞻性，导致相应间接补贴的税收优惠政策延续时间性短，难以形成持续有效的作用机制。这会弱化地方政府

间接补贴政策的引导效应，进而最终影响地方政府补贴政策激励制造业产业结构转型的效果。而且由于间接补贴激励制造业转型的政策缺乏前瞻性，对制造业相当行业的地位定位不够精准，对制造业部分行业在区域经济中的关键性作用缺乏足够认知，造成部分制造业间接补贴的税收优惠政策制定目标缺乏导向性，阻碍制造业转型生产资源要素的合理流动与优化配置（Guo，2017）。第二，中国地方政府间接补贴的税收优惠政策设计合理性不足：一是间接补贴的税收优惠手段过于单调。目前与制造业绿色转型有关的税收优惠政策较为单一，更多地采用减税、免税和降低税率等直接优惠方式，而对加速折旧、延期纳税等间接优惠方式应用较少。而且现行的税收优惠政策虽然在激励制造业转型上发挥一定的作用，但是属于事后激励，在时间上具有滞后性，并且大多数作用于制造企业转型成果环节。由于制造业转型的高风险性和长周期性，制造企业由此获得的税收优惠收入在短期内很难发挥转型激励作用，对制造业转型的激励力度有限。同时由于缺少相适应的事前环节支持，与制造企业在初始阶段转型环节需要大量投入资金的实际情况脱节，严重影响制造业进行产业结构转型的意愿和动力。二是间接补贴的税收优惠政策范围过于狭窄。目前对于制造业转型税收优惠政策在企业规模、行业、项目等诸多方面受到限制，制造企业获得转型税收优惠难度较大。一方面，税收优惠政策重点扶持对象限定在国家战略行业，偏重对节能环保、新能源领域等行业的支持，而制造业转型中的高端装备制造产业、新材料产业的税收优惠政策相对较少。另一方面，税收优惠政策侧重于对转型产出进行激励，主要针对资产规模大、发展成熟的制造企业，而大部分处于发展成长阶段制造企业，由于规模小、盈利能力较弱难以达到税收优惠既定的标准，导致成长期制造企业的转型活动缺乏政府足够资金支持，最终影响成长型的制造企业放弃转型升级研发活动，整体上阻碍制造业产业结构绿色转型的实现。三是间接补贴的税收优惠政策程序复杂，可操作性差。近年来，为推动制造业转型中国政府出台了多种间接补贴的税收优惠政策，但是中国目前的税收优惠政策仍存在着审批程序和认定条件严格、门槛过高等问题。例如，高新技术企业的资格认定必须同时满足成立时间、技术创新、人员构成、研发投入及安全经营等多个条件，许多具有创新能力制造企业因不完全符合认定条件而难以获得相应的税收优惠政策支持，税收优惠的缺位直接制约着制造企业弥补转型带来的损失，抑制转型升级的效果，大大减弱了间接补贴的税收优惠政策目的导向。

4.5 本章小结

本章探究激励制造业绿色转型地方政府补贴政策的基本情况，旨在明确制造业绿色转型中地方政府职能定位和与市场作用边界，分析并发现问题。具体做了以下几个方面的研究：

（1）考察制造业转型地方政府补贴政策演变及主要手段。明确将制造业转型地方政府补贴政策的演变历程划分为财政包干制下的地方政府制造业补贴政策、分税制下的地方政府制造业补贴政策和现代财政体制下的地方政府制造业补贴政策三个各具特征的阶段，分析制造业转型地方政府补贴产业政策实施干预的财政补贴、财政贴息、政府购买和税收优惠等具体补贴政策手段，并就地方政府补贴手段作用机制与激励效果进行了定性比较分析。

（2）基于产业政策调控和市场机制的动态调整视角分析地方政府在制造业绿色转型中职能定位。指出制造业绿色转型既是市场机制选择的结果，也是地方政府产业政策推动的结果，结合制造业的产业特点和发展的实际需要，从市场监管的守夜人、经济调控的资助人和社会管理的服务人三方面分析激励制造业绿色转型中地方政府职能定位。

（3）从规模、结构和区域异质性角度考察激励制造业绿色转型地方政府补贴政策现状。研究发现，地方政府激励制造业转型的补贴支出规模在2009~2019年呈显著上升趋势，且在2011年增幅最大，环比高达48.32%。从地方政府补贴支出结构来看，地方政府直接补贴和间接补贴规模在2009~2019年呈现出不同程度的增长，总体上地方政府偏好以间接补贴的税收优惠方式激励制造业产业结构转型，而且地方政府补贴的重点投向行业存在明显行业结构性偏向。从区域异质性来看，地方政府制造业总补贴规模、直接补贴和间接补贴均呈现出由东部区域，到中部区域，再到西部

区域依次递减变化特征。

（4）探究现行地方政府制造业转型补贴政策存在的主要问题。指出当前地方制造业转型补贴政策主要问题是地方政府补贴总量不足、补贴结构不合理、地方政府补贴政策顶层设计缺乏系统性以及地方政府间接补贴政策缺乏前瞻性和合理性，为调整优化激励制造业转型的地方政府补贴政策的路径设计提供依据。

第5章

地方政府补贴激励制造业绿色转型效应：基于动态效应视角

5.1 问题提出

制造业绿色转型是中国经济高质量发展的关键，也是中国经济结构调整优化的重要内容。财政作为国家治理的基础与支柱，是中国政府进行宏观经济管理的重要政策性工具。地方政府补贴作为完善市场经济机制的重要抓手，在加快经济高质量发展，调整产业结构转型等方面具有强大优势，对中国制造业产业结构转型具有重要的推动作用与导向性意义（张同斌和高铁梅，2012）。在市场机制资源配置起基础作用和产业结构调整优化受限的条件下，理论上财政政策按照“拾遗补缺”的原则，通过生产性补贴产业政策鼓励或限制生产资源要素在制造业内部不同行业间流动和重置，影响微观市场企业投资偏好和资本的重新组合，引导制造业不同行业之间的相互替代和变迁，进而促进高技术化、低污染和高附加值制造产业聚集，最终助推制造业产业结构绿色转型的实现。然而，现实存在激励制造业转型的政府补贴没能达到预期的政策效果，甚至出现负面激励作用，引发学术界对政府补贴“看得见的手”部分替代市场机制“看不见的手”产业结构调节作用产生广泛质疑。在当前政府补贴政策干预“有效与无效”两个案例存在和产业补贴政策广泛实施的背景下，理论界讨论主题已从“该不该实施”逐渐向“如何实施”转变。阿吉翁等（Aghion et al.，2012）研究指出，当前的问题已经不再是政府是否有需要实施补贴产业政策，而是政府应如何设计和实施相关补贴政策以推动区域经济增长和提升区域全民众福利的问题。

中国政府为了激励制造业绿色发展，提升其在全球价值链中分工位置和国际竞争力，应对日趋严峻的高能耗、重污染和低效益问题，谋求制造业向绿色高技术生产方式转变，地方政府对符合地区产业政策规定资质的制造企业提供巨大生产性补贴资助。那么，中国地方政府巨额的补贴是否发挥了产业政策宏观调控功能，激励了中国制造业绿色转型？在中国独具特色的官员激励机制下，地方政府补贴是如何影响区域制造业绿色转型的？地方政府直接补贴与间接补贴激励制造业绿色转型的效果哪种方式更加有效？这些问题亟待解决。另外，地方政府补贴源于地方的公共预算，在当前地方政府财政收支缺口逐渐扩大的背景下，如何充分利用地方政府相对有限的财政资源来激励制造业转型？同样是当前理论界和政府聚焦的重要问题。因此，揭开地方政府补贴与中国制造业绿色转型的关系刻不容缓。本章从地方政府补贴规模、具体补贴方式两个维度对制造业绿色转型的激励机制与激励效应展开研究，基于动态效应视角进行具体分析，为回答地方政府补贴对制造业绿色转型激励作用的“有效”与“无效”提供精准合理的解释。

5.2　研究假设

制造业转型实质上是生产资源优化配置的问题，政府补贴通过“定向诱导”和“租金创造”的乘数效应发挥导向性功能（张同斌和高铁梅，2012），进而对制造业产业结构转型调整产生作用（韩振国和杨盈颖，2018）。制造业转型的地方政府补贴是在特定经济制度背景下，地方政府以补贴的形式对实施绿色转型的制造企业提供的补偿，通过收入效应和替代效应改变现有生产资源要素相对价格，引导生产资源重新配置与积累，进而推动符合本地区比较优势高技术制造产业发展（李小奕，2021）。获得地方政府补贴的制造企业，预算约束得以放松，能够增加绿色转型研发创新投资和设备更新改造投资，提升了企业劳动生产率，最终增加区域先进制造产品总产出水平，而不符合地区产业政策未得到地方政府补贴的制造企业产出水平则会相对下降，不同制造企业间产品总量份额的相对变化反映到制造业产业层面上，总体表现为制造业产业结构转型变迁（胡小梅，2016）。胡春阳和王展祥（2020）通过构建政府补贴产出模型，研究政府补贴对全要素生产率激励的内在机理，发现政府补贴能显著提升企业全要素生产率，推动企业转型升级。安东内利和克雷斯皮（Antonelli & Crespi，2013）认为地方政府补贴为制造业转型提供可靠资金来源，增强制造企业转型过程中研发创新能力，并在一定程度克服由于外部冲击而陷入融资困境的可能性。王等（Wang et al.，2020）研究发现政府补贴向外部投资者传递符合产业政策制造企业积极发展的信号，在一定程度降低了外部投资者风险感知，从而能够增加外部融资来缓解制造企业融资压力，而且政府补贴还可以缓解由于外部性导致的转型研发创新投资不足问题，增加企业转型研发投资的边际收益，使得区域科技创新水平达到最优规模，最终提升整个地区高技术产出水平。洛佩兹（Lopez，2011）基于资源依赖和信号传递双重视角，从政府补贴收入效应、技术效应、组织效应和规模效应四个方面研究对制造业转型的影响，结果表明四种功能效应均显著促进制造业转型，减少生产型的环境污染。此外，基于中国政府官员特殊激励机制，地方政府补助并非针对所制造企业实施的平均补贴政策，地方政府一般将补助投向符合政绩诉求发展的部分制造企业，抢占分工制的高点和提高地区经济增长率。在“十三五”“十四五”中央政府将生态环境与制造业产业结构转型作为重要经济发展目标的背景下，刺激地方政府在制造行业间实施差异化的税收优惠或者选择性财政补贴政策，提升符合地方官员政绩诉求偏好的制造业产量，推动本辖区内制造业倾斜式发展和制造业产业结构绿色转型调整（林爱梅和窦海林，2021）。

综上所述，基于政府激励动机的制造业绿色转型补贴，由于地方政府实施制造业转型补贴是非均等的，因而地方政府补贴很可能会引导中国制造业产业结构绿色转型。因此，提出以下研究假设：

假设5-1：在中国现有的制度背景下，地方政府补贴能够显著激励制造业绿色转型。

从管理模式与制度约束角度来看，地方政府直接补贴和间接补贴的产业结构调整作用存在着显著差异。在中国式财政分权体制下，税法由中央政府制定与修订，中国地方政府运用间接补贴的税收优惠政策工具激励企业行为受到限制。但地方政府运用直接财政补贴所受到的限制则相对较少。大量研究表明在中国现阶段的制度背景下，地方政府直接补贴除了承担促进产业结构转型责任外，还需要发挥稳增长和促就业作用（李小奕，2021），而且地方政府直接补贴还受到政治关联的影响（余明桂等，2016；卢现祥和尹玉婷，2018），最终造成地方政府直接补贴的配置调整频繁和低效率，难以实现产业政策预期目标。因此，制度约束的差异可能影响地方政府直接补贴和间接补贴激励制造产业结构转型绩效不同。一方面，政府直接补贴政策调整频繁引起政策不确定性风险上升，制造企业难以对政府补贴的产业政策进行预测，为了规避风险，制造企业可能回避技术创新研发和固定资产更新改造等长期投资，同样也规避进入需要较高投入的高技术制造行业（宋凌云和王贤彬，2013），最终将导致制造业产业结构转型调整迟迟无法实现。另一方面，地方政府直接补贴产业政策的生产资源配置效率低，造成劳动生产率水平相对高却因此陷入融资困境的高技术制造企业，由于得不到地方政府补贴产业政策的及时支持而退出市场，而传统高污染低效率的国有制造业上市公司则因享受地方政府补贴而无法被市场竞争所淘汰（王昀和孙晓华，2017），最终影响区域制造业转型优化调整进程。张同斌和高铁梅（2012）研究发现政府直接财政补贴与间接补贴的税收优惠政策均提高了高新技术产业增加值率，促进高新技术产业内部结构的调整优化，但政府间接补贴的税收优惠激励效果更为显著。杨得前和刘仁济（2017）考察政府直接补贴与间接补贴对企业转型升级的激励效应，发现从整体上看，政府间接补贴的税收优惠比政府直接补贴对企业转型升级积极促进效果更为显著。在中国现有财政分权制度环境下，由于地方政府直接补贴政策实施受到的制度弱约束，可能削弱其在制造业绿色转型调整中激励效果。因此，提出以下研究假设：

假设 5-2：地方政府直接与间接补贴激励制造业绿色转型的绩效由于受到制度约束程度不同而呈现出激励效果的差异，地方政府直接补贴的正向激励作用弱于间接补贴的税收优惠。

制造业产业结构转型的变迁是市场调节和政府调控共同作用的结果（刘尚希，2015）。在市场化程度相对高的区域，市场在生产要素资源配置中占居主导地位，制造业投融资行为主要受制于市场机制调节作用，从而使得区域制造业结构转型更多源自市场自发调节的结果，但市场自发调节过程一般比较缓慢。然而在市场化程度较低并且地方政府干预较强的区域，由于市场自动调节的空间有限，地方政府想要在短期内推动制造业产业结构转型，通常是运用产业政策来实现。因此，市场化水平较低的地区，制造业转型更多可能是源于地方政府产业政策干预调整的结果（李小奕和廖东声，2020）。中国中东部地区市场化发展程度较高，其市场自发调节作用决定着生产要素资源配置效率，影响制造企业生产成本与收益。因此，在中国东部地区制造业绿色转型可能更多源自市场自发调节作用的结果，而在中国西部地区市场化程度相对较低，生产资源要素配置市场作用的空间相对有限，西部地区在制造业绿色转型调整中，可能更多地依赖地方政府产业政策的干预。因此，在中国西部地区地方政府补贴产业政策可能对制造业绿色转型的激励作用更为明显。

根据熊彼特理论，规模较大企业更易获得研发创新所需要的生产要素资源，面临显性或隐性的软预算约束，抗研发创新失败的风险能力更强，因而相对容易在行业中保持技术领先地位以实现竞争优势。马嘉楠和周振华（2018）研究发现规模大的企业有更大的空间和资源来实施转型研发创新投入，而且地方政府也倾向扶持具备科技创新实力的大企业，从而助推大企业更易实施转型升级。王文甫等（2014）研究发现，地方政府补贴一般向大型制造企业和重点行业制造企业倾斜，由于政府补贴资助降低研发成本和风险，进而促进规模较大制造企业增加产量和转型研发创新投入，为企业转型提供必要条件。王昀和孙晓华（2017）研究发现地方政府偏向对大型国有企业研发创新补贴偏好，促进大型制造企业技术进步，实现出口产品的质量价值提升，而且技术进步改善制造企业生产工艺，降低原材料等生产要素投入及减少能源消耗，减少污染物排放，最终推动大型制造企业绿色转型。袁航和朱承亮（2020）研究发现大型企业获得的政府研发补贴比中小企业能更显著推动产业结构高度化转型。

中国地方政府存在天然介入经济运行的动机与能力。中国地方政府在推动产业转型中发挥着重要作用（秦黎和章文光，2018）。林毅夫（2014）认为一个有为政府应会通过完善软、硬件公共基础设施，激励企业选择比较优势的产业，促进产业结构性突变。政府治理水平影响微观主体交易成本，进而对制造业转型升级产生作用（柳光强等，2015）。唐飞鹏（2017）研究发现地方政府治理能力与企业迁移呈正相关关系，较高地方政府治理能力有助于促进制造业产业聚集，推动地区制造业转型升级。臧雷振（2019）基于全球制造业面板数据，研究发现政府治理能力能显著促进地区创新能力提升，推动辖区转型的科技进步，最终有助于促进区域制造出口产品质量的提升。为此，提出以下研究假说：

假设 5－3：地方政府补贴的激励效应与制造业所处的区域、制造企业规模和政府治理能力密切相关，在给定条件下，西部地区、大型企业和政府治理能力较高的区域，地方政府补贴激励制造业绿色转型的效应更为显著。

政府补贴作为地方政府对生产要素资源重新配置的重要手段，其对国家宏观经济发展质量具有引导和激励作用（张同斌和高铁梅，2012；韩振国和杨盈颖，2018）。由于地方政府对补贴规模和对象的决策具有较大的选择自主权，因而政府补贴成为地方官员实现政绩诉求、影响区域经济发展质量的重要工具（杨思莹和李政，2019）。在当前中国财政分权的政治体制下，地方官员对辖区内产业发展具有较强话语权，其行为会影响所属地区的产业发展以及企业投融资决策风险。在中国地方官员晋升考核的现实背景下，地方政府官员通常会将政治晋升的政绩诉求内嵌入辖区产业发展，使得地方政府补贴显然成为影响产业发展和实现官员晋升的重要手段。

在中国制造业产业结构转型调整进程中，地方政府及官员扮演十分重要的角色（秦黎和章文光，2018）。中国干部晋升治理机制对上级负责的特点，地方官员政治晋升由上级考核和任命（周黎安，2007）。地方官员为适应中央政府偏好会自觉调整自身行为，以寻求政治晋升。在“十三五”“十四五”规划将生态环境与制造业产业结构转型作为重要经济发展目标的背景下，激励着地方政府推动本辖区内制造业倾斜式发展和制造业产业结构绿色转型。GDP 增长指标在很长时间里成为中国地方官员政治晋升政绩效考核的关键指标（杨思莹和李政，2019），导致地方官员围绕GDP增速而展开竞争，引发地方官员“为发展而竞争”的行为（周黎安，2007），造成地方政府补贴选择对象主要是能够在官员任期内兑现GDP增长的具体项目，而对于长期高风险固定资产更新改造和转型研发创新项目则关注甚少，最终使得制造业转型项目难以被地方政府补贴政策有效覆盖，导致需要长期创新投资的制造转型升级迟迟无法实现。然而，党的十八届三中全会提出纠正单纯以GDP增速作为政绩考核的偏向，明确提出逐渐完善涵括科技创新、就业、生态环境、经济增长等与经济发展质量相关综合政绩考核指标体系。技术创新可以有效缓解产业发展资源与环境约束，提高区域制造业集约化水平，是制造业实现高质量发展的可持续动力（胡安军，2019）。此外，现阶段中国经济发展受到严重的要素资源与生态环境制约，中央政府更加关注生态环境问题，提升地区科技创新能力推动产业绿色发展正逐渐被地方政府嵌入辖区经济发展的实践中，地方官员逐渐从“为GDP增速而竞争”转向为“关注科技创新能力的综合政绩而竞争”，关注地区科技创新能力的综合政绩成为地方政府及地方官员政绩诉求重要内容。因此，提出以下研究假说：

假设5-4：在中国特殊的政治体制下，关注区域科技创新综合政绩的地方官员政治晋升激励考核模式在“地方政府补贴—制造业绿色转型”中起到正向激励调节作用。

地区官员寻租激励是指地方官员为谋求个人利益而运用政治权力谋取私利的行为。众多应用经济学文献研究结果发现地方官员寻租会导致区域生产资源配置扭曲，抑制区域创新与产业转型（李小奕，2021；杨思莹和李政，2019）。由于地方政府补贴资助属于稀缺性资源，而且分配过程存在严重的信息不对称性，很可能导致地方政府补贴在配置过程中产生寻租的腐败行为。曲红宝（2018）、余明桂等（2016）研究发现制造企业依赖与地方政府官员建立的“寻租关系”获得更多政府补贴资源。秦黎和章文光（2018）研究结果显示地方官员腐败行为增加了制造企业的交易成本，而且由于官员寻租导致地方政府补贴不确定性进一步提升企业经营风险，影响企业进行创新投资以致难以维持企业转型升级。卢现祥和尹玉婷（2018）研究人际关系在政府补贴中的作用，发现与政府建立人际关系的

企业能够占取更多财政补贴资源，但政治关联获取地方政府补贴不利于企业创新效率提升。另外，官员政治寻租的腐败行为加剧地方政府补贴生产要素配置的扭曲程度，政府补贴稀缺性财政资源被配置给了有政治关联或贿赂多的企业，而不是生产率高或者急需转型的制造企业，生产资源的错配又反过来促使越来越多的企业将资金用于与政府建立政治关联或进行行贿而非转型升级的长期创新投资上，这一恶性循环抑制区域制造业转型升级（李小奕，2021；胡安军，2019）。杨思莹和李政（2019）研究发现官员寻租的腐败行为导致资源错配显著抑制企业创新效率提升。曲红宝（2018）研究发现地方政府补贴腐败行为对制造业内部资源错配具有显著影响，抑制地区全要素生产率增长。可见，地方政府补贴资源配置过程中的官员寻租腐败行为不但可能增加制造业转型的交易成本和经营风险，而且同样加剧了地方政府补贴生产资源错配的可能性，抑制地方政府补贴对区域制造业转型的激励作用。因此，提出以下研究假设：

假设 5－5：在中国特殊的政治体制下，地方官员寻租腐败行为在“地方政府补贴—制造业绿色转型”中起到负向激励调节作用。

5.3　动态模型设定、变量定义、数据来源与统计分析

5.3.1　动态计量模型设定

考虑地方财政补贴激励制造业绿色转型是一个动态调整过程，制造业绿色转型不仅受到当期经济社会因素的影响，还受到前期政策调整与经济发展的惯性作用，上期制造业绿色转型水平会影响本期，制造业绿色转型存在路径依赖惯性。因此，借鉴原毅军和陈喆（2019）、李小奕（2021）的实证分析策略，运用 SYS-GMM 模型，构建地方政府补贴激励制造业绿色转型的动态回归计量模型。具体计量模型设定如下：

$$upgrading_{it} = \alpha + \delta upgrading_{it-1} + \theta subsidy_{it} + \beta \sum controls_{it} + year_t + region_i + \varepsilon_{it} \quad (5-1)$$

式（5-1）中，upgrading 表示地区制造业绿色转型，包括制造业绿色效率（gtfp）、清洁化转型（clean）与高级化转型（advance）；subsidy 表示地方政府补贴，包括补贴规模（sub）、直接补贴（sub1）与间接补贴（sub2），θ 表示地方政府补贴对制造业绿色转型的影响系数；controls 为控制变量组，包括经济发展水平（pgdp）、对外开放程度（open）、环境规制（genv）、地区资源禀赋（resource）、人力资本（education）和地区资本存量（capital）。region 为地区固定效应，year 表示年度固定效应，ε 为随机误差项。

5.3.2 变量定义与测度

5.3.2.1 被解释变量：制造业绿色转型

（1）制造业绿色效率（gtfp）。制造业绿色效率水平提高意味着其劳动生产率、能源使用效率、工业污染预防及治理效率得到了提升，实现了资源节约和环境友好的发展模式。借鉴胡安军（2019）、雷玉桃（2020）等的研究设计思路，制造业绿色效率使用 DDF-DEA 模型测算的规模以上制造业绿色全要素生产率来代替。

（2）制造业清洁化转型（clean）。制造业清洁化转型是指提高具有清洁型特征的制造业行业比重，降低高能耗、高污染型制造行业的比重，最终达到整个制造业产业污染物排放减少的过程（王勇和刘厚莲，2015）。借鉴原毅军和陈喆（2019）和童健等（2016）的做法，采用规模以上清洁型制造业行业工业总产值与污染密集型制造业行业工业总产值之比来测量制造业清洁化转型水平。

（3）制造业高级化转型（advance）。制造业高级化转型意味着地区制造业向着高技术、高附加值绿色产业方向转变。高新技术制造产业具有环境友好和处于价值链高端的特点，高新技术制造业比重的提升是地区制造业高质量发展的重要表现。借鉴肖兴志和李少林（2013）、雷玉桃（2020）的做法，使用规模以上高新技术制造业工业总产值占区域制造业工业总产值的比重来衡量制造业高级化转型水平。

5.3.2.2　解释变量：地方政府补贴

（1）地方政府补贴规模（sub）。地方政府补贴包括地方直接财政补贴、税收优惠和政府购买等。为了衡量地方政府支持制业绿色转型程度，借鉴袁航和朱承亮（2020）、杨得前和刘仁济（2017）的处理方法，采用地区规模以上制造企业科技经费来自地方政府直接补贴资金和间接补贴的税收优惠之和作为衡量地方政府补贴规模的替代指标。

（2）地方政府直接补贴（sub1）。地方政府直接补贴是指地方政府对制造业财政资金直接投入、政府购买和政府贷款贴息等给予制造业直接补贴方式。由于政府购买、贷款贴息数据难以获得，借鉴袁航和朱承亮（2020）、杨得前和刘仁济（2017）的处理方法，地方政府直接补贴以《工业企业科技活动统计年鉴》中“制造业企业科技经费中源于政府资助资金”来衡量。

（3）地方政府间接补贴（sub2）。地方政府间接补贴是指地方政府采用税收优惠、税收支出等方式，以降低辖区内制造业转型的成本与风险，从而促进区域制造业转型的行为。由于地方政府间接补贴形式多样且不易量化，借鉴国际上普遍认可的“1 - B 指数”同“制造企业科技经费支出”乘积的结果作为地方政府间接补贴衡量指标。B 指数的计算公式：$B = (1 - vt)/(1 - t)$，其中，t 为制造业所得税率，v 为制造业加权平均的税前扣除率。

5.3.2.3　控制变量：借鉴李小奕和谢舜（2019）、范（2015）的做法，采用系列控制变量

（1）经济发展水平（pgdp）。根据库兹涅茨的观点，经济发展会引起产业结构调整，经济发展是技术创新、环境治理的物质基础（胡安军，2019）。但是，如果一个地区的经济发展只是量的扩张，而不是经济质的提升，经济发展很可能在某种程度阻碍地区制造业绿色转型。参考已有的大多数研究文献，采用人均 GDP 对数作为量度地区经济发展水平测量指标。

（2）自然资源禀赋（resource）。自然资源丰富的地区通常面临更为严重的资源和环境问题，中国制造业绿色转型可能在一定程度面临“自然资源诅咒”的问题（邓明，2020）。国内尚缺乏对地区资源储量的统计资料，邓明（2020）采用代表性能源工业的人均总产值来度量地区自然资源禀赋。然而自然资源禀赋更多是居于地理空间维度而非人口密度维度，因此，参照唐鹏飞（2017）用地区平均土地面积上黑色、有色金属矿采选业、煤炭、石油和天然气 4 个不可再生自然资源的工业总产值自然对数作为地区自然资源禀赋的衡量指标。

（3）地区资本存量（capital）。资本是推动制造业转型的最重要因素之一，已有研究发现中国制造业成长表现出显著资本驱动特点。现有研究文献对地区资本存量计算方法主要有直接调研法和永续盘存法。参照唐鹏飞（2017）采用永续盘存法（PIM）计算地区资本存量 $k_{i,t} = k_{i,t-1}(1 - \delta_{i,t}) + I_{i,t}$，再根据 $k_{i,t}$计算出各地区平均土地面积资本存量对数作为地区资本存量测度指标。其中，K 表示固定资产资本存量，I 表示固定资产投资额，δ 表示固定资产资本折旧率。

（4）环境规制（genv）。环境规制优化市场资源配置，激励制造业进行技术创新，提高生产率，进而实现节能减排目标。已有文献对环境规制测度大多数采用环境治理成本指标（Rubashkina et al.，2015；童健等，2016）或环境治理绩效指标（胡安军，2019）来衡量环境规制强度。考虑数据的可得性，本书借鉴童健等（2016）、鲁巴什金等（Rubashkin et al.，2015）的做法，采用制造业治理污染投资总额与制造业工业总产值的比作为地区环境规制强度衡量指标。

（5）对外开放程度（open）。对外开放一方面通过吸收先进技术和先进管理经验，提升中国制造业出口产品的竞争力，推动制造业转型升级。另一方面基于转移污染为目的外商直接投资，将会阻碍制造业绿色效率提升与清洁化转型。采用大多数文献的处理方法，用地区进出口贸易总额占地区 GDP 的比作为衡量地区对外开放程度指标。

（6）人力资本水平（education）。进入知识经济时代，人力资本是推动制造业高质量发展的最重要因素，人力资本水平能为制造业转型升级提

供高素质的劳动力，而教育是人力资本提升的重要保障。此外，随着受教育水平程度的提升，环境意识增强同样会倒逼制造业进行技术创新、减少污染物排放，进而助推制造业绿色转型。借鉴李小奕和谢舜（2019）、范（Fan M.，2015）的做法，用地区制造业就业大专以上学历人数占制造业总就业人数的比来测度地区制造业人力资本水平。

5.3.2.4　中介变量

（1）地方官员晋升激励（promotion）。借鉴周黎安（2007）的典型"地方官员晋升"理论，参考程仲鸣等（2020）的处理方法，以关注科技创新能力的晋升激励综合政绩指数来度量地方官员的晋升激励程度。晋升激励综合政绩指数采用地区 GDP 增长率、地区科技创新能力及地区失业率三个维度分别赋值，再进行相加而得。即当地区科技创新能力和 GDP 增长率大于所在区域板块平均值时为 1，否则为 0，而失业率小于所在区域板块均值时为 1，否则为 0。

（2）地方官员寻租（policy）。寻租多指官员寻租收益，政企合谋在很大程度上导致寻租行为而产生腐败收益，造成对地方政府公共服务的供给产生不利的后果（曲红宝，2018；余明桂等，2016），进而直接或间接影响制造业产业结构绿色转型。基于官员寻租导致腐败行为视角，借鉴谢贞发和范子英（2015）、董和托格勒（Dong & Torgler，2013）的研究思路，采用地区公职人员贪污腐败的立案数与公职人数总数的比来表示。

5.3.3　数据来源

因中国 2007 年实施新的财政收支分类改革，2007 年、2008 年各类年鉴中均没有单独列示制造业科技经费支出中来源于政府资金的统计，鉴于收支数据口径可比性和西藏地区部分数据缺失，实证分析样本采用除西藏、中国港澳台地区外中国 30 个省份 2009～2019 年的面板数据。其中，用于构建制造业绿色转型的数据来自《能源统计年鉴》《中国工业统计年鉴》《中国环境统计年鉴》。地方政府补贴、中介变量和特征变量的数据源自《中国财政统计年鉴》《区域经济统计年鉴》《中国科技统计年鉴》《中国检查年鉴》和各地区统计年鉴。为消除价格波动的影响，数据以2000年为基准进行平减，所有非相对数据全部进行对数化处理。

5.3.4 变量描述性统计分析

主要变量描述性统计如表5-1所示。

由表5-1变量描述性统计结果显示，制造业绿色效率的均值为1.091，标准差为0.271，最小值为0.207，中位数为1.042，最大值为2.734，制造业清洁化转型均值、标准差、最大值和最小值分别为1.141、0.924、8.996和0.188，制造业高级化转型均值、标准差、最大值和最小值分别为8.291、7.035、32.20和7.676，说明样本总体中地区间绿色效率、清洁化转型和高级化转型水平个体差异较大。

从地方政府补贴的角度看，地方政府补贴支出规模的均值为12.43，最大值为15.29，最小值为7.676。地方政府直接补贴的均值、最大值、最小值分别为11.23、14.05和5.481，地方政府间接补贴均值、最大值和最小值分别为12.09、14.94和7.558。可见，地方政府选择间接补贴激励制造业转型远高于直接补贴，不同省份之间无论是地方政府补贴规模，还是直接补贴、间接补贴均存在较大差异。

从中介变量来看，官员晋升激励和寻租均值为1.236和0.0667，晋升激励综合政绩指数稍低于程仲鸣等（2020）计算的1.343，可能因为是党的十八届三中全会后中国开始实施新的政绩考核标准，GDP增长率的影响度逐年下降，而程仲鸣等（2020）的数据只统计到2016年。官员晋升激励和寻租的标准差分别为0.877、0.0472，显示地区间的官员晋升激励和寻租存在较大差异，可能会对政府补贴与地区制造业绿色转型关系产生影响。

在省份特征变量方面，经济发展水平、地区资本存量、自然资源禀赋、环境规制、开放程度等方面不同省份间均存在较大的差距，为实证分析地方政府补贴是否激励制造业绿色转型提供了较好的经验素材。

表 5－1　变量的描述性统计结果

变量名称	变量符号	样本数	均值	标准差	最小值	中位数	最大值
绿色效率	gtfp	330	1. 051	0. 271	0. 207	1. 042	2. 734
清洁化转型	clean	330	1. 141	0. 924	0. 118	0. 982	8. 996
高级化转型	advance	330	8. 291	7. 035	0. 230	6. 235	32. 20
地方政府补贴	sub	330	12. 43	1. 347	7. 676	12. 61	15. 29
政府直接补贴	sub1	330	11. 03	1. 307	5. 481	11. 20	14. 05
政府间接补贴	sub2	330	12. 09	1. 392	7. 558	12. 15	14. 94
经济发展水平	pgdp	330	10. 51	0. 556	8. 841	10. 53	11. 77
地区资本存量	capital	330	5. 309	1. 492	1. 581	5. 300	9. 613
自然资源禀赋	resoure	330	10. 45	1. 443	7. 254	10. 47	14. 78
环境规制	genv	330	2. 472	4. 672	0. 300	1. 300	45. 70
对外开放程度	open	330	30. 46	36. 64	1. 678	14. 22	178. 4
人力资本水平	education	330	11. 21	6. 565	3. 064	9. 533	45. 46
官员晋升激励	promotion	330	1. 236	0. 8771	0. 000	1. 062	3. 000
官员寻租激励	policy	330	0. 0667	0. 0472	0. 0021	0. 0669	0. 1356

资料来源：Stata 15. 0 统计计算结果。

5. 4　动态激励效应回归结果与分析

5. 4. 1　地方政府补贴规模的动态激励效应分析

系统 GMM 估计需要对回归方程的误差项做序列相关性检验以及对回归方程的工具变量做有效性检验。表 5－2 汇报了地方政府补贴规模对制造业绿色转型动态激励效应的回归结果，由列（1）、（2）、（3）可知，AR（1）均显著而 AR（2）不显著，说明该动态模型构建是合理的。Sargan 检验概率为 1. 000，表明模型工具变量的选择是有效的。此外，制造业绿色效率、清洁化转型和高级化转型滞后项系数显著，说明动态面板模型构建整体上是合理和有效的。由表 5－2 回归估计结果显示，地方政府补贴规模对制造业绿色效率影响系数为 0. 119，并通过 5% 的统计水平检验，表明地方政府补贴规模与制造业绿色效率呈显著正相关，也就是说地方政府补贴规模扩张有助于推动制造业绿色效率水平提升，地方政府制造业补贴与制造业绿色效率之间表现为显著的“挤入效应”。地方政府补贴规模对制造业清洁化转型在1%的显著水平上的影响系数是0.157，表明地方政府补贴规模与制造业清洁化转型为正相关关系，地方政府制造业补贴支出规模每扩张1%，能有效推动制造业清洁化转型水平提升0.157%。地方政府补贴规模与制造业高级化转型之间呈显著正相关关系，并通过1%的统计显著性水平检验，表明地方政府补贴规模的扩张有利于正向激励中国制造业高级化转型。上述回归的结果说明近年来中国地方政府激励绿色制造产业和高新产业发展的产业补贴政策是有效的，与地方政府补贴产业政策预期目标相一致，即在中国现有的制度背景下，地方政府补贴规模扩张能够显著正向激励中国制造业绿色转型，研究假设5-1成立。从控制变量组的估计系数看，地区经济发展水平与制造业绿色效率呈负向关系，与制造业清洁化转型和高级化转型之间呈正相关，但并不显著，这可能是因为中国经济发展是以“环境”换“数量”的方式实现经济增长，经济的发展并非有助于制造业绿色转型；资本存量、对外开放程度对制造业绿色效率影响为负向效应，对制造业清洁化转型和高级化转型为显著的正效应。自然资源禀赋的系数均为负，表明中国制造业绿色转型的确面临“自然资源诅咒”的问题。环境规制、人力资本与制造绿色效率、清洁化转型、高级化转型呈正向关系，其与胡安军（2019）研究结论基本一致，说明环境规制和人力资本是中国制造业绿色转型的重要源泉。

表5-2　　地方政府补贴规模与制造业绿色转型—基于动态效应视角

变量	(1) gtfp	(2) clean	(3) advance
L. gtfp	-0.0840* (-1.86)	—	—
L. clean	—	1.449*** (46.23)	—
L. advance	—	—	0.835*** (71.79)

续表

变量	(1) gtfp	(2) clean	(3) advance
sub	0.119 ** (2.07)	0.157 *** (4.69)	0.595 *** (2.82)
pgdp	-0.351 ** (-2.26)	0.0442 (0.60)	0.230 (0.81)
capital	-0.00112 (-0.03)	0.0216 (0.65)	0.962 *** (6.88)
resource	-0.122 *** (-3.39)	-0.0595 *** (-2.64)	-0.00743 (-0.06)
open	0.000169 (0.25)	-0.00334 *** (-12.20)	-0.00300 (-1.05)
education	0.00340 ** (2.74)	0.0249 *** (4.70)	0.0653 *** (6.35)
genv	0.0129 *** (5.08)	0.00908 *** (10.69)	0.0127 *** (4.97)
_cons	5.579 *** (4.21)	-1.128 * (-1.69)	-4.869 ** (-2.10)
AR (1)	-2.256 [0.0241]	-2.757 [0.0058]	-2.558 [0.0105]
AR (2)	0.4887 [0.6250]	-1.509 [0.1313]	-0.794 [0.3729]
Sargan 检验	28.000 [1.000]	27.402 [1.000]	25.297 [1.000]
N	330	330	330

注：*、** 与 *** 分别表示 10%、5% 与 1% 的显著性水平，小括号内数值为 t 统计值，中括号内为 P 值，所有回归均控制地区和年份固定效应的聚类稳健标准误估计。

5.4.2 直接与间接补贴动态激励效应比较分析

这部分主要比较分析地方政府直接补贴（sub1）和间接补贴的税收优惠（sub2）对制造业绿色转型的激励效果。与地方政府补贴规模检验时出现地情况类似，地方政府直接补贴、间接补贴解释变量同样存在内生性问题，而且制造业绿色转型存在路径依赖惯性，因此这部分同样采用系统GMM模型进行实证计量回归分析，实证估计结果如表5-3所示。

表5-3　地方政府直接和间接补贴与制造业绿色转型—基于动态效应视角

变量	直接补贴			间接补贴		
	gtfp	clean	advance	gtfp	clean	advance
L. gtfp	-0.0814*** (-3.05)	—	—	-0.0928** (-2.56)	—	—
L. clean	—	1.445*** (38.46)	—	—	1.455*** (84.24)	—
L. advance	—	—	0.836*** (70.49)	—	—	0.790*** (64.99)
sub1	0.114*** (3.36)	0.131** (2.09)	1.420*** (3.53)	—	—	—
sub2	—	—	—	0.152** (2.26)	0.189*** (4.56)	1.874** (2.28)
pgdp	-0.161** (-2.00)	-0.121 (-1.63)	-0.342 (-0.85)	-0.127 (-1.23)	-0.0479 (-0.74)	-0.0967 (-0.26)
capital	-0.0293 (-1.40)	0.0474 (1.26)	0.965*** (7.69)	-0.0166 (-0.57)	0.0448 (1.31)	1.125*** (10.67)
resource	-0.0962*** (-3.23)	0.0627** (2.19)	0.00649 (0.06)	-0.239*** (-4.78)	0.0454** (2.22)	0.126* (1.86)
open	0.000729 (1.46)	-0.00413*** (-13.90)	-0.00308* (-1.72)	0.00224** (2.50)	-0.00324*** (-14.98)	-0.00273 (-1.59)
education	0.00226 (0.62)	0.0210*** (4.38)	0.0515*** (6.53)	0.00249 (0.37)	0.0274*** (7.34)	0.0724*** (9.28)
genv	0.0117*** (4.16)	0.00843*** (10.26)	0.0154*** (5.19)	0.0106*** (4.58)	0.00883*** (12.70)	0.00887*** (3.05)
_cons	3.717*** (5.55)	0.243 (0.40)	0.114 (0.04)	4.505*** (5.22)	-1.147** (-2.00)	-5.316* (-1.86)
AR (1)	-2.212 [0.0270]	-2.730 [0.0063]	-2.538 [0.0111]	-2.191 [0.0284]	-2.746 [0.0060]	-2.629 [0.0086]
AR (2)	0.4035 [0.6866]	-1.595 [0.1107]	-0.698 [0.8951]	0.4461 [0.6556]	-1.6066 [0.1081]	-0.7016 [0.8881]

续表

变量	直接补贴			间接补贴		
	gtfp	clean	advance	gtfp	clean	advance
Sargan 检验	26.615 [1.000]	27.803 [1.000]	24.305 [1.000]	27.475 [1.000]	27.306 [1.000]	25.343 [1.000]
N	330	330	330	330	330	363

注：*、** 与 *** 分别表示 10%、5% 与 1% 的显著性水平，小括号内数值为 t 统计值，中括号内为 P 值，所有回归均控制地区和年份固定效应的聚类稳健标准误估计。

根据表5-3回归估算结果来看，地方政府直接补贴和间接补贴两种补贴模式都能够显著激励制造业绿色效率提升、推动清洁化和高级化转型，但无论制造业绿色效率还是清洁化和高级化转型，“普惠式”税收优惠间接补贴的激励效应的弹性系数均高于“竞争式”直接补贴。这可能由于受制度约束程度的差异导致地方政府直接补贴和间接补贴激励制造产业结构转型效果不同。地方政府直接补贴受到制度约束相对较少，导致政府直接补贴政策频繁调整，制造企业难以对政府补贴的产业政策进行预测，为了规避风险，制造企业尽可能回避转型技术创新研发和固定资产更新改造等长期投资项目，以及规避进入需要较高投入的高技术制造行业（宋凌云和王贤彬，2013），最终影响制造业结构转型调整进程。此外，由于地方政府直接补贴产业政策容易引发寻租行为，导致生产资源配置效率低甚至扭曲，同样会影响政府直接补贴激励制造业绿色转型的效果。而地方政府间接补贴的税收优惠产业政策与制造业企业研发投资、固定资产更新改造过程有直接的成本关联，地方政府间接补贴的税收优惠作为事后产业政策激励工具，政策受益企业覆盖面广，更有利于节约资源，避免地方官员寻租效应。回归结果进一步印证张同斌和高铁梅（2012）地方政府直接财政补贴的激励作用弱于间接补贴的税收优惠的研究结论，研究假设5-2成立。

5.4.3　地方政府补贴区域异质性动态激励效应分析

中国各地区经济发展水平、人力资本、创新能力、市场化程度和资源禀赋差异明显，为了更精准地揭示中国地方政府补贴对制造业绿色转型激励作用的区域异质性效果，按照中国地域分布和经济发展水平将样本划分为东部、中部、西部地区，再根据区域样本进行实证回归分析。表5-4显示了地方政府补贴规模在中国不同地区对制造业绿色效率激励效果，从表5-4可以看出，中国东部、西部地区地方政府补贴规模与制造业绿色效率之间呈显著的正相关关系，而中部地区呈负向影响，但不显著。

表5-4　　地方政府补贴规模与制造业绿色效率的区域异质性检验

变量	东部地区 gtfp	中部地区 gtfp	西部地区 gtfp
L. gtfp	-0.453*** (-6.21)	-0.273*** (-7.40)	-0.105* (-1.76)
sub	0.193*** (2.79)	-0.103 (-1.21)	0.105* (1.77)
pgdp	0.176 (0.87)	0.265 (1.18)	-0.614** (-2.00)
capital	-0.168** (-2.32)	-0.141 (-1.16)	0.200* (1.74)
resource	-0.0635 (-0.80)	-0.0294 (-0.45)	-0.0744** (-2.06)
open	0.00315* (1.85)	0.00377*** (5.02)	-0.00183 (-1.05)
education	-0.00414 (-1.01)	-0.00950 (-1.01)	-0.0106 (-1.45)
genv	0.00582*** (4.63)	0.00183 (1.13)	0.0215*** (4.30)
_cons	0.725 (0.31)	-0.213 (-0.12)	6.900*** (2.76)
AR（1）	-1.9389 [0.0547]	-1.7781 [0.0809]	-1.9126 [0.0558]
AR（2）	-0.53831 [0.5904]	0.2734 [0.7845]	-1.1611 [0.2456]
Sargan 检验	25.9601 [1.000]	16.3169 [1.000]	20.5960 [1.000]
N	110	99	121

注：*、**与***分别表示10%、5%与1%的显著性水平，小括号内数值为t统计值，中括号内为P值，所有回归均控制地区和年份固定效应的聚类稳健标准误估计。

表 5 –5 结果显示不同地区地方政府补贴规模对制造业清洁化转型激励作用的异质性，具体是在中国东部地方政府补贴的影响弹性系数为 –0. 0301，但不显著，中部地区地方政府补贴的影响弹性系数为 –0. 190，并通过 1% 统计显著性检验，而西部地区的地方政府补贴影响弹性系数在 1% 显著性水平下为 0. 183。说明在西部地区地方政府补贴规模扩张有助于促进制造业清洁化转型，而在中部地区地方政府补贴抑制制造业清洁化转型，东部地区对制造业清洁化转型的激励作用具有不确定性。

表 5 –5　　　　地方政府补贴规模与制造业清洁化转型区域异质性检验

变量	东部地区 clean	中部地区 clean	西部地区 clean
L. clean	1. 622 *** (25. 92)	0. 893 *** (13. 11)	0. 983 *** (12. 16)
sub	–0. 0301 (–0. 47)	–0. 190 *** (–3. 04)	0. 183 *** (4. 43)
pgdp	–0. 203 (–1. 17)	0. 0112 (0. 07)	0. 465 *** (4. 30)
capital	–0. 00609 (–0. 11)	0. 152 (1. 54)	–0. 0418 (–1. 39)
resource	0. 0291 (0. 61)	0. 0274 (0. 70)	–0. 00248 (–0. 07)
open	0. 000324 (0. 48)	–0. 00127 (–1. 34)	–0. 000749 (–0. 78)
education	–0. 0414 *** (–7. 62)	–0. 000478 (–0. 11)	0. 00183 (0. 98)
genv	0. 0111 *** (12. 00)	0. 00365 *** (4. 70)	0. 00260 *** (3. 38)
_cons	1. 366 (0. 99)	–0. 846 (–0. 64)	–4. 104 *** (–5. 22)
AR（1）	–1. 71722 [0. 0973]	–2. 2683 [0. 0233]	–1. 9141 [0. 0588]
AR（2）	–0. 9201 [0. 3575]	0. 9977 [0. 3184]	–0. 8139 [0. 4157]
Sargan 检验	23. 0087 [1. 000]	16. 1167 [1. 000]	16. 5228 [1. 000]
N	120	108	132

注：*、** 与 *** 分别表示 10%、5% 与 1% 的显著性水平，小括号内数值为 t 统计值，中括号内为 P 值，所有回归均控制地区和年份固定效应的聚类稳健标准误估计。

表5-6汇报了地方政府补贴对制造业高级化转型激励效应的区域异质性，从表5-6中可以看出，东部和中部地方政府补贴激励系数均为负，并通过统计显著性检验，对西部地区制造业高级化转型激励作用呈正向的显著激励效应。

表5-6　　地方政府补贴规模与制造业高级化转型区域异质性检验

变量	东部地区 advance	中部地区 advance	西部地区 advance
L. advance	0.815*** (17.62)	0.684*** (14.36)	1.049*** (33.53)
sub	-0.817*** (-4.58)	-1.520* (-1.87)	1.986* (1.76)
pgdp	1.326* (1.74)	1.484* (1.85)	-1.167 (-1.43)
capital	0.397 (1.57)	0.335 (0.66)	1.186*** (3.32)
resource	0.249** (2.54)	-0.406*** (-3.45)	0.0727 (0.45)
open	0.00261 (0.67)	0.00901 (1.21)	-0.00225 (-0.24)
education	-0.0502*** (-3.30)	0.0463*** (3.03)	-0.106*** (-3.21)
genv	0.0235*** (8.48)	0.0000816 (0.01)	0.0233*** (7.09)
_cons	-15.37** (-2.15)	-10.22 (-1.61)	5.853 (0.89)
AR（1）	-2.2777 [0.0227]	-1.9572 [0.0506]	-2.1642 [0.0304]
AR（2）	-1.5448 [0.1224]	1.0752 [0.2823]	-0.7735 [0.4392]
Sargan 检验	18.5826 [1.000]	15.2479 [1.000]	15.1438 [1.000]
N	110	99	121

注：*、** 与 *** 分别表示10%、5%与1%的显著性水平，小括号内数值为t统计值，中括号内为P值，所有回归均控制地区和年份固定效应的聚类稳健标准误估计。

综上可知，无论制造业绿色效率、清洁化转型，还是制造业高级化转型，地方政府补贴规模的扩张对中部地区的制造业绿色转型的影响均呈抑制作用，对西部地区的制造业绿色转型激励作用具有显著正向促进效应，而在中国东部地区地方政府补贴支出规模扩张有助于提升地区制造业绿色效率，但对制造业清洁化与高级化转型却呈阻碍作用。可见地方政府补贴对西部地区的激励效应明显异于东部、中部地区。这可能是因为，一方面，相较于中国东部、中部地区，西部省份经济发展和创新能力相对落后，大部分制造业处于全国价值链的低端，整体盈利能力差，缺乏转型升级技术改造资金。另一方面，西部地区市场化程度较低，生产资源要素配置市场发挥作用的空间相对有限，西部地区的制造业转型调整，更多地依赖地方政府产业政策的干预。适当扩大地方政府补贴支出规模，有助于增加制造企业研发与固定资产改造资金支持，提升企业生产率，实现制造业清洁化、高技术和绿色化发展，进而能有效助推西部地区制造业产业结构的绿色转型。

5.4.4　地方政府补贴企业规模异质性动态激励效应分析

以《中国工业统计年鉴》大型制造企业与中型制造企业为研究对象①，不同企业规模下地方政府补贴对制造业绿色转型激励效应回归结果如表 5－7 所示。由表 5－7 可知，无论是大型企业还是中型企业，地方政府补贴与制造业绿色效率、清洁化转型和高级化转型均呈显著正相关关系，但不同的制造企业规模影响弹性系数与显著程度不一样。地方政府补贴对大、中型制造企业绿色效率影响弹性系数分别为 1.0858、0.193，且均通过 5% 显著水平统计检验。对大型制造清洁化转型地方政府补贴的影响弹性系数分别为 0.679，且通过统计 10% 显著水平，对中型制造企业清洁化转型通过 1% 显著性水平，地方政府补贴的影响弹性系数为 0.153。而对制造业高级化转型，地方政府补贴大型制造业影响弹性系数为 0.826，通过

① 按《中国工业统计年鉴》，大型企业指主营业务收入超过 4 亿元企业，中型企业是主营业务收入介于 2000 万 ~4 亿元的企业。

1%统计显著性水平检验，对中型制造企业影响不显著。可见，地方政府补贴规模扩张对大型制造企业激励作用明显大于中型制造企业。这可能因为，一方面，规模较大的制造企业更易获得转型研发创新所需要的生产要素资源，抗转型研发创新失败的风险能力更强，因而相对容易在行业中保持技术领先地位。另一方面，在现有官员激励制度下，地方官员为了追求政绩诉求，补贴扶持资金一般更倾向大型国有制造企业和重点行业制造企业，获得政府补贴收入大型制造企业降低了研发创新成本和风险，为制造业绿色转型提供必要基础条件。可见，基于不同制造企业规模，地方政府补贴激励效应具有明显异质性，在给定的条件下，地方政府补贴对大型制造业企业绿色转型激励效果更为明显。

表 5－7　　地方政府补贴规模与制造业绿色转型企业规模异质性检验

变量	大型企业			中型企业		
	gtfp	clean	advance	gtfp	clean	advance
L. gtfp	−0. 224*** (−6. 95)	—	—	−0. 0564 (−1. 14)	—	—
L. clean	—	0. 883*** (14. 52)	—	—	1. 449*** (52. 43)	—
L. advance	—	—	0. 654*** (25. 56)	—	—	0. 900*** (28. 00)
sub	1. 0858** (1. 97)	0. 679* (1. 76)	0. 826*** (2. 98)	0. 193** (2. 20)	0. 153*** (3. 34)	0. 383 (1. 49)
pgdp	0. 596*** (2. 65)	0. 196 (1. 33)	4. 840*** (4. 74)	−0. 642*** (−3. 67)	0. 330** (2. 14)	−0. 270 (−0. 83)
capital	0. 0237 (0. 30)	−0. 0359 (−0. 70)	−2. 761*** (−8. 51)	0. 0817 (1. 54)	−0. 0447 (−0. 78)	0. 813*** (3. 68)
resource	−0. 338*** (−5. 35)	−0. 0680* (−1. 77)	0. 345 (1. 02)	−0. 0826* (−1. 82)	0. 0476** (2. 02)	0. 264** (2. 12)
open	0. 00207*** (3. 81)	0. 000339 (0. 63)	0. 0423*** (19. 32)	−0. 00259** (−2. 00)	−0. 00374*** (−8. 74)	−0. 0189*** (−5. 44)
education	−0. 0261* (−1. 68)	0. 00567 (0. 55)	−0. 0197 (−0. 34)	0. 000991 (0. 18)	−0. 0286*** (−7. 86)	−0. 0656*** (−13. 58)

续表

变量	大型企业			中型企业		
	gtfp	clean	advance	gtfp	clean	advance
genv	0.00640 *** (4.51)	-0.000151 (-0.19)	-0.00139 (-0.23)	0.00959 *** (3.83)	0.0133 *** (5.87)	0.00127 (0.28)
_cons	-1.424 (-0.79)	-1.406 (-1.32)	-38.02 *** (-4.79)	7.859 *** (5.48)	-3.796 *** (-3.06)	-2.126 (-0.92)
AR (1)	-2.1548 [0.0248]	-1.9335 [0.0532]	-1.9069 [0.0648]	-2.0129 [0.0441]	-2.2354 [0.0254]	-2.3176 [0.0205]
AR (2)	-1.5448 [0.1224]	1.0752 [0.2823]	-0.77348 [0.4392]	-0.08086 [0.9356]	-1.534 [0.1250]	-1.0176 [0.2860]
Sargan 检验	27.00181 [1.000]	20.25642 [1.000]	14.56901 [1.000]	24.69511 [1.000]	27.18338 [1.000]	26.71013 [1.000]

注：*、** 与 *** 分别表示10%、5%与1%的显著性水平，小括号内数值为t统计值，中括号内为P值，所有回归均控制地区和年份固定效应的聚类稳健标准误估计。

5.4.5　地方政府补贴治理能力异质性动态激励效应分析

中国地方政府存在天然介入经济运行的动机与能力。林毅夫（2014）认为一个有为的政府应通过完善软、硬件公共基础设施，激励企业选择比较优势的产业，促进制造业产业结构性突变。政府治理水平通过影响微观主体交易成本，进而对企业转型产生作用。参照唐鹏飞（2017）的做法，运用数据包络DEA非径向、非角度的SBM-VRS模型计算中国30个省份地方政府治理能力。依据治理能力均值，将样本分成政府高治理能力地区和低治理能力地区。表5-8汇报了不同政府治理能力下，地方政府补贴对制造业绿色转型激励作用异质性效果。从表5-8可以看出，在政府治理水平较低的地区，地方政府补贴的增加对制造业绿色效率、清洁化转型激励作用呈显著负面影响，而对制造业高级化转型激励效应是负向，但不显著。而在政府治理水平高的地区，地方政府补贴规模扩张有助于制造业绿色效率提升和高级化转型，但对制造业清洁化转型影响系数为正，但不显著。即在政府治理水平高的地区，适度的财政扩张会促进制造业绿色转型，然而在治理水平低的地区，财政扩张可能带来腐败，甚至生产资源配置扭曲，从而给制造业绿色转型带来负面的激励效果。

表 5-8　　地方政府补贴规模与制造业绿色转型政府治理能力异质性检验

变量	政府治理能力高地区			政府治理能力低地区		
	gtfp	clean	advance	gtfp	clean	advance
L. gtfp	-0.554** (-2.57)	—	—	0.374 (1.02)	—	—
L. clean	—	0.788*** (2.65)	—	—	1.672*** (3.69)	—
L. advance	—	—	-0.207 (-0.44)	—	—	1.039*** (4.03)
sub	1.924** (2.41)	0.103 (0.18)	6.786** (2.48)	-0.0511 (-0.27)	-0.236* (-1.93)	-0.171 (-0.16)
pgdp	0.268 (0.97)	-0.385* (-1.89)	-8.276** (-2.28)	0.101 (0.07)	0.358 (0.65)	0.524 (0.23)
capital	-0.0319 (-0.26)	0.221** (2.49)	7.381** (2.56)	-0.115 (-0.24)	0.0418 (0.13)	0.510 (0.59)
resource	-0.506** (-2.29)	0.0220 (0.32)	0.479 (1.52)	0.00212 (0.01)	0.0794 (0.28)	-0.418 (-1.33)
open	0.00715 (0.63)	-0.00389* (-1.88)	0.0765** (2.48)	0.000311 (0.17)	-0.00280 (-1.49)	0.00259 (0.19)
education	-0.00000481 (-0.00)	0.00124 (0.25)	-0.139*** (-3.91)	0.00699 (0.71)	-0.0655*** (-5.94)	0.0289 (0.24)
genv	0.00682* (1.80)	0.00694*** (5.76)	0.00469 (0.40)	0.0124** (2.18)	0.00883*** (2.83)	0.0265** (2.25)
_cons	2.620 (1.33)	2.851* (1.70)	56.54** (2.01)	0.197 (0.02)	-4.293 (-0.88)	-5.809 (-0.35)
AR (1)	-1.9755 [0.0478]	-1.9139 [0.0589]	1.9914 [0.0475]	-2.0064 [0.0448]	-1.9623 [0.0497]	-2.9214 [0.0035]
AR (2)	-0.47807 [0.6326]	-1.8197 [0.1688]	1.2243 [0.2209]	-1.623 [0.1046]	-0.66433 [0.5065]	-1.2736 [0.230]
Sargan 检验	9.83222 [1.000]	10.37646 [1.000]	2.50346 [1.000]	12.06234 [1.000]	12.24222 [1.000]	14.18427 [1.000]
N	165	165	165	165	165	165

注：*、** 与 *** 分别表示 10%、5% 与 1% 的显著性水平，小括号内数值为 t 统计值，中括号内为 P 值，所有回归均控制地区和年份固定效应的聚类稳健标准误估计。

综上分析可知，地方政府补贴的激励效应与制造业所处的区域、制造企业规模和政府治理能力密切相关，在给定条件下，西部地区、大型企业和政府治理能力较高的地区，地方政府补贴激励制造业绿色转型积极效应更为显著，研究假设 5 – 3 成立。

5.4.6　稳健性检验

（1）增加控制变量。尝试增加一组新的控制变量以检验基准结果的稳健性。考虑地方官员的本地晋升与异地交流晋升可能导致腐败程度存在差异，引入一个二元哑变量，如果省长或省委书记是本地直接晋升的取 1，如果省长或书记是异地交流晋升的则为 0，控制地方官员不同晋升方式带来的影响。此外，考虑城镇人口占地区总人口比重，以控制城镇化发展水平的影响。这些变量控制有助于减少遗漏带来偏误，以及确保满足工具变量外生性条件。如表 5 – 9 所示，除了回归系数大小变量发生变化外，显著性和相关关系没有发生变化，其与基准回归估计结果基本一致。

（2）置换地方政府补贴代理变量。为了使得估计的结果更加稳健，借鉴安同良和千慧雄（2021）的处理方法，使用地方政府制造补贴占一般公共预算支出比的相对数作为地方政府补贴代理变量进行稳健性测试。实证估计结果如表 5 – 9 所示，地方政府补贴与制造业绿色效率、清洁化转型与高级化转型弹性系数始终保持为正，这进一步加强验证了基准回归结果稳健性。

表 5 – 9　　地方政府补贴规模与制造业绿色转型稳健性检验（增加控制与转换代理变量）

变量	增加控制变量			转换代理变量		
	gtfp	clean	advance	gtfp	clean	advance
L. gtfp	– 0. 105 ** （ – 2. 42）	—	—	– 0. 112 *** （ – 2. 59）	—	—
L. clean	—	1. 442 *** （23. 27）	—	—	1. 430 *** （28. 32）	—
L. advance	—	—	0. 830 *** （31. 28）	—	—	0. 771 *** （69. 74）

续表

变量	增加控制变量			转换代理变量		
	gtfp	clean	advance	gtfp	clean	advance
sub	0.249 *** (3.14)	0.0875 * (1.79)	1.127 *** (-2.58)	—	—	—
asub	—	—	—	0.142 *** (3.33)	0.140 *** (5.85)	0.194 * (1.82)
pgdp	-0.409 (-1.52)	-0.253 (-1.23)	0.774 (1.43)	-0.326 *** (-2.68)	0.119 (1.21)	0.199 (0.50)
capital	-0.138 * (-1.89)	0.0579 (0.76)	1.130 *** (3.73)	-0.0602 (-1.10)	0.0321 (0.82)	1.005 *** (6.80)
resoure	-0.135 *** (-3.42)	0.0321 (1.17)	-0.0987 (-0.57)	-0.105 ** (-2.57)	0.0490 ** (2.19)	-0.0566 (-0.69)
open	-0.00127 (-1.52)	-0.00497 *** (-10.34)	0.0105 *** (3.45)	0.000729 (1.64)	-0.00407 *** (-14.28)	-0.00105 (-1.03)
education	-0.00548 (-1.09)	-0.0348 *** (-7.47)	-0.00493 (-0.38)	0.00176 (0.32)	-0.0215 *** (-3.59)	-0.0562 *** (-6.20)
genv	0.0139 *** (5.37)	0.00912 *** (7.92)	0.0126 *** (3.94)	0.0112 *** (3.64)	0.00898 *** (13.19)	0.00395 (1.61)
urban	0.0255 * (1.79)	0.0190 ** (2.46)	-0.0793 *** (-3.28)	—	—	—
gidjs	-8.552 *** (-3.81)	-5.056 *** (-2.71)	-5.985 (-0.55)	—	—	—
_cons	5.600 *** (2.71)	1.091 (0.67)	-6.663 (-1.38)	3.929 *** (3.15)	-0.300 (-0.42)	-6.821 ** (-2.50)
AR（1）	-2.4145 [0.0158]	-2.5932 [0.0095]	-2.5326 [0.0113]	-2.1622 [0.0306]	-2.6721 [0.0075]	-2.5601 [0.0105]
AR（2）	0.59282 [0.5533]	-1.5117 [0.1306]	-1.6189 [0.1055]	0.23455 [0.8146]	-1.4897 [0.1363]	-1.6224 [0.1047]
Sargan 检验	26.2056 [1.000]	25.4076 [1.000]	25.8130 [1.000]	26.5620 [1.000]	26.8078 [1.000]	27.4019 [1.000]
N	330	330	330	330	330	330

注：*、** 与 *** 分别表示 10%、5% 与 1% 的显著性水平，小括号内数值为 t 统计值，中括号内为 P 值，所有回归均控制地区和年份固定效应的聚类稳健标准误估计。

（3）改变计量方法。采用广义最小二乘估计法（FGLS），FGLS估计能够有效消除样本同组之间的异方差、组内自相关和组间同期相关带来的影响。表5-10汇报了FGLS的回归估计结果，结果显示地方政府补贴与制造业绿色效率、清洁化转型和高级化转型依然是显著的正相关关系。因此，可以肯定基准结论是稳定可靠的。

表5-10　　地方政府补贴规模与制造业绿色转型稳健性检验（FGLS估计）

变量	FGLS估计		
	gtfp	clean	advance
sub	0.0418** (2.11)	0.0452** (2.04)	1.571*** (3.14)
pgdp	0.230*** (3.39)	-0.338* (-1.84)	-2.206** (-2.46)
capital	0.0138 (0.78)	0.207*** (4.30)	0.584** (2.49)
resoure	-0.0107 (-0.79)	-0.0148 (-0.41)	0.416** (2.34)
open	-0.00187** (-2.56)	0.00473** (2.39)	0.162*** (16.78)
edu	-0.00628 (-1.52)	0.0615*** (5.50)	-0.0829 (-1.52)
genv	0.000824 (0.19)	-0.00641 (-0.55)	-0.0741 (-1.31)
_cons	-0.924 (-1.45)	2.818 (1.63)	16.56** (1.97)
year	控制	控制	控制
region	控制	控制	控制
wald	103.22	366.89	1420.90
N	330	330	330

注：*、**与***分别表示10%、5%与1%的显著性水平，小括号内数值为t统计值所有回归均控制地区和年份固定效应的聚类稳健标准误估计。

5.5 地方政府补贴激励制造业绿色转型的作用机制检验

本部分主要从地方官员晋升激励和寻租激励两个视角，探析地方政府补贴激励制造业绿色转型的具体路径。政府补贴作为地方政府对生产要素资源重新配置的重要手段，其对国家产业结构调整具有引导和激励作用（张同斌和高铁梅，2012；韩振国和杨盈颖，2018）。由于地方政府对补贴支出规模和补贴对象的选择决策具有较大的自主权，因此政府补贴成为地方官员实现政绩诉求、影响经济发展质量的重要工具（杨思莹和李政，2019）。在中国财政分权政治体制下，地方官员对所属地区产业发展具有较强话语权，其行为会影响所属地区的制造产业发展、企业投资与融资决策风险。一方面，在中国现有财政分权政治体制下，地方政府将官员晋升政绩诉求内嵌入管辖区内产业发展中，使得地方政府补贴显然成为影响地方产业发展、实现官员晋升的重要手段。另一方面，地方政府补贴资源配置过程中的政府官员寻租行为增加制造企业的交易成本和经营风险，而且还加剧地方政府补贴生产资源错配的可能性。那么，地方政府补贴对制造业绿色转型的激励作用是否受到官员晋升激励和寻租激励的影响呢？借鉴李小奕（2021）、兹维克和马霍（Zwick & Mahon，2009）中介效应模型的设计思路，构建如下回归方程：

$$promotion_{it}(policy_{it}) = \alpha_0 + \alpha_1 promotion_{it-1}(policy_{it-1}) + \alpha_2 subsidy_{it} + \sum \alpha controls_{it} + region_i + yeart_t + \varepsilon_{it} \quad (5-2)$$

$$upgrading_{it} = \beta_0 + \beta_1 upgrading_{it-1} + \beta_2 subsidy_{it} + \sum \beta controls_{it} + region_i + yeart_t + \mu_{it} \quad (5-3)$$

$$upgrading_{it} = \varphi_0 + \varphi_1 upgrading_{it-1} + \varphi_2 subsidy_{it} + \varphi_3 promotion_{it}(policy_{it}) + \sum \varphi controls_{it} + region_i + yeart_t + \mu_{it} \quad (5-4)$$

其中，中介变量 promotion、policy 表示地方官员晋升激励和地方官员寻租激励，其余变量与基准回归模型式（5－1）定义一样。

5.5.1　地方政府补贴、晋升激励与制造业绿色转型

表 5－11 考察了官员晋升激励对制造业绿色效率的中介效应，表 5－11 列（1）中估计结果显现，地方政府补贴能显著提升区域地方官员晋升综合竞争力。进一步，根据列（2）和列（3）可知，地方政府补贴估计弹性系数 α_2、β_2、ψ_2 在统计学水平显著为正，官员晋升激励中介变量估计系数 ψ_3 在 1% 水平显著为正，因此可以推断出地方政府补贴能通过官员晋升激励对制造业绿色效率产生正向的激励影响，即存在正向中介效应。地方政府补贴对制造业绿色效率估计弹性系数从 0.119 下降到 0.0349，说明地方政府补贴对制造业绿色效率水平激励的积极效应部分被官员晋升激励所吸收，间接效应为 0.0394（0.119 × 0.198）。总的来讲，地方政府补贴通过地区官员晋升激励能显著支撑制造业绿色效率水平提升，地方官员晋升激励是地方政府补贴激励制造业绿色效率提升的一条重要路径。

表 5－11　　地方政府补贴、晋升激励与制造业绿色效率（晋升激励中介效应检验）

变量	(1) promotion	(2) gtfp	(3) gtfp
L. promotion	0.612 *** (20.01)	—	—
L. gtfp	—	－0.0840 * (－1.86)	－0.0990 ** (－2.31)
promotion	—	—	0.198 *** (7.45)
sub	0.484 *** (5.96)	0.119 ** (2.07)	0.0349 *** (6.43)
pgdp	0.247 (1.02)	－0.351 ** (－2.26)	－0.0924 (－0.61)

续表

变量	(1) promotion	(2) gtfp	(3) gtfp
capital	0.0651 (0.84)	-0.00112 (-0.03)	0.0804 ** (2.21)
resoure	-0.00176 (-0.05)	-0.122 *** (-3.39)	-0.122 ** (-2.07)
open	0.00580 *** (3.93)	0.000169 (0.25)	-0.000119 (-0.19)
education	-0.0272 *** (-7.26)	0.00340 (0.74)	-0.00665 (-1.36)
genv	-0.0331 *** (-10.35)	0.0129 *** (5.08)	0.00501 *** (3.11)
_cons	0.119 (0.07)	5.579 *** (4.21)	4.093 *** (3.24)
AR (1)	-4.0023 [0.0001]	-2.2562 [0.0241]	-2.2277 [0.0259]
AR (2)	1.6252 [0.1041]	0.48873 [0.6250]	0.47798 [0.6327]
Sargan 检验	26.4179 [1.000]	28.0000 [1.000]	26.7846 [1.000]
N	330	330	330

注：*、** 与 *** 分别表示 10%、5% 与 1% 的显著性水平，小括号内数值为 t 统计值，中括号内为 P 值，所有回归均控制地区和年份固定效应的聚类稳健标准误估计。

表 5-12 是考察官员晋升激励对地方政府补贴与制造业清洁化转型的中介效应，表 5-12 中估计结果显现地方政府补贴回归估计弹性系数 α_2、β_2、ψ_2 和官员晋升激励中介变量回归系数 ψ_3 均显著为正，根据 sobel 中介效应检验原理，能够推断出地方政府补贴可以通过官员晋升激励支撑制造业清洁化转型，即存在正的中介效应。也就是说，地方政府补贴可以通过官员晋升激励机制有效推动制造业清洁化转型，地方官员晋升激励同样是地方政府补贴激励制造业清洁化转型的重要路径。

表 5-12　　　地方政府补贴、晋升激励与制造业清洁化转型
（晋升激励中介效应检验）

变量	(1) promotion	(2) clean	(3) clean
L. promotion	0.612*** (20.01)	—	—
L. clean	—	1.449*** (46.23)	1.541*** (23.37)
promotion	—	—	0.244*** (8.27)
sub	0.484*** (5.96)	0.157*** (−4.69)	0.0496* (1.72)
pgdp	0.247 (1.02)	0.0442 (0.60)	0.375** (2.51)
capital	0.0651 (0.84)	0.0216 (0.65)	0.0386 (0.89)
resoure	−0.00176 (−0.05)	0.0595*** (2.64)	0.111** (2.16)
open	0.00580*** (3.93)	−0.00334*** (−12.20)	−0.00425*** (−10.59)
edu	−0.0272*** (−7.26)	−0.0249*** (−4.70)	−0.0337*** (−10.82)
genv	−0.0331*** (−10.35)	0.00908*** (10.69)	0.00230*** (3.13)
_cons	0.119 (0.07)	−1.128* (−1.69)	−3.282*** (−3.21)
AR（1）	−4.0023 [0.0001]	−2.7569 [0.0058]	−2.7398 [0.0061]
AR（2）	1.6252 [0.1041]	−1.5091 [0.1313]	−1.3488 [0.1774]
Sargan 检验	26.4179 [1.000]	27.4019 [1.000]	26.3686 [1.000]
N	360	360	360

注：*、** 与 *** 分别表示 10%、5% 与 1% 的显著性水平，小括号内数值为 t 统计值，中括号内为 P 值，所有回归均控制地区和年份固定效应的聚类稳健标准误估计。

表5-13是考察官员晋升激励对制造业高级化转型的中介效应，从表5-13可以看出，地方政府补贴对官员晋升激励具有显著促进效应，对制造业高级化回归系数 α_2、β_2、ψ_2 均显著为正，官员晋升激励估计系数 ψ_3 通过1%水平显著检验，因此，根据sobel中介效应检验原理，可以推断出地方政府补贴能通过官员晋升激励机制对制造业高级化转型产生积极激励作用，即官员晋升激励中介效应显著。这说明地方政府补贴可以通过刺激官员晋升激励机制显著推动制造业高级化转型，即存在“地方政府补贴→官员晋升激励上升→推动制造业高级化转型调整”的传导路径。

综上所述，关注地区科技创新能力综合政绩考核的官员晋升激励机制是地方政府补贴激励制造业绿色效率提升、清洁化和高级化转型积极作用的有效路径。可见，在中国现有的制度背景下，关注区域科技创新能力综合政绩考核竞争而非单纯GDP增速竞争的地方官员晋升激励模式会在“地方政府补贴—制造业绿色转型”中起到正向助推作用，研究假设5-4成立。

表5-13　地方政府补贴、晋升激励与制造业高级化转型（晋升激励中介效应检验）

变量	(1) promotion	(2) advance	(3) advance
L. promotion	0.612 *** (20.01)	—	—
L. advance	—	0.835 *** (71.79)	0.844 *** (59.81)
promotion	—	—	0.529 *** (3.56)
sub	0.484 *** (5.96)	0.595 *** (2.62)	0.274 *** (6.95)
pgdp	0.247 (1.02)	0.230 (0.81)	-0.918 * (-1.93)
capital	0.0651 (0.84)	0.962 *** (6.88)	0.986 *** (3.75)
resoure	-0.00176 (-0.05)	-0.00743 (-0.06)	-0.0385 (-0.41)

续表

变量	(1) promotion	(2) advance	(3) advance
open	0.00580 *** (3.93)	-0.00300 (-1.05)	-0.000165 (-0.07)
education	-0.0272 *** (-7.26)	-0.0653 *** (-6.35)	-0.0350 *** (-3.68)
genv	-0.0331 *** (-10.35)	0.0127 *** (4.97)	0.0319 *** (5.85)
_cons	0.119 (0.07)	-4.869 ** (-2.10)	2.673 (0.64)
AR（1）	-4.0023 [0.0001]	-2.5578 [0.0105]	-2.4957 [0.0126]
AR（2）	1.6252 [0.1041]	-1.0937 [0.3729]	-1.3095 [0.1903]
Sargan 检验	26.4179 [1.000]	25.2973 [1.000]	24.6927 [1.000]
N	330	330	330

注：*、** 与 *** 分别表示 10%、5% 与 1% 的显著性水平，小括号内数值为 t 统计值，中括号内为 P 值，所有回归均控制地区和年份固定效应的聚类稳健标准误估计。

5.5.2　地方政府补贴、寻租与制造业绿色转型

表 5-14 是考察寻租在地方政府补贴与制造业绿色效率间桥梁作用的回归结果。由表 5-14 列（1）可知，地方政府补贴对寻租的回归估计弹性系数 α_2 为正，并通过 5% 的统计显著水平，也就是说地方政府补贴规模的扩张会刺激官员寻租动机。列（3）地方政府补贴回归系数为 0.104，在 1% 统计水平下显著，因此可以认为来自寻租激励的部分中介效应显著，中介效应为 -0.00082（0.119 × -0.0685），即地方政府补贴支出规模扩张加剧了官员寻租动机，必然会对制造业绿色效率水平提出产生影响。寻租激励 ψ_3 在 1% 水平显著为 -0.0685，说明地方官员寻租阻碍制造业绿色效率提升。

表 5-14　　地方政府补贴、寻租与制造业绿色效率（寻租激励中介效应检验）

变量	(1) policy	(2) gtfp	(3) gtfp
L. policy	0.715 *** (12.92)	—	—
L. gtfp	—	-0.0840 * (-1.86)	-0.103 ** (-2.34)
policy	—	—	-0.0685 *** (-3.42)
sub	0.00215 ** (2.15)	0.119 ** (2.07)	0.104 ** (2.68)
pgdp	-0.00640 (-1.51)	-0.351 ** (-2.26)	-0.297 (-1.46)
capital	0.00125 (0.75)	-0.00112 (-0.03)	-0.0465 (-0.83)
resoure	-0.00112 (-1.35)	-0.122 *** (-3.39)	-0.108 ** (-2.14)
open	-0.0000396 * (-1.92)	0.000169 (0.25)	0.000422 (0.51)
education	0.0000500 (0.24)	0.00340 (0.74)	0.00199 (0.35)
genv	0.0000661 *** (4.31)	0.0129 *** (5.08)	0.0156 *** (5.36)
_cons	0.0669 * (1.82)	5.579 *** (4.21)	5.015 *** (2.93)
AR (1)	-3.3113 [0.0009]	-2.2562 [0.0241]	-2.4044 [0.0162]
AR (2)	-0.56532 [0.5719]	0.48873 [0.6250]	0.5856 [0.5581]
Sargan 检验	17.34757 [1.000]	28.0000 [1.000]	26.67995 [1.000]
N	330	330	330

注：*、** 与 *** 分别表示 10%、5% 与 1% 的显著性水平，小括号内数值为 t 统计值，中括号内为 P 值，所有回归均控制地区和年份固定效应的聚类稳健标准误估计。

表 5－15 是考察寻租对地方政府补贴与制造业清洁化转型之间的中介效应。从表 5－15 可以看出，地方政府补贴对官员寻租激励具有显著正向效应，地方政府补贴对制造业清洁化转型回归弹性系数 β_2 显著为正，加入寻租激励后地方政府补贴对制造清洁化转型的回归弹性系数 ψ_2 为 0.167，寻租激励对制造清洁化转型的回归估计弹性系数 ψ_3 通过 1% 水平显著检验，但回归估计弹性系数为负，也就是说地方官员寻租激励抑制制造业清洁化转型。根据 sobel 中介效应检验原理，可以推断地方官员寻租激励存在负向激励的中介效应。

表 5－15　　地方政府补贴、寻租与制造业清洁化转型（寻租激励中介效应检验）

变量	(1) policy	(2) clean	(3) clean
L. policy	0.715 *** (12.92)	—	—
L. clean	—	1.449 *** (46.23)	1.481 *** (69.94)
policy	—	—	－0.013 ** (2.48)
sub	0.00215 ** (2.15)	0.157 *** (4.69)	0.167 *** (4.82)
pgdp	－0.00640 (－1.51)	0.0442 (0.60)	0.0380 (0.32)
capital	0.00125 (0.75)	0.0216 (0.65)	0.0417 (0.96)
resoure	－0.00112 (－1.35)	0.0595 *** (2.64)	0.0620 *** (2.89)
open	－0.0000396 * (－1.92)	－0.00334 *** (－12.20)	－0.00301 *** (－8.51)
education	0.0000500 (0.24)	－0.0249 *** (－4.70)	－0.0271 *** (－7.64)

续表

变量	(1) policy	(2) clean	(3) clean
genv	0. 0000661 *** (4. 31)	0. 00908 *** (10. 69)	0. 00855 *** (7. 82)
_cons	0. 0669 * (1. 82)	-1. 128 * (-1. 69)	-1. 158 (-1. 30)
AR (1)	-3. 3113 [0. 0009]	-2. 7569 [0. 0058]	-2. 6274 [0. 0086]
AR (2)	-0. 56532 [0. 5719]	-1. 5091 [0. 1313]	-1. 4831 [0. 1380]
Sargan 检验	17. 34757 [1. 000]	27. 4019 [1. 000]	26. 9205 [1. 000]
N	330	330	330

注：*、** 与 *** 分别表示 10%、5% 与 1% 的显著性水平，小括号内数值为 t 统计值，中括号内为 P 值，所有回归均控制地区和年份固定效应的聚类稳健标准误估计。

表 5 - 16 报告了寻租对制造业高级化转型中介效应影响的回归结果。结果发现，列（3）寻租激励对应系数为负，且均通过了 5% 的统计显著性水平检验，说明寻租不利于推动制造业高级化转型。列（3）地方政府补贴 ψ_2 回归系数在 5% 的水平上显著为正，地方政府补贴对制造高级化转型的回归弹性系数从 0. 595 变为 0. 326，调整后的中介效应为 - 2. 164（即 0. 595 × - 3. 637），说明地方官员寻租激励对地方政府补贴与制造业高级化转型之间存在负向激励的中介效应。

综上所述，由于地方政府补贴资源配置过程中的政府官员寻租行为导致制造企业的交易成本和经营风险增加，加剧了地方政府补贴生产要素资源错配，抑制中国制造业整体绿色转型。可见，在中国特殊的政治体制下，地方官员寻租激励的腐败行为在“地方政府补贴—制造业绿色转型”中起到负向激励的中介效应作用，研究假设 5 - 5 成立。

表 5-16　　地方政府补贴、寻租与制造业高级化转型（寻租激励中介效应检验）

变量	(1) policy	(2) advance	(3) advance
L. policy	0.715*** (12.92)	—	—
L. advance	—	0.835*** (71.79)	0.843*** (89.08)
policy	—	—	-3.637** (-1.97)
sub	0.00215** (2.15)	0.595*** (2.62)	0.326** (2.57)
pgdp	-0.00640 (-1.51)	0.230 (0.81)	0.361 (0.72)
capital	0.00125 (0.75)	0.962*** (6.88)	0.840*** (3.43)
resoure	-0.00112 (-1.35)	-0.00743 (-0.06)	-0.0991 (-0.66)
open	-0.0000396* (-1.92)	-0.00300 (-1.05)	0.000752 (0.22)
edu	0.0000500 (0.24)	-0.0653*** (-6.35)	-0.0399** (-2.46)
genv	0.0000661*** (4.31)	0.0127*** (4.97)	0.0124*** (5.52)
_cons	0.0669* (1.82)	-4.869** (-2.10)	-4.902 (-1.06)
AR (1)	-3.3113 [0.0009]	-2.5578 [0.0105]	-2.4498 [0.0143]
AR (2)	-0.56532 [0.5719]	-1.0937 [0.3296]	-1.0878 [0.3895]
Sargan 检验	17.34757 [1.000]	25.2973 [1.000]	24.94449 [1.000]
N	330	330	330

注：*、** 与 *** 分别表示 10%、5% 与 1% 的显著性水平，小括号内数值为 t 统计值，中括号内为 P 值，所有回归均控制地区和年份固定效应的聚类稳健标准误估计。

5.6 本章小结

本章基于2009～2019年除西藏及中国港澳台地区外中国30个省份面板数据，运用系统GMM模型实证考察地方政府补贴规模、直接补贴和间接补贴对制造业绿色转型激励的动态效应，并运用中介效应模型从地方官员晋升激励和寻租激励的视角，分析了地方政府补助激励制造业绿色转型的作用机制。此外，进一步从区域、企业规模、政府治理能力不同的角度探究了地方政府补贴异质性的动态激励效应。

（1）利用系统GMM模型考察地方政府补贴规模、直接补贴和间接补贴影响制造业绿色转型的动态激励效应。实证结果表明，地方政府补贴支出规模对制造业绿色效率、清洁化转型和高级转型影响均呈显著的正向激励效应，且对制造业高级化转型激励作用最为明显，也就是说地方政府补贴支出规模的扩张有利于促进制造业绿色效率水平提升，推动制造业清洁化和高级化转型。在比较分析地方政府补贴支出方式对制造业绿色转型激励动态效应时发现，地方政府直接和间接两种补贴方式均能显著促进制造业绿色效率提升，推动制造业清洁化和高级化转型，但无论制造业绿色效率还是清洁化和高级化转型，“普惠式”税收优惠间接补贴的激励作用弹性系数明显高于“竞争式”直接补贴。

（2）利用系统GMM模型从异质性角度分析地方政府补贴激励制造业绿色转型的动态效应。从区域异质性角度分析来看，无论制造业绿色效率，还是制造业清洁化与高级化转型，在中国中部地区地方政府补贴规模的扩张均呈显著抑制作用，而在中国西部地区地方政府补贴增加却显著促进制造业绿色效率、清洁化和高级化转型高水平的提升，在中国东部地区地方政府补贴支出规模扩张有助于提升地区制造业绿色效率水平，但对制造业清洁化与高级化转型却呈显著阻碍作用。从企业规模异质性角度来看，无论是大型企业还是中型企业，地方政府补贴与制造业绿色效率、清洁化转型和高级化转型关系均呈显著正相关，但不同的制造企业规模激励作用弹性系数与显著程度不一样，地方政府补贴对大型制造企业激励作用

弹性系数和显著性程度明显大于中型制造企业。从政府治理能力来看，在地方政府治理水平较低的地区，政府补贴支出规模的增加对制造业绿色效率、清洁化转型和高级化转型激励作用是负向面的，而在政府治理水平高的地区，地方政府补贴规模扩张有助于制造业绿色效率提升和高级化转型，但对制造业清洁化转型影响系数为正，但并不显著。即中国地方政府补贴的激励效应与制造业所处的区域、制造企业规模和地方政府治理能力密切相关，表现出明显的区域、企业规模和政府治理能力异质性动态激励效应的特征。

（3）利用中介效应模型，从地方官员晋升激励和寻租的视角考察地方政府补贴对制造业绿色转型的作用机制。研究结果表明，关注地区科技创新能力的综合政绩的官员晋升激励考核模式是地方政府补贴激励制造业绿色效率提升、推动制造业清洁化和高级化转型的一条有效路径。即在中国现有的制度背景下，偏向科技创新能力的综合政绩考核竞争而非单纯 GDP 增速竞争的地方官员晋升激励新模式在“地方政府补贴—制造业绿色转型”中起到正向助推作用。政府官员寻租是地方政府补贴抑制制造业绿色效率提升、清洁化转型和高级化转型一个重要渠道。也就是说，在中国特殊的政治体制下，地方官员经济寻租的腐败行为在“地方政府补贴—制造业绿色转型”中起到负向激励作用。

第6章

地方政府补贴激励制造业绿色转型效应：基于空间效应视角

6.1　问题提出

中国经济已由高速增长阶段转向高质量发展阶段，受中美贸易摩擦、新冠疫情和生态环境恶化等多重因素的影响，中国经济下行压力持续增大，如何实现经济高质量发展，解决经济发展中能源与环境问题成为当前政府经济工作的重心。制造业作为国民经济的主体，是实现经济高质量发展的基础和前提，也是解决能源与环境问题的关键领域和新一轮工业革命全球竞争的焦点。中国制造业要实现高质量发展离不开国家产业政策的支持，政府补贴作为地方政府最常见的宏观产业政策调控工具，是引领区域经济结构调整，推动产业结构转型升级，以及促进社会资源有效配置和平衡区域经济发展的关键手段。为提升中国制造业在全球价值链中分工位置，应对制造业发展中面临的高能耗、重污染和低效益等问题，以政府补贴手段“诱导”制造业绿色转型刻不容缓。

由于制造业绿色转型具有“示范效应”和“竞争效应”，并存在明显的区域策略互动行为。伴随着贸易往来的作用与生产资源的流动，制造业绿色转型的地方政府补贴激励作用不会仅限于本地区，还会扩散影响其他经济区域，即产生空间溢出效应（胡小梅，2016；Yu & Lee，2012）。若忽略制造业绿色转型地方政府补贴空间外溢机制的影响，必定会造成模型估计结果偏误且存在较大的随机性，难以就地方政府补贴影响制造业绿色转型的激励效应做出全面评估。有鉴于此，为了充实和完善地方政府补贴的激励效应研究，充分发挥地方政府补贴“定向诱导”功能，并突出解决“区位定向诱导”问题，需要从空间溢出效应视角展开进一步探究。因此，本章从空间效应的视角，进一步分析地方政府补贴对制造业绿色转型激励作用的“时空效应”。

6.2　研究假设

新经济地理学的诸多研究证实，一个地区制造产业转型升级不仅取决于其自身的资源要素禀赋，也依赖于其相邻区域的制造产业转型（Yu & Lee，2012；Kneller & Manderson，2012；Rubashkina et al.，2015；原毅军，2014；黄庆华等，2018；张平淡和屠西伟，2021）。相邻地区产业结构转型所产生的空间外溢效应会成为该地区产业结构转型的重要推动源泉（胡小梅，2016）。张峰等（2019）从资源禀赋储量与产量二维视角，研究发现制造业产业结构转型过程中会受到邻近地区制造业发展的扩散效应影响。于和李（Yu & Lee，2012）基于中国制造业上市公司面板数据研究发现，中国制造业转型呈现出显著的空间正向溢出效应，相邻地区制造业转型实施有利于促进本区域内制造业产业结构转型调整，中国地区间制造业产业结构转型变迁具有显著的空间示范效应。张平淡和屠西伟（2021）运用空间杜宾模型研究发现，中国制造业转型存在显著的正向空间关联效应，制造产业结构转型在区域间产生“竞次”效应。另外，一个地区政府补贴不仅会影响当地制造业转型，还会通过资源要素流动，以及知识溢出等作用影响相邻地区。因此，地方财政补贴不仅直接影响当地制造业产业结构转型，而且还会对邻近地区制造业转型产生溢出效应（李新安，2021；Tetsuji & Okazaki，2016）。一方面，一个地区由政府补贴制造业绿色转型所生产新技术和新知识可以溢出到周边地区，提升周边地区制造产业结构转型升级成功概率，并带动周边区域增加制造业转型项目投资，整体上提高周边地区制造业转型投资活动支出总额。另一方面，在一个地区政府增加制造业转型补贴时，相邻地区政府也会改革实施本地区制造业转型补贴政策，这样才能确保不会因为其他地区政府补贴政策力度加大而造成本地制造企业迁移流失。也就是说，基于竞争的角度考虑，一个区域政府制造业转型补贴政策会刺激相邻区域制造业转型补贴支出规模，达到影响相邻地区制造业转型政府补贴支出的结果，即地区政府间制造业转型补贴存在“你多投，我就多投”的策略型互动关系。大量研究表明政府补贴政策激励作用存在空间相关性，且在地理区域空间呈现出明显区域集聚性特征（黄庆华等，2018；Boeing，2016）。李新安（2021）、黄庆华等（2018）分析政府补贴政策激励制造业绿色科技创新的本地和空间外溢效应，结果显示政府补贴政策可通过直接和间接效应提升本区域的绿色科技创新能力，而且政府补贴政策对周边地区绿色科技创新具有显著正向空间溢出效应。波音（Boeing，2016）运用空间面板模型考察政府创新补贴方式与研发支出关系，结果显示政府创新直接补贴和税收优惠显著促进本地区企业增加研发支出，同样也对相邻省市企业研发支出产生积极影响。鲁巴什金等（Rubashkin et al.，2015）研究发现政府直接补贴和税收优惠政策对高新技术产业增长存在积极空间效应，政府直接补贴和税收优惠政策扶持力度的加大不仅会激励本区域高新技术产业快速扩张，同样还会影响相邻省市的高新技术产业发展。综上分析，提出如下研究假设：

假设6-1：在中国现有的制度背景下，地方政府补贴规模、直接补贴和间接补贴激励制造业绿色转型具有显著空间溢出效应。

政府补贴激励制造业绿色转型空间外溢的本质是外部性。由于中国各省市间生产资源要素禀赋、产业基础和市场化程度等条件存在显著区域差异，地方政府补贴对区域制造业产业结构转型激励作用的空间溢出效应必然会受到区域异质性条件的影响。因此，在制造业转型的政府补贴一定的情况下，中国区域间的制造业绿色转型受到政府补贴空间溢出扩散效应的影响程度可能存在差异。率先实施制造业转型地区通过空间溢出扩散效应带动周边地区制造业转型作用程度不可能完全一样（胡小梅，2016；黄庆华等，2018）。基于中心—外围突破理论，制造业产业结构转型的中心—外围结构是向心力与离心力共同作用的结果。区域制造业专业分工深化导

致制造业规模经济和制造业成本下降等因素推动制造业产业向比较优势地区集聚，发挥向心力作用并逐渐形成中心区域。但与制造产业集聚相伴随的是聚集中心出现成本效应、交通拥挤效应，离心力作用促使部分制造业向外围地区突破迁移。由于向心力与离心力共同作用，逐渐形成区域制造业产业中心—外围结构。在整个制造业产业结构转型变迁演进过程中，外围地区的制造业转型受到的中心区制造业转型影响常常表现出空间地理上的差异性。诸多学者研究发现空间效应在不同地区间存在显著差异，政府补贴有助于促进本区域制造产业结构转型升级，而对周边地区制造业正向激励效应则呈现出对中国西部地区作用最大，中国东部地区影响次之，中国中部地区影响最小的变化特点（胡安军，2019）。李新安（2021）研究发现中国不同地区政府补贴影响绿色科技创新的效应具有较大的空间差异，东部沿海地区的政府补贴政策推动地区绿色科技创新，而中西部内陆地区政府补贴政策却抑制了绿色科技创新。波音（Boeing，2016）运用空间面板模型考察地方政府不同补贴方式对制造业研发支出的影响，发现在中国东部地区地方政府创新直接补贴和税收优惠对制造业研发支出具有积极直接效应和正向溢出效应，而在中国中部地区地方政府创新直接补贴和税收优惠对制造业研发支出直接效应与溢出效应均不显著，在中国西部地区地方政府创新直接补贴和税收优惠对制造业研发支出的直接效应呈显著积极正向作用，而溢出效应不显著。胡小梅（2016）考察地方财政支出规模、结构与产业结构转型关系时发现，地方财政支出规模、结构对区域产业结构转型升级的激励效应存在显著的空间依赖性，地方财政支出规模、结构作用整体上呈现出“高—高”和“低—低”典型“高地”与“洼地”激励效应的空间关联特征模式，中国东、西部地区地方财政补贴和税收优惠显著促进产业结构转型升级，而在中国中部地方财政补贴和税收优惠支出增加却抑制地区产业结构转型升级。基于上述分析，考虑中国地区间产业结构转型的进程差异，制造业绿色转型演变在中国东部发达地区与西部欠发达地区并非完全一致，地方政府补贴支出规模、直接补贴和间接补贴对本地区和邻近地区制造业绿色转型影响效果可能存在区域空间激励效应差异。因此，提出如下研究假设：

假设 6 - 2：地方政府补贴规模、直接补贴和间接补贴对制造业绿色转型激励的空间激励效应在中国不同区域上是非均等的，具有显著区域空间异质性特征。

6.3 空间模型设定、变量定义、数据来源与统计分析

6.3.1 空间计量模型设定

中国制造业绿色转型的进程在不同区域之间存在明显差异，而且地方政府补贴的外溢性导致地区间策略性竞争与“搭便车”的行为，增加制造业绿色转型的空间关联性，并最终影响区域制造业绿色转型调整进程。因此有必要从制造业绿色转型的空间异质性以及地方政府补贴直接效应与空间外部性效应出发，将中国区域间的相互影响关系纳入研究分析框架。空间计量模型为探索空间直接效应和外部性间接效应提供了良好策略。有鉴于此，试图从空间溢出效应的角度，构建地方政府补贴与制造业绿色转型关系的分析框架，实证检验地方政府制造业补贴对本地区及相邻地区制造业绿色转型的激励效应，并探讨相邻区域间策略性竞争影响制造业绿色转型的成因。目前研究的空间计量模型有空间滞后模型（SLM）、空间误差模型（SEM）和空间杜宾模型（SDM），空间计量模型构建的具体形式为：

$$\begin{aligned} SLM: upgrading = & \rho W upgrading_{it} + \theta subsity_{it} + \beta \sum controls_{it} \\ & + year_t + region_i + \varepsilon_{it} \end{aligned} \tag{6-1}$$

$$SEM: upgrading = \theta subsity_{it} + \beta \sum controls_{it} + year_t + region_i + \xi_{it} \tag{6-2}$$

其中，$\xi_{it} = \delta W \xi_{it} + \varepsilon_{it}$

$$\begin{aligned} SDM: upgrading = & \rho W upgrading_{it} + \theta subsity_{it} + \alpha W subsity_{it} \\ & + \beta \sum control_{it} + \lambda W \sum controls_{it} + year_t + region_i + \varepsilon_{it} \end{aligned} \tag{6-3}$$

其中，upgrading 表示地区制造业绿色转型，包括制造业绿色效率、清洁化转型与高级化转型，W 为空间权重矩阵；Wupgrading 表示制造业绿色转型的空间滞后项，ρ 为空间自回归系数，表示邻近地区制造业绿色转型对本地区制造业绿色转型影响的方向和程度；δ 为空间误差系数，subsity 表示地方政府补贴，具体分为地方政府补贴规模（sub）、地方直接财政补贴（sub1）和地方政府间接补贴（sub2），α 表示地方政府补贴政策的空间滞后项回归系数；controls 表示控制变量组，包括经济发展水平（pgdp）、对外开放程度（open）、制造业企业规模（scale）、地区资源禀赋（resource）、人力资本（education）、环境规制（gevn）和地区资本存量（capital）。region 为地区空间效应，year 表示时间效应，ε 为随机误差项。

6.3.2　变量定义与测度

1. 被解释变量：制造业绿色转型

（1）制造业绿色效率（gtfp）。制造业绿色效率提高意味着劳动生产率、能源使用效率、工业污染预防以及治理效率均得到提升，实现了资源节约和环境友好的发展模式。借鉴胡安军（2019）、范（Fan M.，2015）和雷玉桃（2020）等的设计思路，制造业绿色效率指标使用 DDF-DEA 模型测算的规模以上制造业绿色全要素生产率来替代。

（2）制造业清洁化转型（clean）。制造业清洁化转型是指提高了具有清洁型特征的制造业行业比重，降低高能耗、高污染型制造业行业的比重，最终达到整个制造业污染排放物减少的过程（王勇和刘厚莲，2015）。参考原毅军和陈喆（2019）、童健等（2016）的做法，采用规模以上清洁型制造业行业工业总产值与污染密集型制造业行业工业总产值之比来测量制造业清洁化转型水平。

（3）制造业高级化转型（advance）。制造业高级化转型意味着地区制造业向着高新技术、高附加值的绿色产业方向转变。高新技术制造产业具有环境友好和处于价值链中高端的特点，高新技术制造业比重的提升是地区制造业高质量发展的重要体现。借鉴肖兴志和李少林（2013）、雷玉桃

(2020) 的做法，使用地区规模以上高新技术制造业工业总产值占地区制造业工业总产值的比重作为衡量地区制造业高级化转型指标。

2. 解释变量

(1) 地方政府补贴规模 (sub)。地方政府补贴包括地方直接财政补贴、税收优惠和政府购买等。为了衡量地方政府激励制造业绿色转型程度，借鉴袁航和朱承亮 (2020)、杨得前和刘仁济 (2017) 的处理方法，采用规模以上制造企业科技经费来自地方政府财政补贴资金和间接补贴的税收优惠之和作为衡量地方政府补贴支出规模的替代指标。

(2) 地方政府直接补贴 (sub1)。地方政府直接补贴是指地方政府对制造业财政资金直接投入、政府购买和政府贷款贴息等给予制造业直接补贴资助方式。由于政府购买、贷款贴息数据难以获得，借鉴袁航和朱承亮 (2020)、杨得前和刘仁济 (2017) 的处理方法，地方政府直接补贴以《工业企业科技活动统计年鉴》中“制造业企业科技经费中源于政府资助资金”来衡量。

(3) 地方政府间接补贴 (sub2)。地方政府间接补贴方式是指地方政府采用税收优惠、税收支出等方式，以降低辖区内制造业转型的成本与风险，从而促进区域制造业开展转型投资活动的行为。由于地方政府间接补贴形式多样且不易量化，借鉴国际上普遍认可的“1 - B 指数”同“制造企业科技经费支出”的乘积作为地方政府间接补贴衡量指标。B 指数的计算公式：$B = (1 - vt)/(1 - t)$，其中，t 为制造业所得税率，v 为制造业加权平均的税前扣除率。

3. 控制变量

借鉴李小奕和谢舜 (2019)、范 (Fan M., 2015) 的做法，采用系列控制变量。

(1) 经济发展水平 (pgdp)。根据库兹涅茨的观点，经济发展会引起产业结构调整，经济发展是技术创新、环境治理的物质基础 (胡安军, 2019)。但是，如果一个地区的经济发展只是量的扩张，而不是经济质的提升，经济发展很可能在某种程度阻碍地区制造业绿色转型水平提升。参考已有的大多数研究文献，采用人均 GDP 对数作为量度地区经济发展水平指标。

（2）自然资源禀赋（resource）。自然资源丰富的地区通常面临更为严重的资源和环境问题，中国制造业绿色转型可能在一定程度面临“自然资源诅咒”的问题（邓明，2020）。国内尚缺乏对地区资源储量的统计资料，邓明（2020）采用代表性能源工业的人均总产值来度量地区自然资源禀赋。然而，自然资源禀赋更多是居于地理空间维度而非人口密度维度，因此参照唐鹏飞（2017）用地区平均土地面积上黑色、有色金属矿采选业、煤炭、石油和天然气四个不可再生自然资源的工业总产值自然对数作为地区自然资源禀赋的衡量指标。

（3）资本存量（capital）。资本是推动制造业转型升级的最重要因素之一，中国制造业成长表现出显著资本驱动特点。现在研究文献对地区资本存量计算方法主要有直接调研法和永续盘存法。参照唐鹏飞（2017）采用永续盘存法（PIM）计算地区资本存量 $k_{i,t}=k_{i,t-1}(1-\delta_{i,t})+I_{i,t}$，再根据 $k_{i,t}$ 计算出各地区平均土地面积资本存量对数作为地区资本存量测度指标。其中，K 表示固定资产资本存量，I 表示固定资产投资额，δ 表示固定资产资本折旧率。

（4）环境规制（genv）。环境规制优化市场资源配置，激励制造业进行技术创新，提高生产率，进而实现节能减排目标。已有文献对环境规制测度大多数采用环境治理成本指标（Rubashkin et al.，2015；童健等，2016）或环境治理绩效指标（胡安军，2019）来衡量环境规制强度。考虑数据的可得性，本书借鉴童健等（2016）、鲁巴什金等（Rubashkin et al.，2015）的做法，采用制造业治理污染投资总额与制造业工业总产值的比作为地区环境规制强度衡量指标。

（5）对外开放程度（open）。对外开放一方面通过吸收先进技术和先进管理经验，提升中国制造业出口产品的竞争力，推动制造业转型升级。另一方面如基于转移污染为目的外商直接投资，将会阻碍制造业绿色效率水平提升与清洁化转型。采用大多数文献的处理方法，用地区进出口贸易总额占地区 GDP 比重作为衡量地区对外开放程度指标。

（6）制造企业规模（scale）。一般来讲规模大的企业具有资金和人员的相对优势，有利于制造业能源的集约化利用与绿色管理，但规模小的企业运作机制更加灵活，技术创新效率更高，因此制造企业规模对绿色转型影响具有不确定性。参考胡安军（2019）、范（Fan M.，2015）的做法，使用各地区制造业工业总产值与制造业企业数量的比作为衡量制造企业规模指标。

（7）人力资本水平（education）。进入知识经济时代，人力资本是推动制造业质量发展的最重要因素，人力资本水平能为制造业转型提供高素质的劳动力，而教育是人力资本提升的重要保障。此外，随着受教育水平程度的提升，环境意识增强同样会倒逼制造业进行技术创新、减少污染物排放，进而助推制造业绿色转型。借鉴李小奕和谢舜（2019）、范（Fan M.，2015）的做法，用地区制造业就业大专以上学历人数占制造业总就业人数的比作为测度地区制造业人力资本水平指标。

（8）空间权重（W）。空间权重确定是空间计量模型构建和分析的重要变量，常见空间权重矩阵有空间邻接、空间地理距离、空间经济和空间综合重矩阵（胡小梅，2016；黄庆华等，2018；胡安军，2019）。为使回归估计所选权重矩阵准确有效，分别采用四种权重计算被解释变量的 Moran's I 全局指数，再按照各种权重计算 Moran's I 显著性，选择最优空间权重矩阵作为空间回归权重矩阵。借鉴已有的研究，空间邻接权重矩阵表达式为：

$$W_{ij} = \begin{cases} 1 & \text{当地区 i 与地区 j 相邻} \\ 0 & \text{当地区 i 与地区 j 不相邻或 } i = j \end{cases} \tag{6-4}$$

但广东与海南仅相隔一条海峡而且经济关联紧密，所以海南与广东按相邻处理。地理距离权重矩阵表达式为：

$$W_d = \begin{cases} \dfrac{1}{d_{ij}^2} & i \neq j \\ 0 & i = j \end{cases} \tag{6-5}$$

式(6-5)中，d_{ij}是省会城市间的距离。经济空间权重矩阵表达式为：

$$W_j = \begin{cases} \dfrac{1}{|pgdp_i - pgdp_j|} & i \neq j \\ 0 & i = j \end{cases} \tag{6-6}$$

式（6-6）中，pgdp 为地区人均实际 GDP。综合权重矩阵由经济权重

和地理距离权重组合成，表达式为：

$$W_z = W_d \times W_j \quad (6-7)$$

6.3.3　数据来源

由于中国 2007 年实施新的财政收支分类改革，2007 年、2008 年各类年鉴中均没有单独列示制造业科技经费支出中来源于政府资金的统计，鉴于收支数据口径可比性和部分地区数据的缺失，样本采用 2009～2019 年除西藏和中国港澳台地区以外 30 个省份的面板数据。制造业绿色转型测度数据来自《能源统计年鉴》《中国工业统计年鉴》《中国环境统计年鉴》。地方政府补贴和控制变量的相关数据源于《中国财政统计年鉴》《区域经济统计年鉴》《中国科技统计年鉴》。为消除价格波动的影响，数据以 2000 年为基准进行平减，所有非相对数据全部进行对数化处理。

6.3.4　变量描述性统计分析

主要变量描述性统计如表 6－1 所示。

被解释变量：制造业绿色效率、清洁化转型和高级化转型的最小值和最大值分别为 0.207 和 2.734、0.118 和 8.996、0.230 和 32.20，说明中国区域间制造业绿色转型存在比较大的差异，中国已有产业政策还没达到促使中国地区间制造业均衡发展的效果。

解释变量：地方政府补贴、地方政府直接补贴和地方政府间接补贴最大值和最小值分别为 15.29 和 7.676、14.05 和 5.481、14.94 和 7.558，说明中国区域间地方政府补贴规模、直接补贴与间接补贴存在明显差异。

控制变量：在省份特征变量方面，经济发展水平、地区资本存量、自然资禀赋、环境规制、开放程度等方面在不同省份间均存在较大的差距，为实证分析地方政府补贴是否激励制造业绿色转型本地效应和空间溢出提供了较好的经验素材。

表 6-1 变量的描述性统计结果

变量名称	变量符号	样本数	均值	标准差	最小值	唯数	最大值
绿色效率	gtfp	330	1.091	0.271	0.207	1.042	2.734
清洁化转型	clean	330	1.141	0.924	0.118	0.982	8.996
高级化转型	advance	330	8.291	7.035	0.230	6.235	32.20
地方政府补贴	sub	330	12.43	1.347	7.676	12.61	15.29
政府直接补贴	sub1	330	11.03	1.307	5.481	11.20	14.05
政府间接补贴	sub2	330	12.09	1.392	7.558	12.15	14.94
经济发展水平	pgdp	330	10.51	0.556	8.841	10.68	11.77
地区资本存量	capital	330	5.309	1.492	1.581	5.300	9.613
自然资源禀赋	resoure	330	10.45	1.443	7.254	10.47	14.78
环境规制	genv	330	2.472	4.672	0.300	1.300	45.70
企业规模	scale	330	2.675	1.166	0.665	2.600	6.414
对外开放程度	open	330	30.46	36.64	1.678	14.22	178.4
人力资本水平	education	330	11.21	6.565	3.064	9.533	45.46

资料来源：Stata 15.0 统计计算结果。

6.4 空间激励效应回归结果与分析

6.4.1 空间相关性检验结果分析

在进行空间效应回归分析前，要先对中国地区制造业绿色效率、清洁化转型和高级化转型的空间自相关性进行检验。变量空间自相关性可以通过 Moran's I 指数来分析，具体制造业绿色转型 Moran's I 指数计算公式为：

$$\text{Moran's I} = \frac{\sum_{i=1}^{n}\sum_{j=1}^{n} W_{ij}(\text{upgrading}_i - \overline{\text{upgrading}})(\text{upgrading}_j - \overline{\text{upgrading}})}{S^2\sum_{i=1}^{n}\sum_{j=1}^{n} W_{ij}} \tag{6-8}$$

式（6-7）中，$S^2 = \frac{1}{n}\sum_{i=1}^{n}(\text{upgrading}_i - \overline{\text{upgrading}})^2$ 为总体样本方差，

W_{ij}是空间权重矩阵。全局 Moran's I 指数在 -1 ~ 1，大于0 表示制造业绿色转型存在空间正自相关，小于 0 表示存在空间负相关，等于零表示随机分布。

表6-2 列示了中国区域制造业绿色效率在四种不同空间权重下 Moran's I 全局指数。由表6-2 可以看出，中国地区制造业绿色效率 2009 ~2019 年四种不同类型空间权重的 Moran's I 指数均通过 10%统计显著水平检验，而且均为正相关，这表明中国地区制造业绿色效率具有显著正向空间自相关关系，中国制造业绿色效率存在明显空间聚集效应和正向空间依赖效应，说明关于制造业绿色效率空间计量模型设计是合理和必要的。对比四种空间权重矩阵 Moran's I 指数显著性水平及数值大小比较可知，空间综合权重矩阵为制造业绿色效率最优空间权重矩阵，而且综合权重矩阵同时涵盖地理距离和经济距离权重因素，因此选择综合权重矩阵作为制造业绿色效率空间计量回归估计的权重矩阵。

表6-2　基于空间相邻、距离、经济与综合权重下的制造业绿色效率 Moran's I 指数

权重类型	空间相邻权重		空间距离权重		空间经济权重		空间综合权重	
年份	Moran's I	P 统计值	Moran's I	P 统计值	Moran's I	P 统计值	Moran's I	P 统计值
2009	0. 5292	0	0. 3461	0	0. 3763	0	0. 6051	0
2010	0. 5160	0	0. 3540	0	0. 3961	0	0. 6290	0
2011	0. 5093	0	0. 3294	0	0. 3642	0	0. 5552	0
2012	0. 5251	0	0. 3541	0	0. 3630	0. 06	0. 5861	0. 003
2013	0. 4941	0	0. 332	0	0. 3421	0	0. 5472	0
2014	0. 5352	0. 07	0. 3280	0. 08	0. 3190	0	0. 4981	0
2015	0. 5051	0	0. 3190	0	0. 3212	0	0. 4971	0
2016	0. 5253	0	0. 3342	0. 005	0. 3124	0. 09	0. 5240	0
2017	0. 4874	0	0. 3153	0	0. 2732	0	0. 4731	0. 002
2018	0. 4543	0. 002	0. 2864	0	0. 2243	0	0. 4362	0
2019	0. 4478	0. 005	0. 2578	0	0. 2066	0	0. 3997	0. 001
均值	0. 5031	—	0. 3263	—	0. 3254	—	0. 5333	—

资料来源：Stata 15. 0 统计计算。

表6-3 列出了中国制造业清洁化转型空间相邻、空间距离、空间经济

和空间综合权重全局 Moran's I 指数检验结果。由表 6－3 的 Moran's I 指数检验结果可知，在空间相邻权重、空间距离权重和空间综合权重作用下，制造业清洁化转型存在显著正向空间自相关，但空间经济权重下制造业清洁化转型部分年度空间相关性不显著。从统计显著性和数值大小可以看出，空间相邻权重矩阵下制造业清洁化转型 Moran's I 指数显著性优于空间距离和空间综合权重。因此，选择空间相邻权重矩阵作为制造业清洁化转型空间计量回归估算的权重矩阵。

表 6－3　基于空间相邻、距离、经济与综合权重下的制造业清洁化转型 Moran's I 指数

权重类型	空间相邻权重		空间距离权重		空间经济权重		空间综合权重	
年份	Moran's I	P 统计值	Moran's I	P 统计值	Moran's I	P 统计值	Moran's I	P 统计值
2009	0. 3763	0. 001	0. 3142	0	0. 1551	0. 041	0. 3821	0. 004
2010	0. 3451	0. 002	0. 3034	0. 001	0. 1612	0. 046	0. 3703	0. 007
2011	0. 3342	0. 003	0. 2872	0. 006	0. 1562	0. 06	0. 3502	0. 011
2012	0. 3532	0. 001	0. 2841	0	0. 1453	0. 073	0. 3371	0. 015
2013	0. 392	0	0. 2960	0	0. 1362	0. 107	0. 3303	0. 014
2014	0. 4083	0	0. 3091	0. 001	0. 1173	0. 122	0. 3432	0. 011
2015	0. 3871	0. 001	0. 2872	0. 001	0. 1123	0. 149	0. 3261	0. 016
2016	0. 3412	0. 002	0. 2641	0. 001	0. 1021	0. 159	0. 2992	0. 026
2017	0. 3262	0. 003	0. 2632	0. 004	0. 1032	0. 151	0. 3051	0. 023
2018	0. 3123	0. 005	0. 2321	0. 095	0. 1024	0. 172	0. 2761	0. 038
2019	0. 3012	0. 001	0. 2311	0. 005	0. 1009	0. 155	0. 2566	0. 012
均值	0. 3587	—	0. 2835	—	0. 1263	—	0. 3317	—

资料来源：Stata 15. 0 统计计算。

为了分析中国制造业高级化转型是否存在空间效应，按照已设计空间权重矩阵，计算检验制造业高级化转型的全局 Moran's I 指数。全局 Moran's I 指数检验结果如表 6－4 所示，可以看出，空间邻接和空间距离权重下制造业高级化转型存在显著正相关空间效应。但在空间经济和空间综合权重下，制造业高级转型的全局 Moran's I 指数存在部分年份不显著。比较空间相邻、空间距离、空间经济和空间综合权重 Moran's I 指数显著性和均值，可以看出空间相邻权重明显优于其他权重。因此，选择空间相邻权重矩阵

作为制造业高级化转型空间计量模型回归估算的权重矩阵。

综上所述，可以看出中国制造业绿色转型地区间表现出一定空间集聚性和空间依赖性，区域间制造业绿色转型存在显著的空间聚集性效应和正向空间依赖效应。

表 6－4　2009～2019 年基于空间相邻、距离、经济与综合权重下的制造业高级化转型 Moran's I 指数

权重类型	空间相邻权重		空间距离权重		空间经济权重		空间综合权重	
年份	Moran's I	P 统计值	Moran's I	P 统计值	Moran's I	P 统计值	Moran's I	P 统计值
2009	0.3125	0.004	0.2274	0.005	0.1924	0.027	0.3574	0.008
2010	0.3622	0.001	0.2242	0.007	0.1390	0.064	0.3072	0.02
2011	0.3792	0.001	0.2243	0.005	0.1224	0.099	0.2871	0.029
2012	0.4171	0.005	0.2361	0.003	0.0982	0.159	0.2824	0.033
2013	0.4350	0	0.2582	0.003	0.0741	0.247	0.2792	0.034
2014	0.4232	0	0.2132	0.006	0.0243	0.523	0.2081	0.09
2015	0.3923	0	0.2021	0.008	0.0112	0.621	0.1920	0.113
2016	0.3942	0	0.2060	0.007	0.0032	0.682	0.1862	0.133
2017	0.3962	0	0.1824	0.017	0.0283	0.599	0.1770	0.157
2018	0.3624	0	0.1483	0.045	0.0224	0.569	0.1454	0.218
2019	0.3856	0	0.1657	0.005	0.0227	0.602	0.1354	0.1789
均值	0.3849	—	0.1827	—	0.0768	—	0.2113	—

资料来源：Stata 15.0 统计计算。

6.4.2　空间计量模型选择检验结果分析

在考察面板空间激励效应之前，需对空间面板模型进行 LM 与 LR 检验，以便选择最优的空间面板计量模型。表 6－5 汇报了空间计量模型选择具体检验结果，可以看出制造业绿色转型存在空间滞后效应与误差效应，空间杜宾模型（SDM）优于空间滞后模型（SLM）和空间误差模型（SEM）。此外，Hausman 检验结果表明空间杜宾模型（SDM）宜采用固定效应进行空间计量估计分析。因此，本章将采用空间杜宾固定效应模型进行计量实证检验分析。

表 6－5　　　　空间计量模型选择检验结果

检验方法		绿色效率综合权重	清洁化转型相邻权重	高级化转型相邻权重	检验结果
模型选择	LM_lag	86.081***	56.533***	48.566***	拒绝原假设，存在空间滞后效应
	RLM_lag	54.634***	29.013***	22.826***	拒绝原假设，存在空间滞后效应
	LM_error	38.666***	59.823***	55.823***	拒绝原假设，存在空间误差效应
	RLM_error	7.629***	51.291***	29.698***	拒绝原假设，存在空间误差效应
	Wald 检验	38.198***	82.246***	56.636***	拒绝原假设，SDM 优于 SLM
	Lratio 检验	42.556***	88.996***	63.367***	拒绝原假设，SDM 优于 SEM
	Hausman 检验	22.461***	165.216***	131.268***	拒绝原假设，SDM 采用固定效应

注：*、** 和 *** 分别表示 10%、5%、1% 的显著性水平。

资料来源：Stata15.0 检验结果。

6.4.3　空间激励效应估计结果分析

6.4.3.1　绿色效率空间激励效应估计结果分析

表 6－6 显示了地方政府补贴规模、直接补贴与间接补贴与制造业绿色效率空间计量回归估计结果。回归结果显示地方政府补贴规模、直接补贴和间接补贴估计系数均显著为正数，说明地方政府补贴规模、直接补贴和间接补贴对制造业绿色效率都能产生正向激励作用，进一步验证了上文动态激励效应的研究结论。此外，回归结果显示空间相关回归系数均显著为正，表明由于“示范效应”和“竞争效应”存在，中国省际制造业绿色效率具有显著正向空间激励效应，制造业绿色效率提升受到周边地区制造业绿色效率水平的正向影响，最终形成中国制造业绿色效率的空间集聚性分布。具体的影响从表 6－6 第（1）列可知，加入空间影响因素后，地方政府补贴规模对制造业绿色效率的激励作用弹性系数明显增大，且在 1% 统计水平下为正。空间滞后项的结果显示，地方政府补贴规模对周边地区制造业绿色效率激励影响系数显著为正，说明中国区域间地方政府补贴规模激励制造业绿色效率提升呈现空间“溢出效应”，地区政府补贴支出规模的增加会提升周边地区制造业绿色效率水平。根据第（2）列可知，地方政府直接补贴对当地制造业绿色效率的激励作用系数为 0.145，在 1% 统计

水平下显著，空间滞后项显示对周边地区制造业绿色效率激励作用估计系数为0.006，在10%统计水平上显著，说明在推动制造业绿色效率提升的过程中，地方政府直接补贴在空间上存在明显的溢出效应。由表6-6第(3)列可知，地方政府间接补贴的税收优惠对当地和相邻地区制造业绿色效率的激励作用系数分别为0.250和0.032，且均通过1%统计显著性水平，也就是说某一地区地方税收优惠的实施，显著促进当地和周边地区制造业绿色效率水平提升，地方政府间接补贴的税收优惠政策对制造业绿色效率激励作用存在显著正向空间溢出效应。

表6-6　　地方政府补贴规模、直接与间接补贴激励制造业绿色效率空间效应估计结果

gtfp	(1) 地方政府补贴规模	(2) 地方政府直接补贴	(3) 地方政府间接补贴
sub	0.176*** (2.97)	—	—
sub1	—	0.145*** (4.93)	—
sub2	—	—	0.250*** (2.84)
pgdp	-0.143 (-0.92)	-0.210 (-1.18)	0.291 (1.31)
capital	0.00950 (0.16)	0.0133 (0.23)	0.0129 (0.22)
resoure	-0.139*** (-3.17)	-0.1098* (-1.78)	-0.0416 (-0.66)
genv	0.0176*** (4.49)	0.00979*** (3.03)	0.0262*** (4.68)
scale	0.121*** (4.02)	0.144*** (5.11)	0.183*** (5.56)
open	0.0158 (1.39)	0.00576 (0.07)	-0.0189 (-1.51)
education	0.0175 (0.35)	0.0347 (0.70)	0.0705 (1.07)

续表

gtfp	(1) 地方政府补贴规模	(2) 地方政府直接补贴	(3) 地方政府间接补贴
wsub	0.0249*** (3.14)	—	—
wsub1	—	0.006* (1.85)	—
wsub2	—	—	0.032** (2.16)
wpgdp	-0.0813 (-1.22)	-0.165 (-1.06)	0.0921 (1.31)
wcapital	0.00450 (0.35)	0.00313 (0.46)	0.00929 (0.82)
wresoure	-0.0129*** (-4.07)	-0.0478* (-1.98)	-0.0116 (-0.98)
wgenv	0.00356*** (3.49)	0.00606*** (4.13)	0.0092*** (6.08)
wscale	0.0426*** (2.92)	0.0384*** (3.71)	0.0803*** (7.06)
wopen	0.180 (0.79)	0.0540 (0.06)	-0.169 (-1.01)
weducation	0.0205 (0.05)	0.0107 (0.57)	0.0421 (1.18)
ρ	0.0597*** (4.10)	0.0366*** (2.94)	0.0678*** (4.61)
R2	0.1725	0.1913	0.1645
Sigma2	0.0214*** (19.57)	0.0176*** (16.58)	0.0211*** (17.57)
N	330	330	330

注：*、** 和 *** 分别表示 10%、5%、1% 的显著性水平。

空间杜宾（SDM）模型中加入空间滞后项，分析滞后项的估计系数方向和显著性水平依然有效，但估计系数值和显著性不再是因变量受自变量作用的直接结果。因此，需要进一步对空间效应分解为直接效应、间接效

应和总效应进行考察，以便可以更加清晰地估算地方政府补贴对中国制造业绿色效率空间差异化激励作用。地方政府补贴对制造业绿色效率激励作用空间分解项具体结果如表6－7所示。从回归估计的结果可以看出，一方面，地方政府补贴规模、直接补贴和间接补贴对制造业绿色效率的直接效应均显著为正，即这三种补贴支出规模的增加存在显著的本地区内溢出效应。直接效应的反馈作用机制为：本地政府各种补贴→周边地区制造业绿色效率→本地制造业绿色效率，即本地区政府各种补贴通过空间影响机制促进周边地区制造业绿色效率提升，周边地区制造业绿色转型通过空间影响机制推动本地区制造业绿色效率改善。另一方面，地方政府补贴和直接补贴的间接效应回归估计系数均显著为正，但是地方政府间接补贴的税收优惠政策间接效应却显著为负，这说明由于中国区域间税收竞争不利于周边地区制造业绿色效率水平的提升。从总效应来看，无论是地方政府补贴支出规模，还是直接补贴、间接补贴的总效应均显著为正，换言之地方政府补贴规模、直接补贴和间接补贴可以在空间总体层面激励了制造业绿色效率水平提升，但间接补贴的税收优惠政策激励的总效应大于直接补贴。

表6－7　　地方政府补贴规模、直接与间接补贴激励制造业绿色效率空间效应分解

gtfp	(1) 直接效应（Direct）	(2) 间接效应（Indirect）	(3) 总效应（Total）
sub	0.194** (2.97)	0.050** (1.97)	0.244** (2.03)
sub1	0.081* (1.82)	0.010* (1.93)	0.091* (1.79)
sub2	0.154*** (2.95)	−0.049.*** (−2.34)	0.105*** (3.64)

注：*、**和***分别表示10%、5%、1%的显著性水平。

6.4.3.2　清洁化转型空间激励效应估计结果分析

表6－8显示了地方政府补贴规模、直接补贴和间接补贴与制造业清洁化转型空间计量回归估计结果。由表6－8的空间相关系数ρ显著为正，说

明中国区域间制造业清洁化转型存在正向的空间依赖关系，即本地区制造业清洁化转型在一定程度受到近邻相似空间特征地区制造业清洁化转型的正向影响。地方政府补贴规模、直接补贴和间接补贴激励作用回归系数分别为0.163、0.158和0.236，且均通过显著性统计水平检验，而且在加入空间影响因素后，激励作用的系数明显大于前面动态回归估算系数，进一步印证了地方政府补贴能够有效激励制造业清洁化转型。

地方政府补贴规模的空间滞后项（wsub）、地方政府直接补贴的空间滞后项（wsub1）和地方政府间接补贴的空间滞后项（wsub2）回归系数均未能通过统计显著性水平检验。然而在空间计量模型地方政府补贴规模、直接补贴和间接补贴对制造业清洁化转型存在的本地区内溢效应和区域间外部溢出效应，仅从空间杜宾模型空间滞后项回归系数解读会导致对回归结果错误性判断，需要进一步分解直接效应、间接效应和总效应进行分析。

表6-8　地方政府补贴规模、直接与间接补贴激励制造业清洁化转型空间效应估计结果

clean	(1) 地方政府补贴规模	(2) 直接补贴	(3) 间接补贴
sub	0.163** (1.96)	—	—
sub1	—	0.158*** (2.86)	—
sub2	—	—	0.236** (2.01)
pgdp	-0.315*** (-2.84)	-0.381** (-2.47)	-0.392** (-2.59)
capital	0.247*** (4.31)	0.207*** (4.04)	0.208*** (4.07)
resoure	0.0219 (1.39)	-0.00757 (-0.30)	-0.00597 (-0.22)
genv	0.0930 (1.44)	0.0533 (0.87)	0.0512 (-0.80)
scale	0.0158 (0.21)	0.0267 (0.31)	0.0248 (0.28)

续表

clean	(1) 地方政府补贴规模	(2) 直接补贴	(3) 间接补贴
open	0. 00289 (1. 33)	0. 00379 * (1. 77)	0. 00379 * (1. 78)
education	0. 0576 *** (3. 22)	0. 0665 *** (2. 99)	0. 0659 *** (2. 86)
wsub	0. 240 (1. 14)	—	—
wsub1	—	0. 066 (1. 45)	—
wsub2	—	—	-0. 032 (-1. 16)
wpgdp	-0. 0901 *** (-3. 65)	-0. 0799 ** (-4. 07)	-0. 0897 ** (-3. 08)
wcapital	0. 247 *** (3. 91)	0. 207 *** (3. 74)	0. 208 *** (3. 65)
wresoure	0. 0119 (1. 08)	-0. 00291 (-0. 508)	-0. 00271 (-0. 512)
wgenv	0. 0581 (1. 29)	0. 0183 (0. 66)	0. 0267 (-0. 87)
wscale	0. 0107 (0. 19)	0. 0198 (0. 29)	0. 0158 (0. 48)
wopen	0. 00192 (1. 03)	0. 00197 * (1. 61)	0. 00206 * (1. 89)
weducation	0. 00906 *** (4. 02)	0. 00685 *** (3. 09)	0. 00899 *** (2. 58)
ρ	0. 0095 *** (4. 19)	0. 0068 *** (2. 99)	0. 0088 *** (4. 69)
R2	0. 4605	0. 3778	0. 4856
Sigma2	0. 0306 *** (14. 57)	0. 0198 *** (13. 58)	0. 0321 *** (15. 57)
N	330	330	330

注：* 、** 和 *** 分别表示 10% 、5% 、1% 的显著性水平。

表6－9列示了地方政府补贴规模、直接补贴和间接补贴对制造业清洁化转型影响的直接效应、间接效应和总效应。从表6－9回归估计的结果可知，地方政府补贴规模的直接效应系数显著为正，说明地方政府补贴激励本地区制造业清洁化转型，存在区内溢出效应。地方政府直接补贴对制造业清洁化转型直接效应回归系数为0.065，且通过10%显著性水平检验，说明地方政府直接补贴对本地区制造业清洁化转型的影响具有正向激励效应。地方政府间接补贴对制造业清洁化转型直接效应的回归系数显著为0.727，即地方政府间接补贴的税收优惠政策有利于促进本地区制造业清洁化转型。另外，地方政府补贴规模、直接补贴和间接补贴间接效应的回归估计系数分别为0.054、0.301和－0.091，且均通过统计显著性水平检验，说明由于中国区域间制造业转型的补贴政策存在相互作用，本地区政府补贴规模、直接补贴对制造业清洁化转型具有明显的正向空间外溢效应，而间接补贴却抑制近邻地区制造业清洁化转型。可以看出，间接补贴对制造业清洁化转型的激励作用具有“双刃剑”特征，即间接补贴的税收优惠对本地区制造业清洁化转型存在显著的正面向激励作用，但对相邻地区的制造业清洁化转型却存在显著的负向溢出效应。从总效应来看，地方政府补贴规模的总效应激励系数为0.168，在1%的水平下显著，说明对全部空间地区来讲，政府补贴支出规模每增加1%将推动制造业清洁化转型提升0.168%；地方政府直接补贴的总效应估计系数为0.366，在10%的显著性统计水平下显著，说明对全部空间地区单元来讲，地方政府直接补贴支出每增加1%，将助推制造业清洁化转型提升0.366%；地方政府间接补贴空间总激励效应显著系数为0.636。可见，地方政府补贴规模、直接补贴和间接补贴能从空间总体层面有效激励制造业清洁化转型，但间接补贴激励的总效应大于直接补贴。

表6－9　　地方政府补贴规模、直接与间接补贴激励制造业清洁化转型空间效应分解

clean	(1) 直接效应（Direct）	(2) 间接效应（Indirect）	(3) 总效应（Total）
sub	0.114 ** (1.97)	0.054 ** (2.07)	0.168 *** (2.79)

续表

clean	(1) 直接效应（Direct）	(2) 间接效应（Indirect）	(3) 总效应（Total）
sub1	0.065* (1.72)	0.301* (1.94)	0.366* (1.74)
sub2	0.727* (1.95)	-0.091*** (-2.54)	0.636** (2.01)

注：*、** 和 *** 分别表示10%、5%、1%的显著性水平。

6.4.3.3　高级化转型空间激励效应估计结果分析

表6-10显示了地方政府补贴规模、直接补贴和间接补贴与制造业高级化转型空间效应回归估计结果。从表6-10回归结果可知，地方政府补贴规模、直接补贴和间接补贴对制造业高级化转型的空间效应自相关系数ρ均显著为正，表明制造业高级化转型与相邻地区制造业高级化转型之间确实存在正向的空间依赖关系。地方政府补贴规模、直接补贴和间接补贴的激励作用回归系数分别为0.659、1.431、2.187，且均通过统计显著性水平检验，而且激励作用的系数明显大于前面动态回归估计系数，进一步印证了地方政府补贴规模、直接补贴和间接补贴能够有效激励制造业高级化转型。

从表6-10第（1）列可知，地方政府补贴规模的空间滞后项（wsub）影响系数为0.027，且通过10%统计显著性水平检验，也就是地方政府补贴规模存在正向空间溢出效应。地方政府直接补贴的空间滞后项（wsub1）激励作用系数为0.038，同样通过统计1%的显著性水平检验，说明地区直接补贴支出规模扩张有助于促进相邻地区制造业高级化转型，具有明显空间外溢效应。地方政府间接补贴（wsub2）回归系数均未能通过统计显著性检验，说明地方政府对制造业高级化转型的补贴激励作用不会对周边地区产生显著的影响。在空间杜宾（SDM）模型中加入空间滞后项后，其估计系数值和显著性不再是因变量受自变量直接作用的结果，如果单纯从空间杜宾模型的空间滞后回归系数解读回归结果会导致对回归估计结果的误判，因此需要进一步对空间效应进行分解解释。

表 6-10　　地方政府补贴规模、直接与间接补贴激励制造业高级化转型的空间效应估计结果

advance	(1) 地方政府补贴规模	(2) 直接补贴	(3) 间接补贴
sub	0.659 *** (6.03)	—	—
sub1	—	1.431 *** (7.10)	—
sub2	—	—	2.187 *** (3.84)
pgdp	1.653 *** (4.21)	2.685 *** (8.68)	1.984 *** (5.92)
capital	0.446 *** (3.93)	0.256 *** (3.13)	0.181 *** (3.21)
resoure	-0.733 *** (-8.91)	-0.754 *** (-7.31)	-0.621 *** (-6.36)
genv	0.0565 (1.05)	0.0454 (0.76)	0.0347 (0.61)
scale	0.234 (0.47)	0.253 (0.50)	0.238 (0.46)
open	0.148 *** (8.13)	0.150 *** (2.71)	0.152 *** (4.82)
education	0.0930 (1.52)	0.0692 (1.02)	0.0710 (1.19)
wsub	0.027 * (1.95)	—	—
wsub1	—	0.038 *** (3.50)	—
wsub2	—	—	-0.121 (-1.33)
wpgdp	0.785 *** (5.651)	1.283 *** (7.08)	0.889 *** (6.64)
wcapital	0.256 *** (2.97)	0.0986 *** (3.98)	0.0198 *** (4.01)

续表

advance	(1) 地方政府补贴规模	(2) 直接补贴	(3) 间接补贴
wresoure	-0.383 *** (-6.78)	-0.954 *** (-5.87)	-0.389 *** (-4.76)
wgenv	0.0205 (0.95)	0.0324 (0.88)	0.0197 (0.79)
wscale	0.0294 (0.67)	0.0889 (0.59)	0.0138 (0.52)
wopen	0.0108 *** (7.19)	0.0158 *** (2.98)	0.0102 *** (4.09)
weducation	0.0531 (1.02)	0.0299 (0.87)	0.0467 (0.67)
ρ	0.0655 ** (2.19)	0.079 *** (2.79)	0.083 *** (3.09)
R2	0.5225	0.5418	0.5626
Sigma2	0.0316 *** (14.67)	0.0298 *** (13.98)	0.0421 *** (15.47)
N	330	330	330

注：*、** 和 *** 分别表示 10%、5%、1% 的显著性水平。

表 6-11 显示了地方政府补贴规模、直接补贴和间接补贴激励制造业高级化转型的直接效应、间接效应和总效应。从空间分解项回归估计的结果可知，地方政府补贴规模的直接效应显著为正，也就是说地方政府补贴支出规模扩张有助于推动本地区制造业高级化转型，存在区内溢出效应。地方政府直接补贴的直接效应回归结果系数显著为正，表明地方政府直接补贴增加可以有效促进本地区制造业高级化转型。地方政府间接补贴对制造业高级化转型激励的直接效应不显著，即地方政府间接补贴对本地区制造业高级化转型的影响具有不确定性。地方政府补贴规模、直接补贴和间接补贴间接效应的激励作用回归估计系数分别为 0.028、0.035 和 -0.067，且均通过至少 10% 水平的统计显著性水平检验。表明本地区政府补贴规模、直接补贴支出的增加会对周边其他地区制造业高级化转型产生显著的正向激励效应，即本地区政府补贴规模、直接补贴支出

对周边其他地区制造业高级化转型存在正向空间外溢效应，而间接补贴扩张却抑制周边其他地区制造业高级化转型。从总效应来看，地方政府补贴规模、直接补贴和间接补贴的总效应激励系数分别为0.049、0.290和0.503，且至少在10%的水平下显著，说明对全部空间区域而言，地方政府补贴规模、直接补贴和间接补贴支出每扩张1%，将分别推动制造业高级化转型水平提升0.049%、0.29%和0.503%。可见，地方政府补贴规模、直接补贴和间接补贴能在总体空间层面能有效激励制造业高级化转型。

综上可知，地方政府补贴规模、直接补贴和间接补贴激励制造业绿色转型具有显著空间溢出效应，而且“普惠式”税收优惠间接补贴的激励空间总效应明显大于“竞争式”直接补贴，研究假设6-1成立。

表6-11　地方政府补贴规模、直接与间接补贴激励制造业高级化转型空间效应分解

advance	(1) 直接效应（Direct）	(2) 间接效应（Indirect）	(3) 总效应（Total）
sub	0.021*** (3.44)	0.028*** (3.33)	0.049*** (2.79)
sub1	0.255* (1.93)	0.035* (1.70)	0.290* (1.74)
sub2	0.67 (0.50)	-0.067*** (-2.98)	0.503** (2.01)

注：*、**和***分别表示10%、5%、1%的显著性水平。

6.4.4 空间激励效应区域异质性检验分析

由于中国区域间经济发展水平、创新能力、市场化程度和资源禀赋等存在明显差异，为了更精准地揭示中国地方政府补贴规模、直接补贴和间接补贴对制造业绿色转型激励空间效应区域异质性效果，按照地域分布情况将中国省份划分为东部、中部、西部地区，再根据区域样本进行空间激励效应回归分析。

6.4.4.1　绿色效率空间区域异质性估计结果分析

表 6－12 显示了地方政府补贴规模对制造业绿色效率的空间激励效应区域异质性回归结果。如表 6－12 所示，地方政府补贴规模对制造业绿色效率空间激励作用存在明显的地区空间差异，东部地区地方政府补贴规模支出的增加对本地区和周边地区制造业绿色效率水平提升具有显著促进作用。中部地区地方政府补贴支出规模增加却显然抑制本地区制造业绿色效率水平的提升，但其对周边地区制造绿色效率激励作用系数显著为正，也就是说中部地区政府补贴支出规模扩张促进周边地区制造业绿色效率水平的提升，而在西部地区地方政府补贴规模扩张有助于推动本地区制造业绿色效率水平的提升，但对周边地区的激励作用具有不确定性。

表 6－12　　地方政府补贴规模与制造业绿色效率区域异质性的空间激励效应估计结果

gtfp	东部	中部	西部
sub	0.128 ** (2.49)	-0.0259 *** (2.92)	0.0490 *** (3.24)
controls	yes	yes	yes
wsub	0.228 *** (3.49)	0.159 *** (4.95)	-0.0490 (-0.24)
wcontrols	yes	yes	yes
ρ	0.006 * (1.90)	0.019 *** (2.68)	0.053 *** (3.79)
Sigma2	0.0391 *** (17.55)	0.0401 *** (14.59)	0.0138 *** (18.47)
N	110	99	121

注：*、** 和 *** 分别表示 10%、5%、1% 的显著性水平。

从表 6－13 可知，地方政府直接补贴对制造业绿色效率的激励作用存在明显的区域空间差异。如表 6－13 所示的地方政府直接补贴激励作用来看，东部地区的直接补贴对本地区和相邻地区制造业绿色效率的激励系数分别为 -0.0284、0.0104，且均通过 1% 统计显著性水平检验，说明东部地区政府直接补贴增加只能促进相邻地区制造业绿色效率水平的提升，对本地制造业绿色效率提升起阻碍作用。中部地区直接补贴对制造业绿色转型的影响系数显著并分别为0.0178、0.0128，说明中部地区地方政府直接补贴支出的增加显然有助于推动中部本地区及相邻地区制造业绿色效率水平的提升。而西部地区直接补贴对本地区和相邻地区制造业绿色效率的激励系数显著并分别为0.0761、-0.0141，说明西部地区直接补贴有助于促进本地区制造业绿色效率提升，但却阻碍了周边地区制造业绿色效率水平提升。

表6-13　地方政府直接补贴与制造业绿色效率区域异质性的空间激励效应估计结果

gtfp	东部	中部	西部
sub1	-0.0284*** (-5.39)	0.0178*** (2.95)	0.0761** (2.34)
controls	yes	yes	yes
wsub1	0.0104*** (3.58)	0.0128*** (2.75)	-0.0141** (-1.98)
wcontrols	yes	yes	yes
ρ	0.05** (2.19)	0.009*** (2.79)	0.083*** (3.09)
Sigma2	0.0141*** (16.75)	0.0221*** (15.09)	0.0108*** (17.07)
N	110	99	121

注：*、**和***分别表示10%、5%、1%的显著性水平。

从表6-14可知，地方政府间接补贴的税收优惠对制造业绿色效率的空间激励效应同样存在明显的地区空间差异。根据表6-14可以看出，地方政府间接补贴支出对中国中部、东部地区的影响效应均为负面，对相邻地区的激励作用则呈正向推动作用，而西部地区政府间接补贴支出增加既有利于本地区制造业绿色效率提升，又促进相邻地区制造业绿色效率提升。这可能因为中国东部由于区位优势和经济发展优势，居民消费结构层次相对较高，地方制造业绿色效率水平的提升更多是源于市场机制作用的结果，而西部地区市场化程度较低，生产资源要素配置市场作用空间相对有限，西部地区的制造业产业结构转型调整，更多地依赖地方政府产业政策干预引导。

表 6－14　　地方政府间接补贴与制造业绿色效率区域异质性的空间激励效应估计结果

gtfp	东部	中部	西部
sub2	－0.0583*** (－5.52)	－0.000913* (－1.89)	0.106*** (4.12)
controls	yes	yes	yes
wsub2	0.0083*** (4.03)	0.0056 (0.09)	0.006*** (4.12)
wcontrols	yes	yes	yes
ρ	0.006** (2.39)	0.007*** (2.79)	0.003*** (3.09)
Sigma2	0.0214*** (17.05)	0.0176*** (14.99)	0.0211*** (16.77)
N	110	99	121

注：*、** 和 *** 分别表示 10%、5%、1% 的显著性水平。

6.4.4.2　清洁化转型空间区域异质性估计结果分析

表 6－15 显示了地方政府补贴规模与制造业清洁化转型区域空间计量回归估计结果。结果显示空间相关回归系数均显著为正值，表明中国各区域制造业清洁化与相邻地区制造业清洁化转型之间均存在正向的空间依赖关系。从表 6－15 可以看出，地方政府补贴规模激励制造业清洁化转型具有明显的区域空间效应异质性特征，东部地区地方政府补贴规模对制造业清洁化转型本地区和相邻地区激励系数分别为－0.0259、0.0301，并均通过 1% 显著性水平检验，即东部地区地方政府补贴规模的扩张不利于本地区制造业清洁化转型，但却促进相邻地区制造业清洁化转型，东部地区地方政府补贴对周边地区制造业清洁化转型具有正向空间溢出效应。中部地区本地区和相邻回归估计系数均不显著，即地方政府补贴的影响具有不确定性，说明在推动制造业清洁化转型过程中，中部地区地方政府补贴规模在空间上并不具有溢出效应。西部地区地方政府补贴显著推动本地区制造业清洁化转型，但对相邻地区影响为负面。

表 6-15　　地方政府补贴规模与制造业清洁化转型区域异质性的空间激励效应估计结果

clean	东部	中部	西部
sub	-0.0259*** (-4.92)	-0.0176 (-0.80)	0.0393** (2.31)
controls	yes	yes	yes
wsub	0.0301*** (3.92)	0.00706 (1.01)	-0.00803* (-1.75)
wcontrols	yes	yes	yes
ρ	0.051* (1.90)	0.192*** (2.68)	0.053*** (3.79)
Sigma2	0.0108*** (11.05)	0.0171*** (13.36)	0.0256*** (15.77)
N	120	108	132

注：*、**和***分别表示10%、5%、1%的显著性水平。

表6-16显示了地方政府直接补贴与制造业清洁化转型区域空间计量回归估计结果。结果显示空间相关回归系数均显著为正值，表明中国各区域制造业清洁化与相邻地区制造业清洁化转型之间均存在正向的空间依赖关系。从表6-16可以看出，地方政府直接补贴激励制造业清洁化转型同样具有明显的区域空间效应异质性特征，地方政府直接补贴在东部、中部、西部地区激励作用弹性系数分别为-0.0178、0.0107、0.0727，并均通过统计显著性水平检验，也就是说在中国中部、西部地区，地方直接补贴的增加有助于促进本地区制造业清洁化转型，但在东部地区却起阻碍作用。从回归的空间滞后项来看，政府直接补贴在中国东部、中部、西部地区的影响系数均为正，但均不显著，也就是说地方政府直接补贴对制造业清洁化在东部、中部、西部空间区域上并不具有明显的空间溢出效应。

表 6-16　　地方政府直接补贴与制造业清洁化转型区域异质性的空间激励效应估计结果

clean	东部	中部	西部
sub1	-0.0178*** (-2.95)	0.0107*** (3.88)	0.0727** (2.27)

续表

clean	东部	中部	西部
controls	yes	yes	yes
wsub1	0.0178 (0.95)	0.0103 (0.88)	0.0607 (0.25)
wcontrols	yes	yes	yes
ρ	0.065 ** (2.19)	0.079 *** (2.79)	0.083 *** (3.09)
Sigma2	0.0121 *** (17.75)	0.0211 *** (16.19)	0.0103 *** (17.87)
N	120	108	132

注：*、** 和 *** 分别表示 10%、5%、1% 的显著性水平。

表 6－17 显示了地方政府间接补贴与制造业清洁化转型区域空间计量回归估计结果。结果显示空间相关回归系数均显著为正值，表明中国各区域间制造业清洁化转型存在正向的空间依赖关系。从表 6－17 可知，地方政府间接补贴激励制造业清洁化转型的区域异质性效果可以看出，地方政府间接补贴激励制造业清洁化转型同样具有明显的区域空间效应异质性。中国东部、中部、西部地区政府间接补贴的影响系数分别为－0.0913、0.0418、0.614，但只有西部地区的影响系数通过统计显著性水平检验，说明只有西部地区地方政府间接补贴支出对促进本地区制造业清洁化转型。从回归结果的空间滞后项看，空间滞后项的激励作用弹性系数均为正值，但只有东部地区通过统计显著性检验，说明中部、西部地区政府间接补贴对制造业清洁化转型在空间上不存在显著溢出效应，而东部地区间接补贴对周边地区制造业清洁化转型具有显著的正向空间溢出效应。

表 6－17　地方政府间接补贴与制造业清洁化转型区域异质性的空间激励效应估计结果

clean	东部	中部	西部
sub2	－0.0913 (－0.09)	0.0418 (0.74)	0.614 *** (3.12)
controls	yes	yes	yes

续表

clean	东部	中部	西部
wsub2	0.0503 ** (1.99)	0.00306 (0.54)	0.00514 (0.75)
wcontrols	yes	yes	yes
ρ	0.065 ** (2.19)	0.079 *** (2.79)	0.083 *** (3.09)
Sigma2	0.0114 *** (16.99)	0.0103 *** (14.78)	0.0119 *** (16.45)
N	120	108	132

注：*、** 和 *** 分别表示 10%、5%、1% 的显著性水平。

6.4.4.3 高级化转型空间区域异质性估计结果分析

表 6－18 显示了地方政府补贴规模与制造业高级化转型区域异质性的空间计量估计结果。估计结果显示，所有回归方程空间相关回归系数均显著为正值，表明制造业高级化转型受到相邻地区制造业高级化转型的正向影响。从表 6－18 可知，地方政府补贴规模对制造业高级化转型的影响空间效应存在明显的地区差异。东部地区地方政府补贴规模对当地和相邻地区制造业高级化转型影响系数分别为－0.049、0.0901，且均通过统计显著性水平检验，也就是说东部地区政府补贴规模的增加抑制本地制造业高级化转型，却促进周边地区制造业高级化转型，东部地区地方政府补贴规模对制造业高级化转型的激励作用具有显著正向空间溢出效应。中部地区地方政府补贴规模对本地制造业高级化转型影响呈负面，对邻近地区影响具有不确定性，也就是说中部地区地方补贴规模对制造业高级化转型在空间上不具有明显的溢出效应。而西部地区地方政府补贴对本地及近邻地区制造业高级化转型的激励作用系数为 0.106、0.0101，但只有本地效应通过统计显著性检验，说明西部地区政府补贴规模扩张促进本地制造业高级化转型，对相邻地区空间溢出效应具有不确定性。

表 6 - 18　　地方政府补贴规模与制造业高级化转型区域异质性的空间激励效应估计结果

advance	东部	中部	西部
sub	-0. 049 *** (-3. 24)	-0. 0703 * (-1. 73)	0. 106 ** (1. 99)
controls	yes	yes	yes
wsub	0. 0901 ** (2. 24)	0. 0202 (0. 53)	0. 0101 (0. 76)
wcontrols	yes	yes	yes
ρ	0. 0305 *** (3. 22)	0. 0303 *** (3. 08)	0. 0201 *** (6. 65)
Sigma2	0. 0202 *** (16. 05)	0. 0158 *** (12. 86)	0. 0209 *** (14. 87)
N	120	108	132

注：*、** 和 *** 分别表示 10%、5%、1% 的显著性水平。

表 6 - 19 显示了地方政府直接补贴与制造业高级化转型区域异质性的空间计量回归结果。其结果显示，东部、中部、西部地区的回归方程空间相关回归系数均显著为正值，表明制造业高级化转型受到相邻地区制造业高级化转型的正向影响。从表 6 - 19 可知，地方政府直接补贴对制造业高级化转型的影响空间效应存在明显的地区差异。中东部地区地方政府直接补贴的增加显然抑制本地制造业高级化转型，但却对相邻地区制造业高级化转型的影响呈积极正向空间溢出效应。而西部地区直接补贴对本地和相邻制造业高级化转型的影响显著为正，系数分别为 0. 158、0. 0108，也就是说西部地区地方政府直接补贴扩张促进本地区和相邻地区制造业高级化转型具有显著正向空间溢出激励效应。

表 6 - 19　　地方政府直接补贴与制造业高级化转型区域异质性的空间激励效应估计结果

advance	东部	中部	西部
sub1	-0. 0761 ** (-2. 34)	-0. 0833 *** - (4. 95)	0. 158 ** (2. 08)
controls	yes	yes	yes

续表

advance	东部	中部	西部
wsub1	0.00601 ** (6.39)	0.0323 *** (4.67)	0.0108 * (1.90)
wcontrols			
ρ	0.0302 ** (2.29)	0.00901 *** (3.99)	0.00103 *** (4.27)
Sigma2	0.0116 *** (16.65)	0.0181 *** (15.89)	0.0106 ** (16.66)
N	120	108	132

注：*、** 和 *** 分别表示 10%、5%、1% 的显著性水平。

表 6－20 显示了地方政府间接补贴与制造业高级化转型区域异质性的空间计量回归结果。其结果显示，东部、中部、西部地区的回归方程空间自相关回归系数均显著为正值，表明制造业高级化转型受到相邻地区制造业高级化转型的正向影响。从表 6－20 可知，地方政府间接补贴对制造业高级化转型的激励空间效应同样存在明显区域异质性。地方政府间接补贴对东部、中部、西部地区制造业高级化转型的影响系数分别为－0.106、－0.258 和 0.682，且均通过了统计显著性水平检验，可以看出东部、中部地区地方政府间接补贴的增加抑制了本区域制造业高级化转型，但在西部地区地方政府间接补贴却对本区域制造业高级化转型起正向激励作用。从空间滞后项看，地方政府间接补贴对相邻地区制造业高级化转型的影响系数只有东部地区通过统计显著性水平检验，也就是说在中部、西部地区地方间接补贴对制造业高级化转型在空间溢出效应具有不确定性，仅东部地区间接补贴的激励作用具有显著正向空间溢出效应。

表 6－20　地方政府间接补贴与制造业高级化转型区域异质性的空间激励效应估计结果

advance	东部	中部	西部
sub2	－0.106 *** (－4.12)	－0.258 *** (－3.47)	0.682 *** (3.64)
controls	yes	yes	yes

续表

advance	东部	中部	西部
wsub2	0.102*** (3.12)	-0.206 (-0.77)	-0.0222 (-0.74)
wcontrols	yes	yes	yes
ρ	0.00105** (2.02)	0.000711*** (3.34)	0.000304*** (5.76)
Sigma2	0.0109*** (15.79)	0.0112*** (13.97)	0.0108*** (15.55)
N	120	108	132

注：*、** 和 *** 分别表示10%、5%、1%的显著性水平。

综上所述，制造业绿色转型在省际空间上表现出明显的空间聚集性特征。无论是制造业绿色效率还是制造业清洁化和高级化转型，均存在正向的空间依赖关系，地方政府补贴规模、直接补贴和间接补贴激励作用的空间效应具有明显区域异质性特征，即地方政府补贴规模、直接补贴和间接补贴对制造业绿色转型激励的空间效应在中国不同空间区域上是非均等的，存在显著的空间区域异质性特征，研究假设6-2成立。对西部地区政府补贴规模、直接补贴和间接的扩张有助力于推动本地区制造业绿色转型，对于东部地区政府补贴规模、直接补贴和间接补贴规模扩张更多表现是有利于促进周边地区制造业绿色转型的空间正向溢出效应，整体上呈现出“高—高”和“低—低”典型“高地”与“洼地”激励效应的区域空间关联性特征。这可能是因为在中国东部地区制造业面临激烈的国际化竞争，市场化程度相对较高，制造业绿色转型更多取决于营商环境，故其自身对政府补贴政策敏感性不高，但却能有效带动周边地区制造业绿色转型。而西部地区制造业发展相对落后，大部分制造业处在全国价值链的低端，整体盈利能力差，缺乏转型升级技术改造资金，而且西部地区市场化程度相对较低，生产资源要素配置市场机制发挥作用空间有限，西部地区的制造业产业结构转型调整更多地依赖地方政府产业政策的干预。

6.4.5 稳健性检验

采用空间 GMM 进行稳健性检验。一方面，考虑地方政府补贴规模、直接补贴和间接补贴与制造业绿色转型之间可能存在遗漏变量造成内生性偏误。另一方面，考虑制造业绿色转型空间维度的邻近性和时间维度的动态性。因此，选取动态空间面板有效解决内生性和空间相关性问题进行稳健性检验。从表 6 - 21 ~ 表 6 - 23 可以看出，所有模型回归空间相关回归系数 ρ 均通过至少 5% 显著性统计检验，而且仍然为显著正相关关系。首先，地方政府补贴规模、直接补贴和间接补贴对本地区制造业绿色效率激励作用回归系数依然显著为正，对周边地区制造业绿色效率同样呈正向的推动作用。地方政府补贴规模、直接补贴和间接补贴对本地制造业清洁化转型的影响同样为显著积极促进作用，只有地方间接补贴对近邻地区制造业清洁化转型影响为负，依然不显著。其次，制造业高级化转型中本地空间效应地方政府补贴规模、直接补贴和间接补贴的影响系数仍然显著为正，空间滞后项显示对相邻地区空间溢出效应间接补贴的影响依然是负面。除回归系数和显著性程度略有改变外，地方政府补贴规模、直接补贴和间接补贴所有模型的空间激励效应显著性和相关关系没有发生实质性变化，仍然与原固定效应 SDM 回归基本相一致，因此有理由相信空间杜宾模型（SDM）回归的结果稳健且可靠。

表 6 - 21　地方政府补贴规模、直接补贴和间接补贴与制造业绿色效率的空间 GMM 估计结果

gtfp	(1) 地方政府补贴规模	(2) 直接补贴	(3) 间接补贴
L. gtfp	-0. 0404 (-0. 22)	-0. 106 (-1. 54)	-0. 95 *** (-2. 80)
sub	0. 139 *** (4. 42)	—	—
sub1	—	0. 119 *** (3. 77)	—

续表

gtfp	(1) 地方政府补贴规模	(2) 直接补贴	(3) 间接补贴
sub2	—	—	0. 351 *** (5. 69)
controls	yes	yes	yes
wsub	0. 219 *** (3. 42)	—	—
wsub1	—	0. 0308 * (1. 77)	—
wsub2	—	—	0. 401 ** (2. 09)
wcontrols	yes	yes	yes
ρ	0. 055 ** (2. 09)	0. 068 *** (2. 99)	0. 073 *** (3. 86)
Sigma2	0. 0244 *** (11. 57)	0. 0276 *** (9. 59)	0. 0281 *** (12. 08)

注：*、** 和 *** 分别表示 10%、5%、1% 的显著性水平。

表 6－22　　地方政府补贴规模、直接补贴和间接补贴与制造业清洁化转型的空间 GMM 估计结果

clean	(1) 地方政府补贴规模	(2) 直接补贴	(3) 间接补贴
L. clean	1. 398 *** (5. 38)	1. 401 *** (3. 58)	1. 376 *** (4. 76)
sub	0. 118 ** (1. 98)	—	—
sub1	—	0. 899 *** (4. 53)	—
sub2	—	—	0. 913 * (1. 78)
controls	yes	yes	yes
wsub	0. 0408 (1. 08)	—	—

续表

clean	(1) 地方政府补贴规模	(2) 直接补贴	(3) 间接补贴
wsub1	—	0. 0599 (0. 53)	—
wsub2	—	—	-0. 0212 (-0. 98)
wcontrols	yes	yes	yes
ρ	0. 035 ** (2. 19)	0. 089 *** (4. 06)	0. 103 *** (3. 09)
Sigma2	0. 0108 *** (13. 68)	0. 0116 *** (15. 77)	0. 0128 *** (11. 56)

注：*、** 和 *** 分别表示 10%、5%、1% 的显著性水平。

表 6-23　　地方政府补贴规模、直接补贴和间接补贴与制造业高级化转型的空间 GMM 估计结果

advance	(1) 地方政府补贴规模	(2) 直接补贴	(3) 间接补贴
L. advance	0. 785 *** (6. 19)	0. 788 *** (5. 60)	0. 779 *** (5. 47)
sub	0. 649 *** (3. 95)	—	—
sub1	—	1. 049 *** (4. 52)	—
sub2	—	—	1. 283 ** (2. 05)
controls	yes	yes	yes
wsub	0. 041 *** (2. 95)	—	—
wsub1	—	0. 041 ** (2. 02)	—
wsub2	—	—	-0. 0208 (-1. 55)
wcontrols	yes	yes	yes

续表

advance	(1) 地方政府补贴规模	(2) 直接补贴	(3) 间接补贴
ρ	0. 045 ** (3. 19)	0. 079 *** (7. 79)	0. 803 *** (4. 09)
Sigma2	0. 0121 *** 9. 06	0. 0101 *** (9. 67)	0. 0181 *** (10. 01)

注：*、** 和 *** 分别表示 10%、5%、1% 的显著性水平。

6.5　本章小结

本章从空间关联视角再审视地方政府补贴对制造业绿色转型的激励效应。基于 2009 ~2019 年中国除西藏和中国港澳台地区以外 30 个省级面板数据为样本，运用空间杜宾模型（SDM）系统考察地方政府补贴对制造业绿色转型的空间激励效应。研究结果表明，地方政府补贴规模、直接补贴和间接补贴对制造业绿色转型激励作用具有显著空间溢出效应，而且“普惠式”税收优惠间接补贴的激励空间总效应明显高于“竞争式”直接补贴。进一步从空间不同区域研究发现地方政府补贴对制造业绿色转型激励的空间效应在中国不同空间区域上是非均等的，整体上呈现出“高—高”和“低—低”典型“高地”与“洼地”激励效应的空间关联性特征。

（1）基准空间激励效应回归估计结果。基准空间面板回归结果显示所有回归方程空间自相关系数均显著为正，即中国省域间制造业绿色转型具有显著正向空间依赖效应和空间聚集效应，本地区制造业绿色转型受到周边地区制造业绿色转型的正向影响。地方政府补贴规模、直接补贴和间接补贴对制造业绿色效率、清洁化转型和高级化转型的估计系数均为正数，即地方政府补贴规模、直接补贴和间接补贴对制造业绿色转型都能产生正向激励效应。从回归结果的空间滞后项看，地方政府补贴规模、直接补贴和间接补贴对周边地区制造业绿色效率水平的提升具有显著正向空间溢出效应，而对周边地区制造业清洁化转型激励作用在空间上并不具有明显的溢出效应。地方政府补贴和直接补贴对周边地区制造业高级化转型具有显著正向空间溢出效应，而地方间接补贴对周边地区制造业高级化转型的激励作用却是负面的，但负向空间外溢效应并不显著。

（2）空间激励效应分解项回归估计结果。地方政府补贴规模、直接补贴和间接补贴对制造业绿色效率、清洁化转型和高级化转型的直接效应均显著为正，即地区政府补贴规模、直接补贴和间接补贴的扩张有助于促进本地区制造业绿色转型。地方政府补贴规模、直接补贴对制造业绿色效率、清洁化和高级化转型间接效应显著为正，而地方政府间接补贴对制造业绿色效率、清洁化和高级化转型的间接激励效应的回归估计系数均显著为负，说明地方政府补贴规模、直接补贴对周边地区制造业绿色转型具有正向的空间溢出效应，而地方政府间接补贴的税收优惠对周边省份制造业绿色转型激励是负面的。地方政府补贴规模、直接补贴和间接补贴的总效应均显著为正，但“普惠式”税收优惠间接补贴空间激励的总效应明显高于“竞争式”直接补贴。

（3）空间激励效应区域异质性回归估计结果。地方政府补贴规模、直接补贴与间接补贴对区域制造业产业结构绿色转型的空间激励作用具有显著的区域异质性特征。在中国西部地区无论地方政府补贴规模、直接补贴还是间接补贴适度的扩张均有助力于推动本地区制造业绿色效率提升，促进制造业清洁化和高级化转型，而在中国东部地区的地方政府补贴规模、直接补贴和间接补贴支出的扩张更多地有利于激励周边地区制造产业结构绿色转型。地方政府补贴规模、直接补贴和间接补贴对区域制造业绿色转型激励效应存在显著的空间依赖性，在整体上呈现出“高—高”和“低—低”典型“高地”与“洼地”激励效应的空间关联性特征。

第7章

地方政府补贴激励制造业绿色转型效应：基于门槛效应视角

7.1 问题提出

制造业绿色转型作为中国经济结构优化的主要内容，对中国经济结构转型具有基础性作用，也是中国经济持续健康高质量发展的重要保障。在过去的40多年里，中国经济以投资拉动为主的粗放式发展模式，带来环境污染、产业结构严重失衡等问题。在当前欧美发达国家再工业化“纵向压榨”与发展中国家低成本“横向挤兑”双重压力的背景下，中国制造业迫切需要从传统依赖自然资源、廉价劳动力要素投入为主转向依靠科技创新驱动为主的发展方式转变（王昀和孙晓华，2017）。党的“十三五”“十四五”规划把“促进制造产业高质量发展”提升到国家发展战略的高度，并提出《中国制造2025》发展战略。政府补贴作为国家宏观调控的最重要的产业政策工具，长期以来扮演着“扶持之手”的关键角色。在“新常态”地方财政压力不断加剧，中国制造业转型调整的关键时期，地方政府如何有效运用补贴政策工具激励辖区内制造业绿色转型，助推中国制造业高质量发展成为亟待解决的关键问题。

中国地方政府为了激励制造业高质量可持续发展，谋求辖区内制造业发展向绿色集约型方式转变，对符合政府产业政策规定资质或要求的制造企业予以大量财政扶持资助。然而，由于中国是一个地区资源禀赋、区位条件和地方政府支出偏好存在巨大差异的国家，其各区域经济发展水平和政府治理能力也有所不同，而且在中国特殊制度背景下，过度补贴还会强化微观制造企业“寻补贴”动机（余明桂等，2016）。制造业绿色转型政府补贴政策的激励效果并不仅取决于地方政府补贴产业政策本身，还受到制造业绿色转型是否与特定经济发展水平和其内生决定的地方政府治理能力相适应。而且政府补贴资助激励往往是把“双刃剑”，支撑作用有效发挥关键在于补贴激励的“适度性”，这意味着地方政府补贴激励制造业绿色转型的支出范围中可能存在着最优的“适度区间”。为此，本章以地方政府补贴对制造业绿色转型的非线性激励为切入点，以政府补贴、经济发展水平和政府治理能力作为门槛变量，识别并测度地方政府补贴对制造业绿色转型的补贴适度边界，以及经济发展和政府治理能力调节作用的门槛阈值，为地方政府补贴产业政策制定调整提供实证依据。

7.2 研究假设

一方面，制造业绿色转型需要先进技术和设备支撑，因而需要投入大量转型资金。地方政府补贴资助有助于降低制造企业转型技术创新成本和风险，激励制造企业增加转型研发投资，从而促进制造业整体技术进步，实现制造产品质量提升（Duhautois，2015；王昀和孙晓华，2017）。获得地方政府补贴的制造企业，预算约束得以放松，能够增加绿色转型研发创新投资和设备更新改造投资，提升企业劳动生产率，最终增加区域先进制造产品总产出量，而不符合地区产业政策未得到地方政府补贴的制造企业产出水平则会相对下降。不同制造企业间产品总量份额的相对变化反映到制造业产业层面上，表现为制造业产业结构转型变迁（胡小梅，2016）。张同斌和高铁梅（2012）研究发现政府直接财政补贴和税收优惠政策促进高新技术产业附加值的增加和高新技术产业内部结构的优化。王等（Wang et al.，2020）研究发现政府补贴向外部投资者传递符合产业政策制造企业积极发展的信号，在一定程度降低了外部投资者风险感知，能够增加外部

融资进而缓解企业融资压力，而且政府补贴还可以在一定程度上解决由于外部性所导致的企业转型研发创新投资不足的问题，增加企业转型投资的边际收益，使得区域制造业转型科技创新水平达到最优规模，最终提升了整个地区高技术产出水平。王红建等（2015）研究发现地方政府定向创新研发补贴规模扩张可以促进制造企业改善生产工艺，减少原材料等生产要素投入以及能源消耗，降低制造业生产过程污染物排放，最终促进制造产业结构清洁化转型。

另一方面，在中国财政分权制度背景下，地方政府对辖区内的财政支出具有较大的自由支配权和土地等生产要素的定价权。制造企业出于获取政府补贴目的，会选择与地方政府或地方官员建立寻租关系，并产生与地方政府补贴额度成比例的寻租成本（余明桂等，2016；卢现祥和尹玉婷，2018；曲红宝，2018）。穆尔曼和德马埃森艾勒（Meuleman & De Maeseneire，2012）理论研究发现，地方政府官员采用政府补贴方式向企业提供扶持资助可能是建立在政府官员与企业家贿赂与寻租关系上，即地方官员出于政治目的向企业寻租，与此同时地方官员向企业提供补贴予以回馈。地方政府补贴资助收入越高，企业进行“寻补贴”动机就越强，在寻租行为过程中企业会产生昂贵非生产性寻租成本而挤出实体投资，进而抑制企业转型升级（白霄等，2019）。余明桂等（2016）、卢现祥和尹玉婷（2018）研究政府财政补贴有效性时发现，由于官员与企业家之间的双向贿赂与寻租行为，导致政治腐败使建立政治关联的民营上市企业获得更多的政府补贴资源，但这种扭曲政府财政补贴资源对民营企业成长性和经营绩效并没有发挥正向的激励作用，甚至降低民营上市企业转型研发创新投资效率。邵敏和包群（2011）基于中国工业企业数据研究发现，地方政府研发创新补贴效果与政府补贴资助强度密切相关。毛其淋和许家云（2015）指出地方政府适度补贴规模能够取得不错的效果，而高额地方政府补贴规模反而阻碍企业的研发创新，抑制企业转型升级。而且地方政府过度补贴还会导致生产资源要素价格扭曲，虚涨转型升级的创新成本，拔高制造业转型门槛，使得未达到转型门槛的制造企业退出转型行为（袁航和朱承亮，2020）。由此可见，地方政府补贴规模、直接补贴和间接补贴能不能激励制造业绿色转型可能存在补贴的适度边界，当地方政府补贴规模、直接补贴和间接补贴支出范围小于或大于适度区间时，均不能有效激励制造业绿色转型，仅当地方政府资助制造业的补贴规模、直接补贴和间接补贴处于“适度区间”范围内，地方政府补贴产业政策才能最佳发挥激励制造业绿色转型的促进效应。综合上述分析，提出如下研究假设：

假设 7 - 1：地方政府补贴能否激励制造业绿色转型与补贴支出区间范围有关，适度的地方政府补贴规模、直接补贴和间接补贴支出能够有效激励制造业绿色转型，而高额度地方政府补贴可能会阻碍制造业绿色转型，即地方政府补贴规模、直接补贴和间接补贴支出范围存在“适度区间”。

基于斯波特的经济发展理论认为，一个区域产业发展可分为要素、投资、创新和财富驱动四个不同发展阶段，在经济发展处于不同阶段，生产资源要素配置不同。随着中国地区经济发展，资源与生态环境约束凸显，制造业产业结构转型面临迫切需要从要素、投资驱动转向创新与财富驱动，政府补贴政策成为制造业产业结构转型调整的关键推手。然而，一个地区制造业产业结构转型政府激励机制的发挥，不仅需要地方政府适当财政支持，还需要有经济基础与之匹配。当地区经济发展落后，其基础设施、劳动力素质、金融环境等方面存在明显缺陷，有可能会限制地方政府补贴的制造业产业结构转型激励作用的发挥。随着地区经济发展居民收入水平的提高，其消费结构会发生相应变化，消费结构的变化会加速制造业产业结构转型。依据恩格尔定律，随着居民收入的增加，满足基本生存消费需求支出比例下降，多样化与高级化的消费需求逐渐凸显，因而催生了对高端制造产品服务的消费需求，助推制造业产业结构转型（张翠菊和张宗益，2016）。王文和孙早（2015）运用两部门模型研究发现，随着中国人均收入水平的提高，中国家庭对耐用消费品逐渐被高质量服务消费品替代，促进制造业专业化分工，倒逼制造业产业结构向高端化转型。虽然地方政府补贴对制造转型的影响随地区经济发展水平的提高而形成良好积极效应是一个普遍现象，但是已有部分文献研究发现，地方政府补贴对于不同经济发展水平的地区制造业转型影响存在显著异质性（胡小梅，2016；李小奕，2021）。胡小梅（2016）基于中国省际面板数据考察财税政策对产业转型升级的影响时，发现在经济发展水平较低阶段，地方政府财政补贴支出增加有助于促进产业结构转型升级，而当人均实际 GDP 超过 4865.866 元

后，政府财政补贴支出的增加开始抑制产业结构高级化转型。由于中国地区间的经济发展水平不同，导致区域基础设施、政府补贴政策与环境规制强度存在显著差异，使得区域制造业绿色转型的技术创新能力也产生不同。在东部经济发达地区制造业转型已从要素推动转为创新驱动阶段，而西部经济欠发达地区的制造业转型却仍需要适当提高要素资源投入来促进制造产业结构转型调整。因此，提出如下研究假设：

假设7-2：在中国特殊的制度环境下，地区经济发展水平对地方政府补贴规模、直接补贴和间接补贴与制造业绿色转型之间存在结构突变的门槛调节效应。

中国地方政府存在天然介入经济运行的动机与能力，在推动经济转型中发挥着关键性作用（秦黎和章文光，2018）。林毅夫（2014）认为一个有为政府应会通过完善硬、软件公共基础设施，激励制造企业选择比较优势的产业，促进制造业产业结构性突变。而且地方政府治理水平还会有效影响微观主体交易成本，从而对制造企业转型升级产生作用（柳光强等，2015）。唐鹏飞（2017）研究发现地方政府治理能力与企业迁移呈正相关关系，较高地方政府治理能力有助于促进制造业产业聚集，推动地区制造业转型升级。臧雷振（2019）基于全球制造业面板数据，研究发现较高政府治理能力能显著提升地方财政支出效率，促进地区创新能力提升，推动辖区科技进步，最终有助于区域制造出口产品质量提升。阿吉翁（Aghion P.，2015）研究指出地方政府治理能力会对一国经济发展产生深远的影响，作为市场经济活动重要参与者的地方政府，其良好的公共治理能力有利于提升地方政府补贴支出效率，将直接或间接影响区域制造业绿色转型的进程。由于中国区域间地方政府治理能力存在着较大差异，导致区域政府补贴支出规模、方式与强度也有所不同。制造业绿色转型并不仅取决于地方政府补贴产业政策本身，还受到制造业绿色转型是否与其内生决定的地方政府治理能力相适应（李小奕，2021）。由于中国不同地区经济发展水平和制度环境的差异，政府治理能力与产业转型的关系也不同，并非地方政府治理能力水平越高越有助于产业结构转型变迁，关键在于要就地区治理所处阶段而实施相应的治理策略（陈诗一和陈登科，2018）。杨萍等（2020）考察地方政府治理能力对政府补贴政策与区域协调发展关系调节效应时发现，由于地方政府目标与国家主体功能定位差异，地方政府治理能力并未能在政府补贴与区域产业发展间产生积极的间接调节效应。毛其淋和许家云（2015）研究发现政府补贴与区域研发创新之间存在政府治理能力结构突变门槛效应。由此可见，地方政府治理能力对政府补贴政策的制造业绿色转型的激励作用可能存在结构突变门槛调节效应。为了探究地方政府创新补贴政策对制造业绿色转型的激励效应，在政府治理约束的视角下，提出如下研究假设：

假设7-3：在中国特殊的制度背景下，政府治理能力对地方政府补贴规模、直接补贴和间接补贴与制造业绿色转型之间具有结构突变的门槛调节效应。

7.3 门槛模型构建、变量定义、数据来源和描述性统计

7.3.1 门槛计量模型构建

由于中国是一个地区资源禀赋、经济发展水平和地方政府支出偏好存在巨大差异的国家，其各区域经济发展和政府治理能力也有所不同。地方政府补贴对制造业绿色转型激励效果不仅取决于政府补贴政策本身，还受到制造业绿色转型是否与特定经济发展水平和其内生决定的地方政府治理能力相适应。面板线性效应模型回归方法只能识别地方政府补贴与制造业绿色转型因果关系，却无法识别其背后的内在经济机理。因此，尝试借鉴李小奕和谢舜（2019）、毛其淋和许家云（2015）面板门槛模型，考察地方政府补贴的“适度区间”，以及探究在不同经济发展水平和政府治理能力条件下地方政府补贴对制造业绿色转型影响机理。门槛回归模型设置如下：

$$
\begin{aligned}
upgrading_{it} = {} & \alpha_1 subsity_{it}.\ I(subsity < \gamma_1) + \alpha_2 subsity_{it}.\ I(\gamma_1 \leqslant subsity < \\
& \gamma_2) + \cdots + \alpha_n subsity_{it}.\ I(subsity > \gamma_n) + \sum \beta controls_{it}
\end{aligned}
$$

$$+ region_i + year_t + \varepsilon_{it} \quad (7-1)$$

$$upgrading_{it} = \alpha_1 subsity_{it}. I(pgdp < \gamma_1) + \alpha_2 subsity_{it}. I(\gamma_1 \leqslant pgdp < \gamma_2) + \cdots + \alpha_n subsity_{it}. I(pgdp > \gamma_n) + \sum \beta controls_{it} + region_i + year_t + \varepsilon_{it} \quad (7-2)$$

$$upgrading_{it} = \alpha_1 subsity_{it}. I(ability < \gamma_1) + \alpha_2 subsity_{it}. I(\gamma_1 \leqslant ability < \gamma_2) + \cdots + \alpha_n subsity_{it}. I(ability > \gamma_n) + \sum \beta controls_{it} + region_i + year_t + \varepsilon_{it} \quad (7-3)$$

其中，upgrading 表示地区制造业绿色转型水平，包括制造业绿色效率（gtfp）、清洁化转型（clean）与高级化转型（advance）；subsidy 表示地方政府补贴，包括补贴规模（sub）、直接补贴（sub1）与间接补贴（sub2）；门槛效应变量分别为地方政府补贴（subsity）、地区为经济发展水平(pgdp）和地方政府治理能力（ability）；I（.）为示性函数；controls 为控制变量组，包括经济发展水平（pgdp）、对外开放程度（open）、环境规制（genv）、地区资源禀赋（resource）、人力资本（education）、制造业企业规模（scale）和地区资本存量（capital）。region 为地区固定效应，year 表示年度固定效应，ε 为随机误差项。

7.3.2　变量定义与测度

1. 被解释变量：制造业绿色转型

（1）制造业绿色效率（gtfp）。制造业绿色效率提高意味着劳动生产率、能源使用效率、工业污染预防以及治理效率均得到提升，实现了资源节约和环境友好的发展模式。借鉴胡安军（2019）、范（Fan M.，2015）和雷玉桃（2020）等的设计思路，制造业绿色效率指标使用 DDF-DEA 模型测算的规模以上制造业绿色全要素生产率来替代。

（2）制造业清洁化转型（clean）。制造业清洁化转型是指提高了具有清洁型特征的制造业行业比重，降低高能耗、高污染型制造业行业的比重，最终达到整个制造业污染排放物减少的过程（王勇和刘厚莲，2015）。参考原毅军和陈喆（2019）、童健等（2016）的做法，采用规模以上清洁型制造业行业工业总产值与污染密集型制造业行业工业总产值之比来测量制造业清洁化转型。

(3) 制造业高级化转型 (advance)。制造业高级化转型意味着地区制造业向着高技术、高附加值的绿色产业方向转变。高新技术制造产业具有环境友好和处于价值链中高端的特点，高新技术制造业比重的提升是地区制造业高质量发展的重要体现。借鉴肖兴志和李少林 (2013)、雷玉桃 (2020) 的做法，使用地区规模以上高新技术制造业工业总产值占地区制造业工业总产值的比重作为衡量地区制造业高级化转型指标。

2. 解释变量

(1) 地方政府补贴规模 (sub)。地方政府补贴包括地方直接财政补贴、税收优惠和政府购买等。为了衡量地方政府激励制造业绿色转型程度，借鉴袁航和朱承亮 (2020)、杨得前和刘仁济 (2017) 的处理方法，采用规模以上制造企业科技经费来自地方政府财政补贴资金和间接补贴的税收优惠之和作为衡量地方政府补贴支出规模的替代指标。

(2) 地方政府直接补贴 (sub1)。地方政府直接补贴是指地方政府对制造业财政资金直接投入、政府购买和政府贷款贴息等给予制造业直接补贴资助方式。由于政府购买、贷款贴息数据难以获得，借鉴袁航和朱承亮 (2020)、杨得前和刘仁济 (2017) 的处理方法，地方政府直接补贴以《工业企业科技活动统计年鉴》中“制造业企业科技经费中源于政府资助资金”来衡量。

(3) 地方政府间接补贴 (sub2)。地方政府间接补贴方式是指地方政府采用税收优惠、税收支出等方式，以降低辖区内制造业转型的成本与风险，从而促进区域制造业转型的行为。由于地方政府间接补贴形式多样且不易量化，借鉴国际上普遍认可的“1 - B 指数”同“制造企业科技经费支出”的乘积作为地方政府间接补贴衡量指标。B 指数的计算公式：$B = (1 - vt)/(1 - t)$，其中，t 为制造业所得税率，v 为制造业加权平均的税前扣除率。

3. 控制变量

借鉴李小奕和谢舜 (2019)、范 (Fan M., 2015) 的做法，采用系列控制变量。

(1) 自然资源禀赋 (resource)。自然资源丰富的地区通常面临更为严

重的资源和环境问题，中国制造业绿色转型可能在一定程度面临“自然资源诅咒”的问题（邓明，2020）。国内尚缺乏对各地区资源储量的统计资料，邓明（2020）采用代表性能源工业的人均总产值来度量地区自然资源禀赋。然而，自然资源禀赋更多是居于地理空间维度而非人口密度维度，因此参照唐鹏飞（2017）用各地区平均土地面积上黑色、有色金属矿采选业、煤炭、石油和天然气四个不可再生自然资源的工业总产值自然对数作为地区自然资源禀赋的衡量指标。

（2）资本存量（capital）。资本是推动制造业转型升级的最重要因素之一，中国制造业成长表现出显著资本驱动特点。现在研究文献对地区资本存量计算方法主要有直接调研法和永续盘存法。参照唐鹏飞（2017）采用永续盘存法（PIM）计算地区资本存量 $k_{i,t}=k_{i,t-1}(1-\delta_{i,t})+I_{i,t}$，再根据 $k_{i,t}$ 计算出各地区平均土地面积资本存量对数作为地区资本存量测度指标。其中，K 表示固定资产资本存量，I 表示固定资产投资额，δ 为固定资产资本折旧率。

（3）环境规制（genv）。环境规制优化市场资源配置，激励制造业进行技术创新，提高生产率，进而实现节能减排目标。已有文献对环境规制测度大多数采用环境治理成本指标（Rubashkina et al.，2015；童健等，2016）或环境治理绩效指标（胡安军，2019）来衡量环境规制强度。考虑数据的可得性，本书借鉴童健等（2016）、鲁巴什金等（Rubashkin et al.，2015）的做法，采用制造业治理污染投资总额与制造业工业总产值的比作为地区环境规制强度衡量指标。

（4）对外开放程度（open）。对外开放一方面通过吸收先进技术和先进管理经验，提升中国制造业出口产品的竞争力，推动制造业转型升级。另一方面如基于转移污染为目的外商直接投资，将会阻碍制造业绿色效率水平提升与清洁化转型。采用大多数文献的处理方法，用地区进出口贸易总额占地区 GDP 比重作为衡量地区对外开放程度指标。

（5）制造企业规模（scale）。一般来讲规模大的企业具有资金和人员的相对优势，有利于制造业能源的集约化利用与绿色管理，但规模小的企业运作机制更加灵活，技术创新效率更高，因此制造企业规模对绿色转型影响具有不确定性。参考胡安军（2019）、范（Fan M.，2015）的做法，使用各地区制造业工业总产值与制造业企业数量的比作为衡量制造企业规模指标。

(6) 人力资本水平（education)。进入知识经济时代，人力资本是推动制造业质量发展的最重要因素，人力资本水平能为制造业转型提供高素质的劳动力，而教育是人力资本提升的重要保障。此外，随着受教育水平程度的提升，环境意识增强同样会倒逼制造业进行技术创新、减少污染物排放，进而助推制造业绿色转型。借鉴李小奕和谢舜（2019)、范（Fan M.，2015）的做法，用地区制造业就业大专以上学历人数占制造业总就业人数的比作为测度地区制造业人力资本水平指标。

4. 门槛调节变量

(1) 经济发展水平（pgdp)。根据库兹涅茨的观点，经济发展会引起产业结构调整，经济发展是技术创新研发、环境治理的物质基础（胡安军，2019)。但是，如果一个地区的经济发展只是量的扩张，而不是经济质的提升，经济发展很可能在某种程度阻碍制造业绿色转型。已有的大多数研究文献采用人均 GDP 来表示地区经济发展水平，文章选取基于平减后人均 GDP 对数作为量度地区经济发展水平指标。

(2) 政府治理能力（ability)。地方政府治理能力是指地方政府提供公共产品和服务成本与效益比。参照学者唐鹏飞（2017)、阿吉翁（Aghion P.，2015）的做法，运用 DEA 非径向、非角度的 SBM-VRS 模型计算各地方政府财政支出效率 ML 指数作为政府治理能力代理变量。

7.3.3 数据来源

由于中国 2007 年实施新的财政收支分类改革，2007 年、2008 年各类年鉴中均没有单独列示制造业科技经费支出中来源于政府资金的统计，鉴于收支数据口径可比性和部分地区数据的缺失，样本采用 2009 ~ 2019 年除西藏和中国港澳台地区以外 30 个省份的面板数据。制造业绿色转型测度数据来自《能源统计年鉴》《中国工业统计年鉴》《中国环境统计年鉴》。地方政府补贴、门槛调节变量和控制变量的相关数据源于《中国财政统计年鉴》《中国民政统计年鉴》《区域经济统计年鉴》《中国科技统计年鉴》。

为消除价格波动的影响，数据以 2000 年为基准进行平减，所有非相对数据全部进行对数化处理。

7.3.4　变量描述性统计分析

如表 7 - 1 变量描述性统计结果显示，制造业绿色效率的均值为 1.091，标准差为 0.271，最小值为 0.207，中位数为 1.042，最大值为 2.734。制造业清洁化转型均值、标准差、最大值和最小值分别为 1.141、0.924、8.996 和 0.188。制造业高级化转型均值、标准差、最大值和最小值分别为 8.291、7.035、32.20 和 7.676，说明样本总体中地区制造业绿色效率、清洁化转型和高级化转型个体差异较大，已有产业政策还没达到促使中国地区间制造业均衡发展的目的。

表 7 - 1　　　　主要变量的描述性统计

变量	N	mean	sd	min	p50	max
gtfp	330	1.091	0.271	0.207	1.042	2.734
clean	330	1.141	0.924	0.118	0.982	8.996
advance	330	8.291	7.035	0.230	6.235	32.20
sub	330	12.43	1.347	7.676	12.61	15.29
sub1	330	11.03	1.307	5.481	11.20	14.05
sub2	330	12.09	1.392	7.558	12.15	14.94
capital	330	5.309	1.492	1.581	5.300	9.613
resource	330	10.45	1.443	7.254	10.47	14.78
genv	330	2.472	4.672	0.300	1.300	45.70
scale	330	2.675	1.166	0.665	2.600	6.414
open	330	30.46	36.64	1.678	14.22	178.4
education	330	11.21	6.565	3.064	9.533	45.46
pgdp	330	10.51	0.556	8.841	10.68	11.77
ability	330	0.812	0.131	0.335	0.820	1.309

资料来源：Stata 15.0 统计计算结果。

从地方政府补贴的角度看，地方政府补贴支出规模的均值为 12.43，最大值为 15.29，最小值为 7.676。地方政府直接补贴的均值、最大值和最小值分别为 11.23、14.05 和 5.481，地方政府间接补贴均值、最大值和最小值分别为 12.09、14.94 和 7.558。可见，地方政府间接补贴规模远高于直接补贴，说明当前中国地方政府偏好采用以间接补贴的方式支持制造业转型，不同省份之间无论是地方政府补贴规模，还是直接补贴和间接补贴均存在较大差异。

在门槛调节变量方面，地方经济发展水平的均值和中位数分别为 10.51 和 10.68，地方政府治理能力均值和中位数分别为 0.812 和 0.820，而且地方经济发展水平和治理能力的最大值和最小值差距较大，说明基于不同经济发展水平和政府治理能力，地方政府补贴与制造业绿色转型之间可能存在非线性关系。

在省份特征变量方面，经济发展水平、地区资本存量、自然资源禀赋、环境规制、开放程度等方面不同省份间均存在较大的差距，这为实证分析地方政府补贴是否有效激励制造业绿色转型提供了较好的经验素材。

7.4 门槛激励效应回归结果与分析

7.4.1 地方政府补贴规模门槛激励效应回归结果分析

7.4.1.1 以地方政府补贴规模为门槛变量回归结果分析

（1）门槛估值与置信区间。

运用门槛效应模型进行实证分析，首先要解决两个问题：一是门槛变量；二是门槛估值。根据门槛面板模型构建方程，考察地方政府补贴规模对制造业绿色转型激励的门槛效应，以地方政府补贴规模作为门槛变量，设定 500 次的 bootstrap 自助抽样，依次进行单一门槛、双重门槛和三重门槛检验，确定门槛个数。具体门槛检验的结果如表 7－2 所示，以地方政府补贴规模作为门槛变量，地方政府补贴规模与制造业绿色效率、清洁化转型和高级化转型在统计显著性水平上均存在双门槛效应。

表 7-2　　地方政府补贴规模与制造业绿色转型关系门槛效应检验结果（以政府补贴规模为门槛变量）

upgrading	门槛变量	sub	
		门槛估值	F 值
gtfp	单一门槛	$\gamma_1=9.6548$	13.93**
	双重门槛	$\gamma_1=9.6548$	21.02***
		$\gamma_2=11.7288$	
	三重门槛	$\gamma_1=9.6548$	7.76
		$\gamma_2=11.7288$	
		$\gamma_3=13.4752$	
clean	单一门槛	$\gamma_1=11.6337$	17.50*
	双重门槛	$\gamma_1=11.6337$	406.26***
		$\gamma_2=13.2591$	
	三重门槛	$\gamma_1=11.6337$	7.54
		$\gamma_2=13.2591$	
		$\gamma_3=13.6752$	
advance	单一门槛	$\gamma_1=11.3014$	11.97*
	双重门槛	$\gamma_1=11.3014$	23.46*
		$\gamma_2=11.5502$	
	三重门槛	$\gamma_1=11.3014$	5.06
		$\gamma_2=11.5502$	
		$\gamma_3=13.2235$	

注：表中的 F 值为 BS 反复抽结果；*、** 和 *** 分别表示 10%、5%、1% 的显著性水平。

通过似然比函数图（LR）能进一步显示出门槛参数取值和置信区间的构造情况。从图 7-1～图 7-3 可以看出，地方政府补贴规模与制造业绿色效率、清洁化转型和高级化转型的双门槛估值均在 95% 置信区间内，且 LR 值小于 5% 显著性水平，因此能够判断双门槛的显著性检验结果是有效且真实的。如图 7-1～图 7-3 所示，以地方政府补贴规模作为门槛变量，制造业绿色效率在 1% 显著水平上存在双门槛效应，门槛估值分别为 9.6548、11.7288，95% 的置信区间是【9.6176，9.6548】、【11.6172，11.7986】，总体样本可以按地方政府补贴规模分为低于 9.6548，9.6548 与 11.7288 之间和高于 11.7288 三个样本区间。以地方政府补贴规模作为门槛变量，地方政府补贴规模对制造业清洁化转型门槛估值分别为 11.6637、13.2591，95%的置信区间是【11.6232，11.7234】、【13.250，13.3598】，样本可分为地方政府补贴规模小于 11.6637、11.6637 与 13.2591 之间和高于 13.2591 三个样本区间。制造业高级化转型门槛估值分别为 11.3014 和 11.5502，95%的置信区间是【11.2685，11.3103】、【11.4977，11.5639】，结合似然比函数图 7－3，样本可分为地方政府补贴支出规模对数低于 11.3014，11.3014 与 11.5502 之间以及高于 11.5502 地区样本组别。

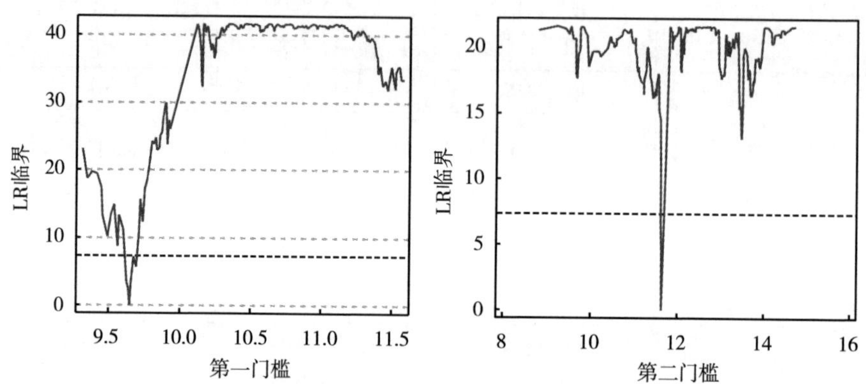

图 7－1　以地方政府补贴规模作为门槛变量，地方政府补贴规模对绿色效率门槛估值和置信区间

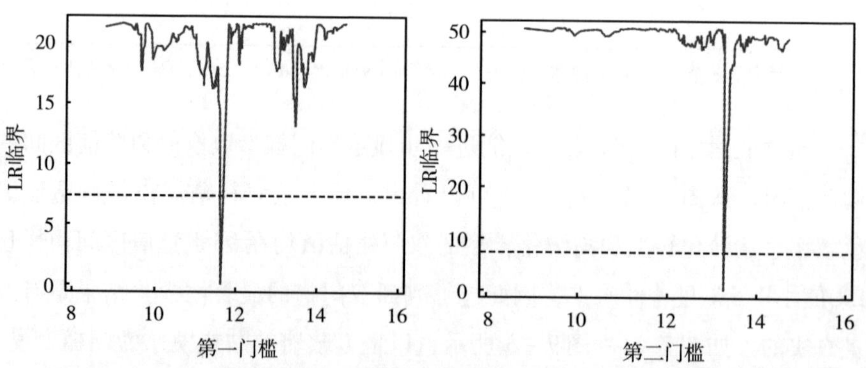

图 7－2　以地方政府补贴规模作为门槛变量，地方政府补贴规模对清洁化转型门槛估值和置信区间

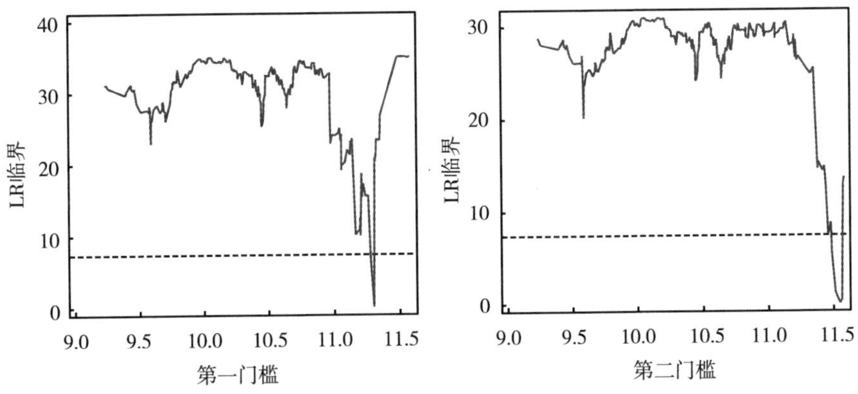

图7-3 以地方政府补贴规模作为门槛变量，地方政府补贴规模对高级化转型门槛估值和置信区间

（2）门槛激励效应回归结果与分析。

在门槛值测度的基础上，基于地方政府补贴规模与制造业绿色转型是否存在适度区间检验回归结果如表7-3表示。从表7-3列（1）可知道，基于不同的地方政府补贴支出规模，地方政府补贴规模始终对制造业绿色效率产生显著的正向激励效应，但激励作用弹性系数不同。当地方政府补贴支出规模小于9.6548时，地方政府补贴规模对制造业绿色效率影响的激励系数为0.0736，当地方政府补贴规模增加到9.6548至11.7288时，其激励作用系数提升至0.162，而当地方政府补贴支出规模增至到大于11.7288时，其激励弹性系数变成了0.0698。可以看出，在地方政府补贴支出规模对应的三个区间，第二个样本区间内地方政府补贴规模对制造业绿色效率水平提升的激励作用最大。即地方政府补贴规模对制造业绿色效率的影响是非线性的，最优地方政府补贴支出规模区间为【9.6548，11.7288】。也就是说地方政府补贴规模对制造业绿色效率的激励效应存在最优的“适度区间”。从表7-3第（2）列可以看出，地方政府补贴支出规模小于11.6337时，地方政府补贴规模对制造业清洁化转型的影响系数为0.074，但不显著。当地方政府补贴支出规模跨越第一门槛估值11.6337，进入第二样本区域时，地方政府补贴规模对制造业清洁化转型的激励系数为0.301，并且通过1%统计显著性检验，但当地方政府补贴支出规模跨越第二个门槛估值13.2591进入第三个样本区域时，地方政府补贴规模对制造业清洁化转型影响系数显著为负，其系数变成-0.0729，也就是说进入样本第三区域，地方政府支出规模增加抑制制造业清洁化转型。因此，对制造业清洁化转型，地方政府补贴规模最优适度区间在【11.6337，13.2591】。从表7-3第（3）列可以看出，地方政府补贴规模与制造业高级化转型同样存在非线性关系，样本在第一区域，地方政府补贴支出规模增加不足以支撑制造业高级化转型，进行第二样本区域，地方政府补贴对制造业高级化转型之间呈显著正相关关系，激励系数为0.275，并且通过5%显著性水平检验，进行第三样本区域，显著性水平变成10%，激励系数降至-0.014，也就是说地方政府补贴支出规模跨越11.5502门槛估值后，地方政府补贴规模的扩张阻碍制造业高级化转型。因此，对制造业高级化转型来讲，地方政府补贴支出最优规模在【11.3014，11.5502】区间范围。可见，地方政府补贴规模激励制造业绿色转型存在最优支出区间。

表7-3　地方政府补贴规模激励制造业绿色转型的门槛效应估计结果（门槛变量：地方政府补贴规模）

变量	(1) gtfp	(2) clean	(3) advance
sub（sub < γ_1）	0.0736*** (2.96)	—	—
sub（γ1 < = sub < γ_2）	0.162*** 3.57	—	—
sub（sub > = γ_2）	0.0698* (1.89)	—	—
sub（sub < γ_1）	—	0.074 (1.26)	—
sub（γ1 < = sub < γ2）	—	0.301*** (4.34)	—
sub（sub > = γ2）	—	-0.0729** (-2.26)	—
sub（sub < γ_1）	—	—	-0.225 (-0.51)
sub（γ_1 < = sub < γ_2）	—	—	0.275** (1.98)

续表

变量	(1) gtfp	(2) clean	(3) advance
sub（sub > = γ_2）	—	—	0.014* (1.73)
pgdp	-0.243 (-1.47)	-0.200 (-1.35)	3.229*** (3.02)
capital	-0.258*** (-3.30)	0.311*** (4.34)	2.775*** (5.48)
scale	0.0631** (2.23)	0.0784*** (3.04)	0.677*** (3.70)
open	0.000967 (0.63)	-0.00629*** (-4.41)	0.129*** (12.25)
resource	-0.103* (-1.91)	-0.0457 (-0.95)	-1.566*** (-4.46)
genv	0.00693** (2.24)	0.00548* (1.95)	0.0254 (1.27)
education	0.00340** (2.74)	0.0249*** (4.70)	0.0653*** (6.35)
R^2	0.1725	0.7257	0.4779
model	fe	fe	fe
N	330	330	330

注：*、** 和 *** 分别表示 10%、5%、1% 的显著性水平，小括号内数值为 t 统计值。

7.4.1.2　以经济发展水平为门槛变量回归结果分析

（1）门槛估值与置信区间。

根据门槛面板模型构建方程，以经济发展水平作为门槛变量，考察地方政府补贴规模对制造业绿色转型激励的非线性调节效应。设定 500 次的 bootstrap 自助抽样，依次进行单一门槛、双重门槛和三重门槛检验，以确定门槛个数。具体门槛检验结果如表 7-4 所示，以地方经济发展水平作为门槛变量，地方政府补贴规模与制造业绿色效率和清洁化转型在 5% 的显著性水平存在单一门槛效应，地方政府补贴规模与制造高级化转型在 10% 的统计显著性水平上存在单一门槛效应。

表 7-4　地方政府补贴规模与制造业绿色转型关系的门槛效应检验结果（以经济发展水平作为门槛变量）

upgrading	门槛变量	pgdp	
		门槛估值	F 值
gtfp	单一门槛	γ1 = 10.9895	12.79 **
	双重门槛	γ_1 = 10.9895	5.00
		γ_2 = 11.0396	
	三重门槛	γ_1 = 10.9895	5.92
		γ_2 = 11.0396	
		γ_3 = 11.0629	
clean	单一门槛	γ_1 = 11.0579	11.058 **
	双重门槛	γ_1 = 11.5820	3.78
		γ_2 = 11.0579	
	三重门槛	γ_1 = 11.5820	7.69
		γ_2 = 11.0579	
		γ_3 = 10.7131	
advance	单一门槛	γ_1 = 11.3014	19.39 *
	双重门槛	γ_1 = 11.3014	10.10
		γ_2 = 11.5502	
	三重门槛	γ_1 = 11.3014	9.75
		γ_2 = 11.5502	
		γ_3 = 10.4487	

注：表中的 F 值为 BS 反复抽结果；*、** 和 *** 分别表示 10%、5%、1% 的显著性水平。

如图 7-4～图 7-6 所示，以经济发展水平作为门槛变量，通过似然比函数图显示出门槛参数取值和置信区间的构造情况。从图 7-4～图 7-6 可以看出，以经济发展水平作为门槛变量，地方政府补贴规模与制造业绿色效率、清洁化转型和高级化转型的单一门槛估值均在 95% 置信区间内，且 LR 值小于 5% 显著性水平，因此能够判断单一门槛的显著性检验结果是有效且真实的。由 LR 图可以看出，以经济发展水平作为门槛变量，地方政府补贴规模与制造业绿色效率门槛估值为 10.9895，95% 的置信区间为【10.9690，11.0054】。地方政府补贴规模对制造业清洁化转型门槛值估值为 11.0579，95% 的置信区间为【11.0143，11.0583】。地方政府补贴规模对制造业高级化

转型存在单一门槛估值为 11.3014，95% 的置信区间为【10.7509，11.3103】。

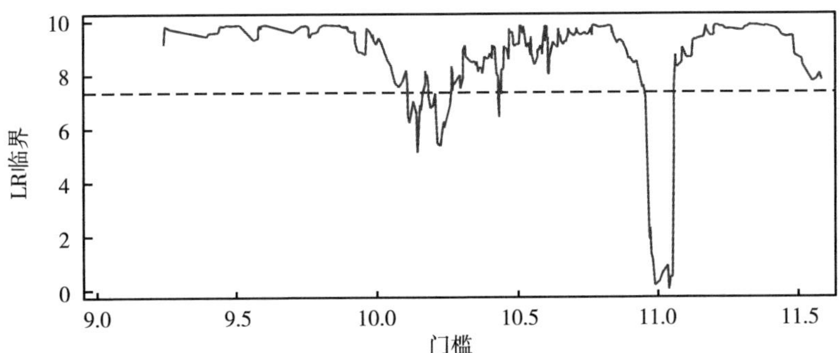

图 7－4　以经济发展水平作为门槛变量，地方政府补贴规模对绿色效率门槛估值和置信区间

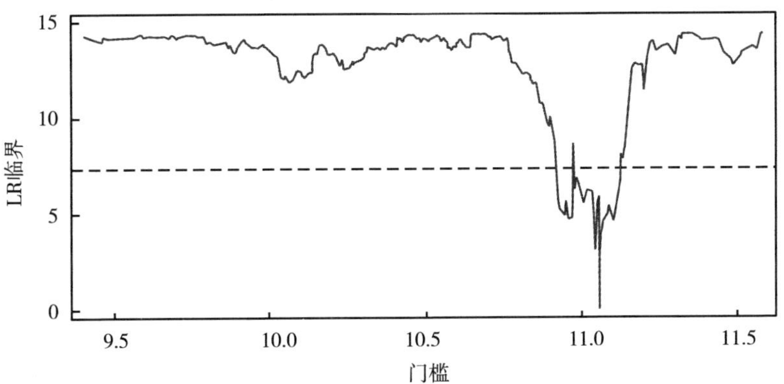

图 7－5　以经济发展水平作为门槛变量，地方政府补贴规模对清洁化转型门槛估值和置信区间

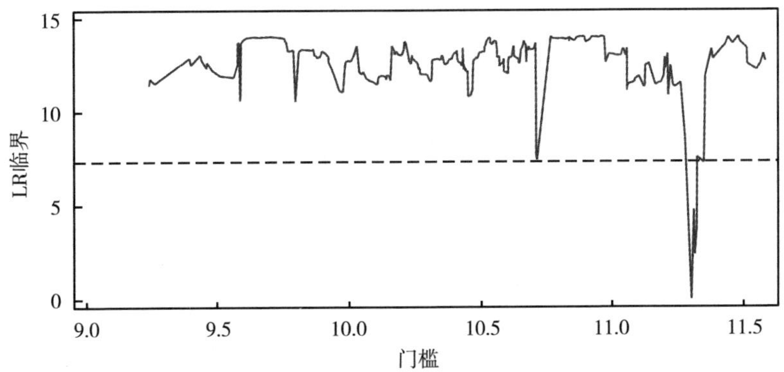

图 7－6　以经济发展水平作为门槛变量，地方政府补贴规模对高级化转型门槛估值和置信区间

（2）门槛回归结果与分析。

表7－5汇报了以地区经济发展水平作为门槛变量，地方政府补贴规模与制造业绿色转型非线性结构突变关系。由表7－5第（1）列可以看出，以地方经济发展水平作为门槛变量，当地区经济发展水平（人均GDP的对数）小于10.9895门槛值时，地方政府补贴规模对制造业绿色效率的激励系数为0.0673，并在1%的显著水平通过检验；当经济发展水平跨越10.98995门槛值时，地方政府补贴对制造业绿色效率在1%显著性水平下影响系数变为0.0346。由此可以得出，无论地方经济发展处于何种水平，地方政府补贴规模均能激励制造业绿色效率水平的提升，但是在经济欠发达地区，地方政府补贴规模激励作用更加显著。从表7－5第（2）列可以看出，当地区的经济发展水平（人均GDP对数）小于11.0579时，地方政府补贴激励制造业清洁化转型的系数为0.0543，跨越11.0579门槛区域时，影响系数变为－0.189，而且均通过1%的统计显著水平检验。因此，可以得出在经济欠发达地区，地方政府补贴规模扩张有助于激励制造业清洁化转型，但在经济发展较好的地区，地方政府补贴规模的增加却阻碍制造业清洁化转型。从表7－5第（3）列可知，地方政府补贴规模对制造业高级化转型存在单一的门槛拐点，这单一的门槛拐点将中国区域按经济发展水平划分为lnpgdp<11.3014和lnpgdp>11.3014两个经济发展水平不同地区，影响激励系数分别为0.561和0.129。从激励作用系数可以看出，无论经济发展水平如何，地方政府补贴支出规模扩张均有助于制造业高级化转型，但在经济发展水平较差的地区，地方政府补贴激励制造业高级化转型的作用更加突出。此外，还可以看出，地方政府补贴规模对制造业高级化转型激励效果大于制造业绿色效率和清洁化转型。

综上可知，在中国财政分权特殊的制度环境下，地区经济发展水平对地方政府补贴规模与制造业绿色转型存在结构突变的门槛调节效应。在经济欠发达地区地方政府补贴规模对制造业绿色转型的激励效应更加突出。这可能是因为当地区经济发展水平超过某一水平时，市场机制对资源配置起决定性作用，市场在生产要素资源配置中占居主导地位，从而使得区域制造业结构转型更多源自市场自发调节的结果，而在经济欠发达地区，市场化程度较低并且地方政府干预意愿较强，市场自动调节发挥效果空间有限，制造业绿色转型更多是取决于地方政府产业政策的推动结果。

表 7－5　　地方政府补贴规模激励制造业绿色转型的门槛效应估计结果（门槛变量：经济发展水平）

变量	(1) gtfp	(2) clean	(3) advance
sub（pgdp < γ_1）	0.0673 *** (2.96)	—	—
sub（lnpgdp > = γ_1）	0.0346 *** (3.89)	—	—
sub（pgdp < γ_1）	—	0.0543 ** (2.26)	—
sub（pgdp > = γ_1）	—	-0.189 *** (-3.57)	—
sub（pgdp < γ_1）	—	—	0.561 ** (1.98)
sub（pgdp > = γ_1）	—	—	0.129 *** (2.73)
pgdp	-0.301 * (-1.83)	-0.114 (-0.53)	3.422 *** (3.19)
capital	-0.260 *** (-3.32)	0.158 (1.53)	2.698 *** (5.32)
scale	0.0626 ** (2.21)	0.106 *** (2.85)	-0.434 ** (-2.21)
open	-0.00125 (-0.78)	-0.00695 *** (-3.17)	0.100 *** (9.58)
resource	-0.115 ** (-2.18)	-0.0117 (-0.17)	-2.040 *** (-5.88)
genv	0.00534 * (1.71)	0.00662 (1.64)	0.0346 * (1.73)
education	0.00140 ** (2.74)	0.0206 *** (4.70)	0.0553 *** (6.35)
_cons	-0.377 (-0.38)	2.185 * (1.66)	-20.72 *** (-3.19)
R^2	0.1679	0.4245	0.4690
model	fe	fe	fe
N	330	330	330

注：*、** 和 *** 分别表示 10%、5%、1% 的显著性水平，小括号内数值为 t 统计值。

7.4.1.3 以政府治理能力为门槛变量估计结果与分析

（1）门槛估值与置信区间。

根据门槛面板模型构建方程，以地方政府治理能力作为门槛变量，考察地方政府补贴规模对制造业绿色转型激励的非线性效应。设定 500 次的 bootstrap 自助抽样，依次进行单一门槛、双重门槛和三重门槛检验，以确定门槛个数。门槛检验的估计结果如表 7 - 6 所示，以地方政府治理能力作为门槛变量进行自助抽样检验，地方政府补贴规模与制造业绿色效率在 1% 的显著水平存在双重门槛效应，与制造业清洁化转型在 1% 显著性水平存在单一门槛效应，与制造业高级化转型不存在门槛效应。

表 7 - 6　地方政府补贴规模与制造业绿色转型关系的门槛效应检验结果（以政府治理能力作为门槛变量）

upgrading	门槛变量	ability	
		门槛估值	F 值
gtfp	单一门槛	$\gamma_1 = 0.6695$	36.85***
	双重门槛	$\gamma_1 = 0.6695$	20.66***
		$\gamma_2 = 0.7431$	
	三重门槛	$\gamma_1 = 0.6695$	7.90
		$\gamma_2 = 0.7431$	
		$\gamma_3 = 0.7498$	
clean	单一门槛	$\gamma_1 = 0.9952$	84.17***
	双重门槛	$\gamma_1 = 0.9952$	6.06
		$\gamma_2 = 0.9961$	
	三重门槛	$\gamma_1 = 0.9952$	4.04
		$\gamma_2 = 0.9961$	
		$\gamma_3 = 0.9975$	
advance	单一门槛	$\gamma_1 = 0.9447$	12.5036
	双重门槛	$\gamma_1 = 0.9447$	12.3720
		$\gamma_2 = 0.9974$	
	三重门槛	$\gamma_1 = 0.9447$	16.7931
		$\gamma_2 = 0.9974$	
		$\gamma_3 = 1.0087$	

注：表中的 F 值为 BS 反复抽结果；*、** 和 *** 分别表示 10%、5%、1% 的显著性水平。

如图 7－7～图 7－8 可以看出，以地方政府治理能力作为门槛变量，通过似然比函数图显示出门槛参数取值和置信区间的构造情况。可以看出门槛估值均在 95% 的置信区间内，且 LR 值小于 5% 显著性水平，因此能够判断门槛的显著性检验结果是有效且真实的。地方政府补贴规模与制造业绿色效率存在双重门槛效应，门槛估值为 0.6695、0.7431，95% 的置信区间分别为【0.6606，0.6708】、【0.7342，0.7498】。地方政府补贴规模对制造业清洁化转型存在单一门槛效应，门槛估值为 0.9952，95% 的置信区间为【0.9944，0.9973】。以地方政府治理能力为门槛变量，地方政府补贴规模与制造业高级化转型不存在门槛效应。

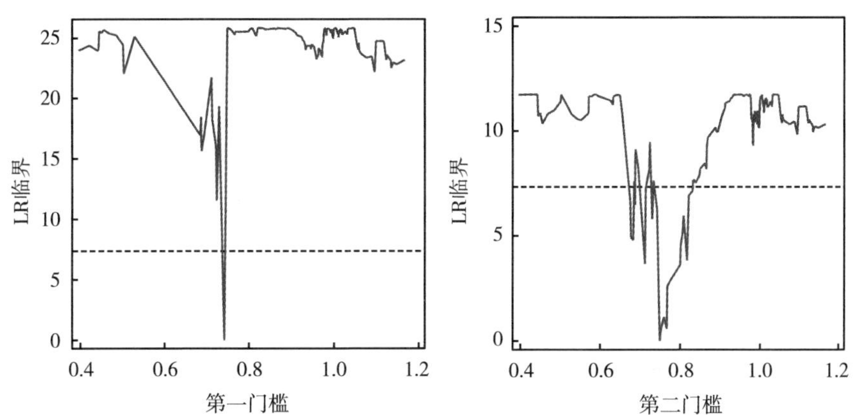

图 7－7　以政府治理能力作为门槛变量，地方政府补贴规模对绿色效率门槛估值和置信区间

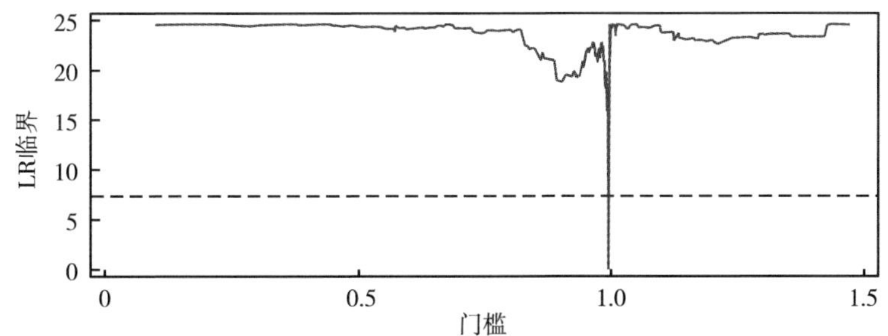

图 7－8　以政府治理能力作为门槛变量，地方政府补贴规模对清洁化转型门槛估值和置信区间

（2）门槛回归结果与分析。

表 7－7 汇报了不同地方政府治理能力的水平，地方政府补贴规模对制

造业绿色转型激励作用的门槛效应。从表7-7可以看出，以地方政府治理能力作为门槛变量，地方政府补贴规模与制造业绿色效率存在双门槛效应，把总体样本划分成三个不同的治理水平地区，激励作用系数分别为0.0371、0.0664和0.426，且均通过统计的显著性水平检验，表明无论在地方政府治理能力低还是治理能力高的地区，地方政府补贴规模增加均能激励制造业绿色效率水平提升，但随着地方政府治理能力水平的提升，地方政府补贴规模扩张激励作用越大。以地方政府治理能力作为门槛变量，地方政府补贴规模与制造业清洁化转型之间存在单一门槛效应，当政府治理能力指数大于0.9952门槛估值时，地方政府补贴支出规模扩张有助于激励制造业清洁化转型，但在政府治理能力低于0.9952门槛估值地区，地方政府补贴规模扩张却阻碍制造业清洁化转型。以地方政府治理为门槛变量，地方政府补贴规模与制造业高级化转型之间不存在门槛效应，不需要对其进行进一步门槛效应参数估计。综上分析可知，在中国特殊的制度背景下，政府治理能力对地方政府补贴规模与制造业绿色效率和清洁化转型之间具有结构突变门槛调节效应，但对制造业高级化转型不具有结构突变的门槛调节效应。

表7-7　地方政府补贴规模激励制造业绿色转型的门槛效应估计结果（门槛变量：政府治理能力）

变量	(1) gtfp	(2) clean
sub（ability < γ_1）	0.0371* (1.95)	—
sub（γ_1 < = ability < γ_2）	0.0664*** (3.19)	—
sub（ability > = γ_2）	0.426*** (2.80)	—
sub（ability < γ_1）	—	-0.0165* (-1.75)
sub（ability > = γ_1）	—	0.174** (2.35)
pgdp	-0.255** (1.98)	-0.122 (-0.53)

续表

变量	(1) gtfp	(2) clean
capital	-0.252*** (-3.28)	0.263** (2.44)
scale	0.0604** (2.17)	0.138*** (3.52)
open	0.000653 (0.43)	-0.0129*** (-6.08)
resoure	-0.0961* (-1.84)	-0.0548 (-0.75)
genv	0.00698** (2.29)	0.00840* (1.96)
education	0.00104** (2.54)	0.0226*** (4.38)
_cons	0.0137 (0.01)	3.697*** (2.69)
R^2	0.1985	0.3506
model	fe	fe
N	330	330

注：*、** 和 *** 分别表示 10%、5%、1% 的显著性水平，小括号内数值为 t 统计值。

7.4.2　地方政府直接补贴门槛激励效应回归结果分析

7.4.2.1　以地方政府直接补贴为门槛变量回归结果分析

(1) 门槛估值与置信区间。

根据平衡门槛面板模型构建方程，选取地方政府直接补贴作为门槛变量，设定 500 次的 bootstrap 自助抽样，分别进行单一门槛、双重门槛和三重门槛效应检验，考察地方政府补贴对制造业绿色转型激励的门槛效应。门槛激励效应检验结果如表 7-8 所示，以地方政府直接补贴作为门槛变量进行自助抽样检验，在统计显著性水平上，地方政府直接补贴与制造业绿色效率、清洁化转型和高级化转型之间均存在双重门槛效应。

表 7-8　　地方政府直接补贴与制造业绿色转型关系门槛效应检验（以政府直接补贴作为门槛变量）

upgrading	门槛变量	sub1	
		门槛估值	F 值
gtfp	单一门槛	$\gamma_1=11.1211$	12.67**
	双重门槛	$\gamma_1=11.1211$	9.77*
		$\gamma_2=11.7060$	
	三重门槛	$\gamma_1=11.1211$	7.00
		$\gamma_2=11.7060$	
		$\gamma_3=9.0604$	
clean	单一门槛	$\gamma_1=10.9707$	43.13***
	双重门槛	$\gamma_1=10.9707$	16.95**
		$\gamma_2=12.1860$	
	三重门槛	$\gamma_1=10.9707$	7.15
		$\gamma_2=12.1860$	
		$\gamma_3=12.5203$	
advance	单一门槛	$\gamma_1=11.7235$	27.98**
	双重门槛	$\gamma_1=11.7235$	12.58*
		$\gamma_2=11.6620$	
	三重门槛	$\gamma_1=11.7235$	8.54
		$\gamma_2=11.6620$	
		$\gamma_3=9.7460$	

注：表中的 F 值为采用 BS 反复抽得到的结果；*、** 和 *** 分别表示 10%、5%、1% 的显著性水平。

从图 7-9～图 7-11 可以知道，以地方政府直接补贴作为门槛变量，在 10% 的统计显著水平上地方政府直接补贴与制造业绿色效率存在双门槛效应，门槛估值分别为 11.1211、11.706，95% 的置信区间为【11.0279，11.1339】、【11.513，11.6513】。地方政府直接补贴与制造业清洁化转型存在双门槛效应，门槛估值和置信区间分别为 10.9707、12.1860 和【10.8943，10.9719】、【12.1123，12.1986】。地方政府直接补贴与制造业高级化转型在 5% 显著性水平上存在双门槛效应，门槛估值和置信区间分别为 11.7235、11.6620 和【11.7196，11.7249】、【11.6525，11.6754】。似然比函数图显示，所有的双门槛估值均落在 95% 的置信区间范围，可以

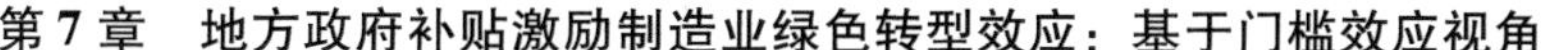

判定双门槛效应检验的结果是真实有效的。

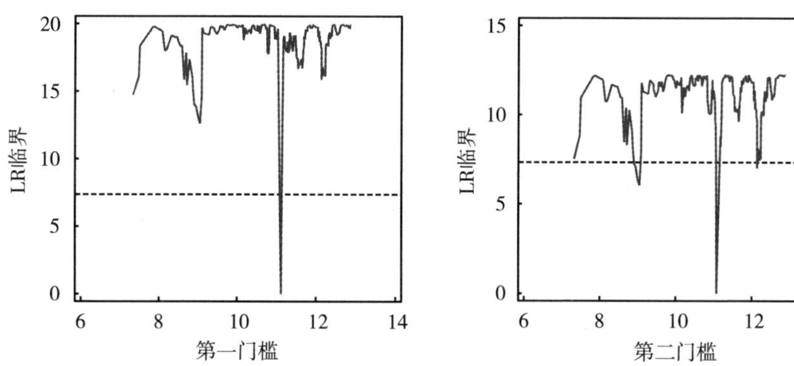

图7-9 以地方政府直接补贴作为门槛变量，地方政府直接补贴对绿色效率门槛估值和置信区间

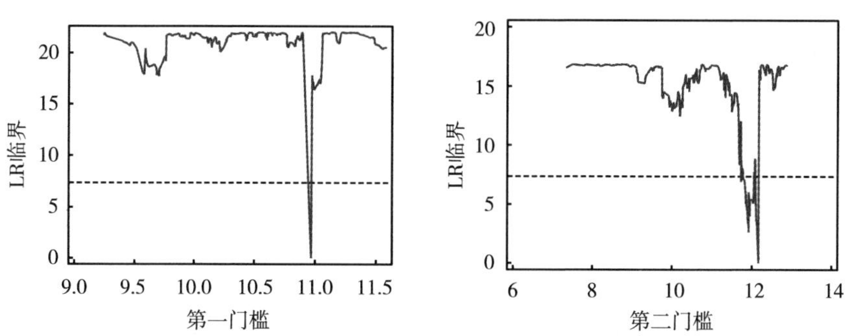

图7-10 以地方政府直接补贴作为门槛变量，地方政府直接补贴对清洁化转型门槛估值和置信区间

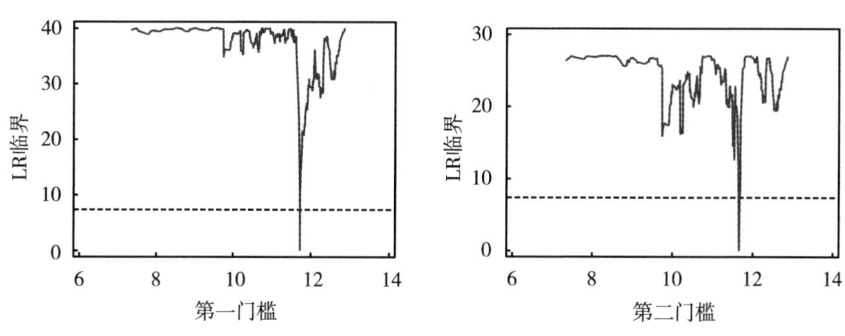

图7-11 以地方政府直接补贴作为门槛变量，地方政府直接补贴对高级化转型门槛估值和置信区间

（2）门槛回归结果与分析。

表7－9汇报了以地方政府直接补贴作为门槛变量的地方政府直接补贴激励制造业绿色转型的门槛效应估计结果。由表7－9第（1）列可知，当地方政府直接补贴支出规模小于11.1211门槛估值时，地方政府直接补贴对制造业绿色效率激励系数为0.0852并通过5%的显著性水平检验；当跨越11.1211门槛估值进入第二样本区域时，地方政府直接补贴对制造业绿色效率在1%显著性水平下激励系数变为0.336；当地方政府直接补贴支出规模跨越第二个门槛估值11.706进入第三个样本区域时，地方政府直接补贴激励制造业绿色效率的系数变为0.0227，但并不显著。由此可得出，地方政府直接补贴对制造业绿色效率最优支出规模范围为【11.1211，11.706】所在区域。由表7－9第（2）列可知，地方政府直接补贴对制造业清洁化转型有两个门槛，把地方政府直接补贴支出规模分为sub1 < 10.9707、10.9707≤sub1 < 12.1860和sub1 > 12.1860三个不同样本区间，其激励作用影响系数分别为－0.0942、0.0592和－0.0936，并均通过统计显著性水平检验。从激励作用影响系数上可知，地方政府直接补贴对制造业清洁化转型最优的支出规模为【10.9707，12.1860】之间的区域，过高或过低均不利于制造业清洁化转型。从表7－9第（3）列可知，地方政府直接补贴对制造业高级化转型同样存在两个门槛，把总体样本划分为地方政府直接补贴支出规模大于11.7235，在11.6620与11.7235之间和小于11.6620三个样本区间，激励系数分别为0.537、1.063和－0.327，但只有系数1.063通过统计显著性水平检验。可见，对于制造业高级化转型而言，地方政府直接补贴支出规模最优的适度区间为【11.6620，11.7235】。

综上所述，可以得出地方政府直接补贴能否激励制造业绿色转型与直接补贴支出规模有关，适度的地方政府直接补贴规模能够有效发挥最佳激励作用，促进制造业绿色效率水平提升、清洁化和高级化转型，过高或过低均达不到最佳的促进制造业绿色转型效果，也就是说地方政府直接补贴支出规模存在最优的“适度区间”。

表 7 -9　　地方政府直接补贴激励制造业绿色转型的门槛效应估计结果（门槛变量：地方政府直接补贴）

变量	(1) gtfp	(2) clean	(3) advance
sub1（sub1 < γ_1）	0.0852 ** (2.28)	—	—
sub1（γ_1 < = sub1 < γ_2）	0.336 *** (4.44)	—	—
sub1（sub1 > = γ_2）	0.0227 (1.28)	—	—
sub1（sub1 < γ_1）	—	-0.0942 * (-1.69)	—
sub1（γ_1 < = sub1 < γ_2）	—	0.0592 * (1.90)	—
sub1（sub1 > = γ_2）	—	-0.0936 * (-1.73)	—
sub1（sub1 < γ_1）	—	—	0.537 (0.29)
sub1（γ_1 < = sub1 < γ_2）	—	—	1.063 *** (4.81)
sub1（sub1 > = γ_2）	—	—	-0.327 (-0.29)
pgdp	-0.351 ** -（2.57）	-0.119 (-0.63)	3.335 *** (3.82)
capital	-0.239 *** (-3.07)	0.264 *** (2.62)	2.377 *** (4.84)
scale	0.0585 ** (2.01)	0.139 *** (3.67)	-0.472 ** (-2.57)
open	-0.000223 (-0.14)	-0.0119 *** (-5.59)	0.110 *** (11.01)
resource	-0.0853 (-1.58)	-0.0708 (-0.98)	-1.624 *** (-4.74)
genv	0.00536 * (1.74)	0.00730 * (1.83)	-0.0257 (-1.33)

续表

变量	(1) gtfp	(2) clean	(3) advance
education	0.0111 (1.16)	0.0193 (1.52)	0.0415 (0.69)
_cons	-0.571 (-0.57)	2.943 ** (2.28)	-24.06 *** (-3.79)
R^2	0.1913	0.4405	0.5089
model	fe	fe	fe
N	330	330	330

注：*、** 和 *** 分别表示 10%、5%、1% 的显著性水平，小括号内数值为 t 统计值。

7.4.2.2 以经济发展水平作为门槛变量回归结果分析

（1）门槛估值与置信区间。

根据门槛面板模型构建方程，以地区经济发展水平作为门槛变量，考察地方政府直接补贴对制造业绿色转型激励的门槛效应。以地区经济发展水平作为门槛变量，设定 500 次的 bootstrap 自助抽样，依次进行单一门槛、双重门槛和三重门槛检验。门槛检验的具体结果如表 7-10 所示，地方政府直接补贴与制造业绿色效率、清洁化转型和高级转型在统计显著性水平上均存在单一门槛效应。

表 7-10　地方政府直接补贴与制造业绿色转型关系门槛效应检验（以经济发展水平作为门槛变量）

upgrading	门槛变量	pgdp	
		门槛估值	F 值
gtfp	单一门槛	$\gamma_1 = 10.9895$	13.65 **
	双重门槛	$\gamma_1 = 10.9895$	5.28
		$\gamma_2 = 10.5574$	
	三重门槛	$\gamma_1 = 10.9895$	4.28
		$\gamma_2 = 10.5574$	
		$\gamma_3 = 10.5153$	

续表

upgrading	门槛变量	pgdp	
		门槛估值	F 值
clean	单一门槛	$\gamma_1=11.0579$	53.78 ***
	双重门槛	$\gamma_1=11.0579$	14.24
		$\gamma_2=11.5820$	
	三重门槛	$\gamma_1=11.0579$	1.42
		$\gamma_2=11.5820$	
		$\gamma_3=10.7131$	
advance	单一门槛	$\gamma_1=11.3014$	17.22 *
	双重门槛	$\gamma_1=11.3014$	7.60
		$\gamma_2=11.5502$	
	三重门槛	$\gamma_1=11.3014$	7.55
		$\gamma_2=11.5502$	
		$\gamma_3=9.5921$	

注：表中的 F 值为采用 BS 反复抽得到的结果；* 、** 和 *** 分别表示 10%、5%、1% 的显著性水平。

由图 7－12～图 7－14 可知，以地区经济发展水平作为门槛变量，在 5% 显著水平上，地方政府直接补贴与制造业绿色效率的单一门槛估值为 10.9895，95% 的置信区间为【10.9690，11.0054】。以地区经济发展水平作为门槛变量，地方政府直接补贴与制造业清洁化转型之间存在单一门槛效应，门槛估值为 11.0579，95% 的置信区间为【11.0143，11.0583】。地方政府补贴与制造业高级化转型单一门槛估值和 95% 的置信区间分别为

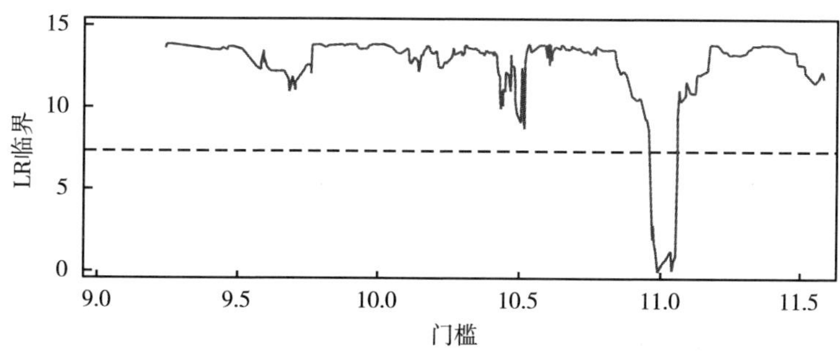

图 7－12　以经济发展水平作为门槛变量，地方政府直接补贴对绿色效率门槛估值和置信区间

11.3014、【10.4537，11.3116】。从图7-12~图7-14的似然比函数可以看出，单一门槛估值均落在95%的置信区间内，可以判断门槛效应检验回归结果真实有效。

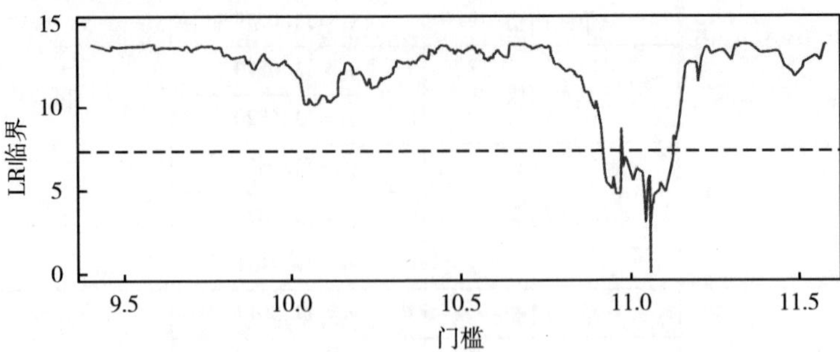

图7-13 以经济发展水平作为门槛变量，地方政府直接补贴对清洁化转型门槛估值和置信区间

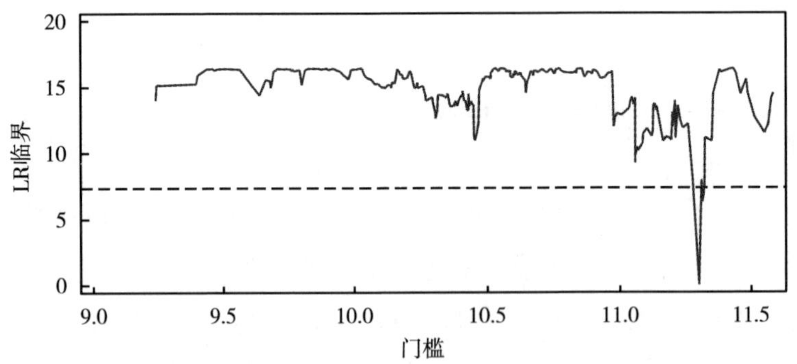

图7-14 以经济发展水平作为门槛变量，地方政府直接补贴对高级化转型门槛估值和置信区间

（2）门槛激励效应回归结果与分析。

表7-11汇报了以经济发展水平作为门槛变量，地方政府直接补贴与制造业绿色转型的门槛激励效应回归估计的结果。从表7-11第（1）列可知，以经济发展水平为门槛变量，地方政府直接补贴对制造业绿色效率影响存在单一门槛效应，在地区经济发展水平（人均GPD对数）小于10.9895时，地方政府直接补贴对制造业绿色效率的激励作用的影响系数是0.0758，并通过10%统计显著性水平检验，当地区经济发展水平跨越门槛10.9895时，地方政府直接补贴对制造业绿色效率激励作用系数变为0.0576，但不显著。可以看出，在经济发展相对落后地区，适度增加地方

政府直接补贴有助于促进制造业绿色效率水平的提升。从表 7 - 11 第（2）列可知，以经济发展水平为门槛变量，地方政府直接补贴与制造业清洁化转型间存在单一结构门槛突变，在地区经济水平低于 11.0579 时，地方政府直接补贴激励制造业清洁化转型的影响系数通过 10% 显著性水平检验为 0.0621，但当地区经济发展水平超过门槛值 11.0579 时，地方政府直接补贴对制造业清洁化转型的激励作用并不显著。从表 7 - 11 第（3）列可知，地方政府直接补贴与制造业高级化转型之间存在单一门槛效应，在经济发展水平地区人均 GDP 对数小于 11.3014 时，地方政府直接补贴对制造业高级化转型起显著正向激励作用，影响系数为 0.309，当地区经济发展水平跨越 11.3014 时，地方政府直接补贴对制造业高级化转型起到显著抑制作用，激励作用的影响系数为 -0.496。可见，地区经济发展水平相对落后的地区，地方政府直接补贴更有助于推动制造业绿色转型，而经济发展相对较好的地区，直接补贴规模的扩张并不起作用。综上可知，地区经济发展水平对地方政府直接补贴与制造业绿色转型之间存在结构突变的门槛调节效应。

表 7 - 11　地方政府直接补贴激励制造业绿色转型的门槛效应估计结果（门槛变量：经济发展水平）

变量	(1) gtfp	(2) clean	(3) advance
sub1（pgdp < γ_1）	0.0758 * (1.85)	—	—
sub1（pgdp > = γ_1）	0.0576 (1.40)	—	—
sub1（pgdp < γ_1）	—	0.0621 * (1.78)	—
sub1（pgdp > = γ_1）	—	0.0324 (0.58)	—
sub1（pgdp < γ_1）	—	—	0.309 ** (1.97)
sub1（pgdp > = γ_1）	—	—	-0.496 * (-1.86)

续表

变量	(1) gtfp	(2) clean	(3) advance
pgdp	-0.292 ** (-2.00)	-0.0935 (-0.50)	3.589 *** (3.79)
capital	-0.250 *** (-3.20)	0.172 * (1.70)	2.693 *** (5.32)
scale	0.0649 ** (2.24)	0.126 *** (3.35)	-0.371 * (-1.85)
open	-0.00143 (-0.86)	-0.00850 *** (-3.78)	0.0972 *** (8.93)
resoure	-0.108 ** (-1.98)	0.0363 (0.52)	-1.991 *** (-5.58)
genv	0.00512 * (1.65)	0.00683 * (1.73)	0.0321 (1.62)
education	0.00568 (-0.59)	0.0310 ** (2.51)	0.0374 (0.60)
_cons	-0.398 (-0.40)	1.738 (1.33)	-20.79 *** (-3.18)
R^2	0.1761	0.4447	0.4751
model	fe	fe	fe
N	330	330	330

注：*、**和***分别表示10%、5%、1%的显著性水平，小括号内数值为t统计值。

7.4.2.3 以政府治理能力为门槛变量回归结果分析

（1）门槛估值与置信区间。

以地方政府治理能力作为门槛变量，设定500次的bootstrap自助抽样，分别对地方政府补贴与制造业绿色效率、清洁化转型和高级化转型进行单一门槛、双重门槛和三重门槛效应检验。门槛检验具体结果见表7-12，可以看出在统计显著性水平上，以地区政府治理能力作为门槛变量，地方政府直接补贴与制造业绿色效率、清洁化转型和高级化转型均存在单一门槛效应。

表 7－12　　地方政府直接补贴与制造业绿色转型关系门槛效应检验
（以政府治理能力作为门槛变量）

upgrading	门槛变量	ability	
		门槛估值	F 值
gtfp	单一门槛	γ_1 = 0.6695	15.59***
	双重门槛	γ_1 = 0.6695	3.52
		γ_2 = 0.7498	
	三重门槛	γ_1 = 0.6695	3.04
		γ_2 = 0.7498	
		γ_3 = 0.7768	
clean	单一门槛	γ_1 = 1.0087	25.51***
	双重门槛	γ_1 = 1.0087	16.84
		γ_2 = 1.0190	
	三重门槛	γ_1 = 1.0087	9.07
		γ_2 = 1.0190	
		γ_3 = 0.9952	
advance	单一门槛	γ_1 = 1.0069	12.09*
	双重门槛	γ_1 = 1.0069	5.53
		γ_2 = 1.0104	
	三重门槛	γ_1 = 1.0069	6.99
		γ_2 = 1.0104	
		γ_3 = 0.6720	

注：表中的 F 值为采用 BS 反复抽得到的结果；*、** 和 *** 分别表示 10%、5%、1% 的显著性水平。

为进一步检验上述门槛估计结果是否真实有效，以地方政府治理能力作为门槛变量，通过似然比函数图显示出门槛估计参数取值和置信区间的构造情况，从图 7－15～图 7－17 可以看出，以地方政府治理能力作为门槛变量，地方政府直接补贴与制造业绿色效率之间存在单一门槛效应，门槛估值和置信区间分别为 0.6695、【0.6606，0.6708】。以地方政府治理能力为门槛变量，地方政府直接补贴与制造业清洁化转型之间的单一门槛估值为 1.0087，95% 的置信区间为【1.0019，1.0096】。地方政府治理能力为门槛变量，地方政府直接补贴与制造业高级化转型之间的单一门槛估值和 95% 的置信区间分别为 1.0069、【1.0059，1.0075】。似然比函数图显示整个门槛估计值对应的似然比函数值明显小于临界值，因此可以判断门槛检验估计结果是真实有效的。

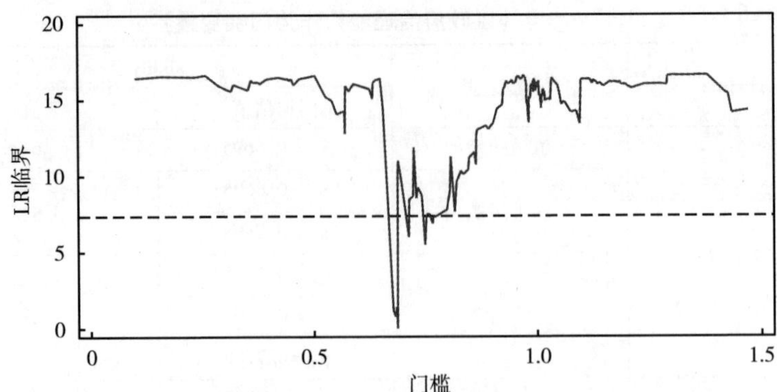

图 7-15　以政府治理能力作为门槛变量，地方政府直接补贴对绿色效率门槛估值和置信区间

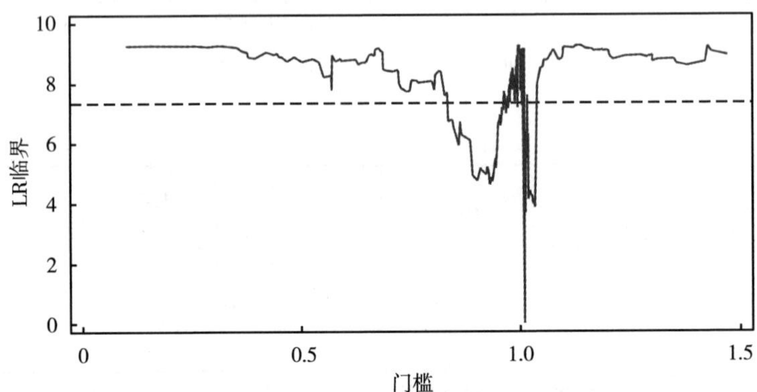

图 7-16　以政府治理能力作为门槛变量，地方政府直接补贴对清洁化转型门槛估值和置信区间

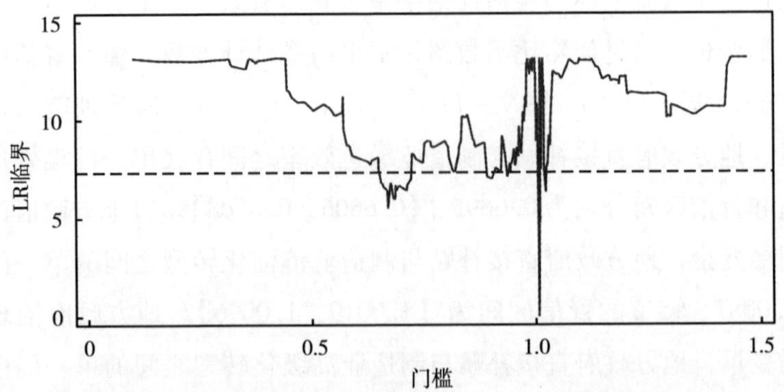

图 7-17　以政府治理能力作为门槛变量，地方政府直接补贴对高级化转型门槛估值和置信区间

（2）门槛回归结果与分析。

表 7－13 汇报了不同政府治理能力下地方政府直接补贴对制造业绿色效率、清洁化转型和高级化转型的门槛激励效应回归结果。从表 7－13 第（1）列可以看出，地方政府直接补贴对制造业绿色效率影响存在单一门槛效应，激励作用系数分别是 0.0526、0.0636，但在地方政府治理能力小于第一个门槛估值 0.6695 样本时，激励效应估计系数并不显著，在高于门槛估值 0.6695 样本区域时，激励作用回归系数为正并通过 10% 显著性水平检验。从表 7－13 第（2）列可以看出，地方政府直接补贴与制造业清洁化转型存在单一门槛，在地区政府治理能力小于 1.0087 的样本，地方政府直接补贴的增加抑制制造业清洁化转型，但并不显著，而在地方政府治理能力高于 1.0087 的地区，地方政府直接补贴能显著激励制造业清洁化转型。从表 7－13 第（3）列可以看出，对于制造业高级化转型，同样存在单一门槛地区政府治理能力的结构突变调节效应，在低于门槛估值 1.0069 时，地方政府直接补贴规模扩张显著阻碍制造业高级化转型，但在政府治理能力高于门槛估值 1.0069 的样本区域时，地方政府直接补贴的扩张却能显著促进制造业高级化转型。可见随着地方政府治理能力的提升，地方政府直接补贴支出规模扩张有助于激励制造业绿色效率提升、实现清洁化和高级化转型。这可能因为较高的政府治理能力，意味更高公共资源配置效率和良好营商环境，地方政府直接补贴增加能扩大地方政府运用公共政策助推制造业绿色转型，研究结论与唐鹏飞（2017）、杨萍等（2020）研究结论基本一致。可见通过提升地方政府的治理能力，能有效正向激励制造业绿色转型。综上可知，地区政府治理能力对直接补贴与制造业绿色转型同样存在结构突变的门槛调节效应。

表 7－13　地方政府直接补贴激励制造业绿色转型的门槛效应估计结果（门槛变量：政府治理能力）

变量	（1） gtfp	（2） clean	（3） advance
sub1（ability < γ_1）	0.0526 （1.24）	—	—
sub1（abilityp > = γ_1）	0.0636 * （1.93）	—	—

续表

变量	(1) gtfp	(2) clean	(3) advance
sub1 (ability < γ_1)	—	-0.0792 (-1.39)	—
sub1 (ability > = γ_1)	—	0.0884 ** (1.97)	—
sub1 (ability < γ_1)	—	—	-0.437 * (-1.93)
sub1 (ability > = γ_1)	—	—	0.372 * (1.79)
pgdp	-0.233 (-1.59)	-0.229 (-1.14)	3.885 *** (4.07)
capital	-0.255 *** (-3.24)	0.288 *** (2.68)	2.429 *** (4.76)
scale	0.0707 ** (2.41)	0.164 *** (4.09)	-0.630 *** (-3.32)
open	0.00000112 (0.00)	-0.0145 *** (-6.51)	0.106 *** (9.98)
resource	-0.0954 * (-1.73)	-0.00794 (-0.11)	-1.723 *** (-4.84)
genv	0.00620 ** (1.99)	0.00817 * (1.92)	-0.0357 * (-1.77)
education	0.00899 (0.93)	0.0330 ** (2.49)	0.0627 (1.00)
_cons	0.200 (0.20)	3.364 ** (2.45)	-23.87 *** (-3.65)
R^2	0.1581	0.3616	0.4605
model	fe	fe	fe
N	330	330	330

注：*、** 和 *** 分别表示 10%、5%、1% 的显著性水平，小括号内数值为 t 统计值。

7.4.3　地方政府间接补贴门槛激励效应回归结果分析

7.4.3.1　以地方间接补贴为门槛变量回归结果分析

（1）门槛估值与置信区间。

表 7－14 报告了以地方政府间接补贴为核心解释变量和门槛变量，运用 bootstrap 自助反复抽样 500 次，依次进行单一、双重和三门槛效应检验，计算得到 F 值和概率 P 值的门槛效应检验结果。门槛效应估计具体结果见表 7－14，可以看出以地方政府间接补贴为门槛变量，制造业绿色效率在 5% 的显著水平存在单一门槛效应，在 1% 的显著性水平上制造业清洁化转型存在双门槛效应，而制造业高级化转型在 10% 的显著性水平上存在单一门槛效应。

表 7－14　地方政府间接补贴与制造业绿色转型关系门槛效应检验（以政府间接补贴作为门槛变量）

upgrading	门槛变量	sub2	
		门槛估值	F 值
gtfp	单一门槛	$\gamma_1 = 11.4410$	23.14**
	双重门槛	$\gamma_1 = 11.4410$	4.79
		$\gamma_2 = 11.4460$	
	三重门槛	$\gamma_1 = 11.4410$	6.02
		$\gamma_2 = 11.4460$	
		$\gamma_3 = 8.9904$	
clean	单一门槛	$\gamma_1 = 12.6467$	18.33*
	双重门槛	$\gamma_1 = 12.6467$	398.53***
		$\gamma_2 = 12.8483$	
	三重门槛	$\gamma_1 = 12.6467$	7.15
		$\gamma_2 = 12.8483$	
		$\gamma_3 = 12.9281$	

续表

<table>
<tr><td rowspan="2">upgrading</td><td rowspan="2">门槛变量</td><td colspan="2">sub2</td></tr>
<tr><td>门槛估值</td><td>F 值</td></tr>
<tr><td rowspan="6">advance</td><td>单一门槛</td><td>$\gamma_1 = 12.7399$</td><td>18.13*</td></tr>
<tr><td rowspan="2">双重门槛</td><td>$\gamma_1 = 12.7399$</td><td rowspan="2">13.19</td></tr>
<tr><td>$\gamma_2 = 12.8963$</td></tr>
<tr><td rowspan="3">三重门槛</td><td>$\gamma_1 = 12.7399$</td><td rowspan="3">8.30</td></tr>
<tr><td>$\gamma_2 = 12.8963$</td></tr>
<tr><td>$\gamma_3 = 14.5500$</td></tr>
</table>

注：表中的 F 值为采用 BS 反复抽得到的结果；*、** 和 *** 分别表示 10%、5%、1% 的显著性水平。

为进一步检验上述门槛估计结果是否真实有效，需要通过似然比函数图显示出门槛参数取值和置信区间的构造情况。从图 7－18 ~ 图 7－20 可以看出，以地方政府间接补贴为门槛变量，制造业绿色效率存在单一门槛效应，在门槛值 γ 在 95% 的置信区间内，门槛估值为 11.4410。根据图 7－18 似然比函数图也可以看出，11.4410 为似然比函数等于零时的值，95% 的置信区间为【11.4207，11.4460】，因此，样本可以按地方政府间接补贴规模分为低于 11.4410 的地区和高于 11.4410 两个样本地区组别。以地方政府间接补贴为门槛变量，地方政府间接补贴与制造业清洁化转型存在双门槛效应，门槛估值和 95% 的置信区间分别为 12.6467、12.8483 和【12.6300，12.6471】、【12.8479，12.8505】，对制造业清洁化转型的总样本可以划分为政府间接补贴支出规模低于 12.6467、12.6467 至 12.8483 之间和高于 12.8483 三个样本区域。以地方政府间接补贴作为门槛变量，地方政府间接补贴与制造业高级化转型存在单一门槛效应，门槛估值和 95% 的置信区间分别为 12.7399、【12.6528，12.7453】，样本可以按地方政府间接补贴规模分为低于 12.7399 的地区和高于 12.7399 两个样本地区组别。

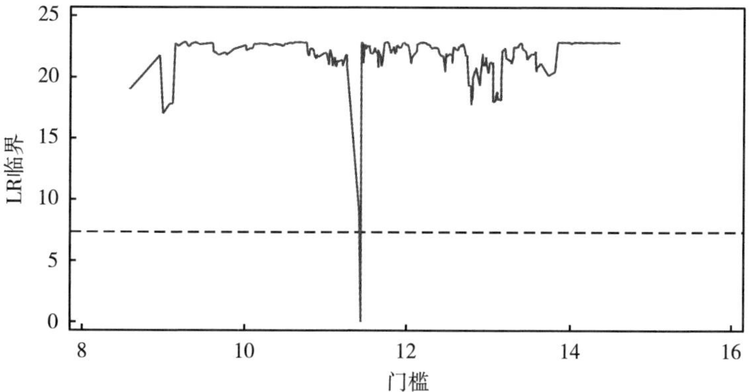

图7-18　以地方政府间接补贴作为门槛变量，地方政府间接补贴对绿色效率门槛估值和置信区间

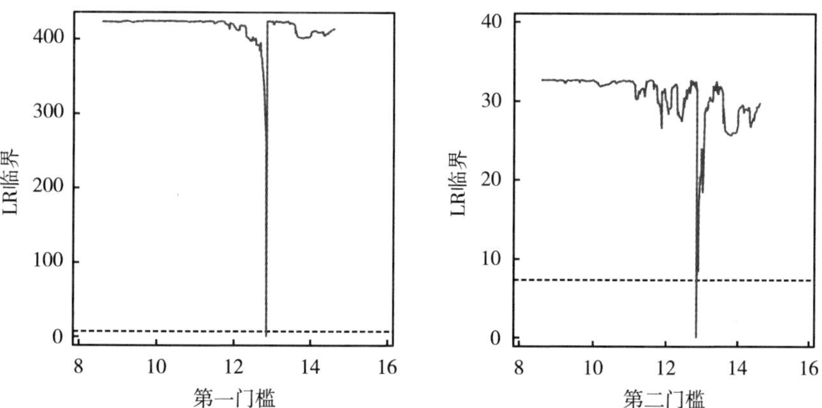

图7-19　以地方政府间接补贴作为门槛变量，地方政府间接补贴对清洁化转型门槛估值和置信区间

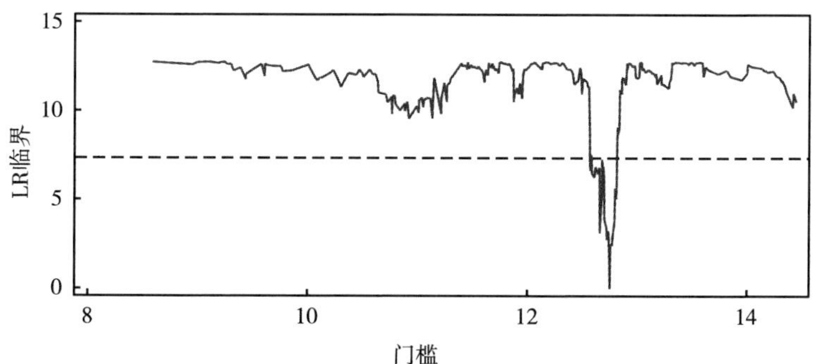

图7-20　以地方政府间接补贴作为门槛变量，地方政府间接补贴对高级化转型门槛估值和置信区间

（2）门槛激励效应估计结果与分析。

表7－15汇报了以地方间接补贴作为门槛变量，地方间接补贴激励制造业绿色转型门槛效应回归估计的结果。从表7－15第（1）列可以看出，不同的地方政府间接补贴规模对制造业绿色效率产生的激励作用不同。当地方政府间接补贴支出规模小于11.4410时，地方政府间接补贴对制造业绿色效率影响的激励系数为3.091，并且通过5%的显著性水平检验，而当地方政府间接补贴的支出规模跨越11.4410门槛估值进入第二个样本区域时，其激励作用弹性系数变成了－0.165，但并不显著。由此，在地方政府间接补贴支出规模相应划分两个区间，在第一个样本区间内，地方政府间接补贴对制造业绿色效率水平提升起显著正向推动效应，但当地方政府间接补贴支出规模跨越第一个门槛估值到第二个样本区间时，地方政府间接补贴与制造业绿色效率之间呈负相关关系。可见，地方政府间接补贴对制造业绿色效率的影响是非线性的，在间接补贴支出规模相对较低时，地方政府间接补贴支出规模扩张有助于制造业绿色效率水平的提升。从表7－15第（2）列可知，地方政府间接补贴支出规模小于12.6467时，地方政府间接补贴制造业清洁化转型的影响系数为－0.064，但并不显著。当地方政府补贴支出规模跨越第一个门槛估值12.6467，进入第二样本区域时，地方政府间接补贴对制造业清洁化转型的激励系数为0.329，并且通过1%统计显著性检验，但当地方政府补贴支出规模跨越第二个门槛估值12.8483进入第三个样本区域时，地方政府间接补贴对制造业清洁化转型影响系数为－0.0607，但并不显著。因此，对制造业清洁化转型而言，地方政府间接补贴的最优支出区域处在【11.6467，12.8483】。从表7－15第（3）列可知，不同的地方政府间接补贴规模对制造业高级化转型均能产生正向激励效应，但激励作用弹性系数不同。样本在第一区域时，地方政府补贴支出规模增加不足以支撑制造业高级化转型，进入第二样本区域时，地方政府补贴对制造业高级化转型之间呈显著正向关系，激励系数为1.848，并且通过5%显著性水平检验。综上所述，可以得出地方政府间接补贴与制造业高级化转型同样存在非线性关系，地方政府间接补贴对制造业绿色效率、清洁化转型和高级化转型激励作用均存在结构性突变门槛效应，存在最有效激励作用的门槛阈值。

表 7 – 15　　地方政府间接补贴激励制造业绿色转型门槛效应估计结果（以间接补贴作为门槛变量）

变量	(1) gtfp	(2) clean	(3) advance
sub_2 ($sub_2 < \gamma_1$)	3.091 ** (1.99)	—	—
sub_2 ($sub_2 >= \gamma_1$)	-0.165 (-1.34)	—	—
sub_2 ($sub_2 < \gamma_1$)	—	-0.0640 (-0.89)	—
sub_2 ($\gamma_1 <= sub_2 < \gamma_2$)	—	0.329 *** (4.36)	—
sub_2 ($sub_2 >= \gamma_2$)	—	-0.0607 (-0.86)	—
sub_2 ($sub_2 < \gamma_1$)	—	—	0.131 (0.28)
sub_2 ($sub_2 >= \gamma_1$)	—	—	1.848 ** (2.18)
pgdp	-0.458 *** (-3.02)	-0.217 (-1.40)	3.016 *** (2.73)
capital	-0.305 *** (-3.75)	0.303 *** (4.19)	2.835 *** (5.55)
scale	0.0747 ** (2.50)	0.0697 *** (2.62)	-0.604 *** (-3.21)
open	0.0000254 (0.02)	-0.00569 *** (-3.69)	0.126 *** (11.33)
resoure	-0.108 * (-1.93)	-0.0566 (-1.14)	-1.624 *** (-4.59)
genv	0.00788 ** (2.52)	0.00535 * (1.91)	0.0265 (1.32)
education	0.0109 (1.11)	0.00913 (1.02)	0.0617 (0.99)
_cons	-0.959 (-0.89)	3.024 *** (3.34)	-21.43 *** (-3.27)
R^2	0.1645	0.4332	0.5779
Model	fe	fe	fe
N	330	330	330

注：*、** 和 *** 分别表示 10%、5%、1% 的显著性水平，小括号内数值为 t 统计值。

7.4.3.2 以地方经济发展水平作为门槛变量回归结果分析

(1) 门槛估值与置信区间。

表7-16报告了以地方政府间接补贴为核心解释变量，经济发展水平作为门槛变量，运用bootstrap自助反复抽样500次，依次进行单一、双重和三重门槛效应检验的回归结果。结果表明，以地区经济发展水平（人均GDP的对数）为门槛变量，制造业绿色效率、清洁化转型在5%显著水平上存在单一门槛效应，而制造业高级化转型不存在门槛效应。

表7-16 地方政府间接补贴与制造业绿色转型关系门槛效应检验（以经济发展水平作为门槛变量）

upgrading	门槛变量	pgdp	
		门槛估值	F值
gtfp	单一门槛	$\gamma_1=10.9895$	13.35**
	双重门槛	$\gamma_1=10.9895$	5.56
		$\gamma_2=11.0396$	
	三重门槛	$\gamma_1=10.9895$	4.96
		$\gamma_2=11.0396$	
		$\gamma_3=11.0629$	
clean	单一门槛	$\gamma_1=11.0579$	47.33**
	双重门槛	$\gamma_1=11.0579$	15.03
		$\gamma_2=11.5820$	
	三重门槛	$\gamma_1=11.0579$	1.29
		$\gamma_2=11.5820$	
		$\gamma_3=10.7131$	
advance	单一门槛	$\gamma_1=11.3014$	14.97
	双重门槛	$\gamma_1=11.3014$	7.89
		$\gamma_2=11.5502$	
	三重门槛	$\gamma_1=11.3014$	9.60
		$\gamma_2=11.5502$	
		$\gamma_3=10.4537$	

注：表中的F值为采用BS反复抽得到的结果；*、**和***分别表示10%、5%、1%的显著性水平。

为进一步检验上述门槛估计结果是否真实有效，需要通过似然比函数图显示出门槛参数取值和置信区间的构造情况。根据图 7－21 似然比函数图也可以看出，95% 的置信区间为【10.9690，11.0054】。因此，样本可以按经济发展水平（人均 GDP 对数）分为高于 10.9895 的地区和人均 GDP 对数低于 10.9895 两个地区组别。制造业清洁化转型在 95% 的置信区间内，门槛估值为 11.0579，95% 的置信区间为【11.0143，11.0583】，结合地方政府间接补贴似然比函数图（图 7－22），样本可分为经济发展水平（lnpgdp）低于 11.0579 和高于 11.0579 两个地区组别。以地区经济发展水平作为门槛变量，地方政府间接补贴与制造业高级化转型不存在门槛效应。从似然比函数图可以看出，制造业绿色效率和清洁化转型的门槛估值均落在 95% 的置信区间内，可以判定门槛效应存在性检验的估计结果是真实且有效的。

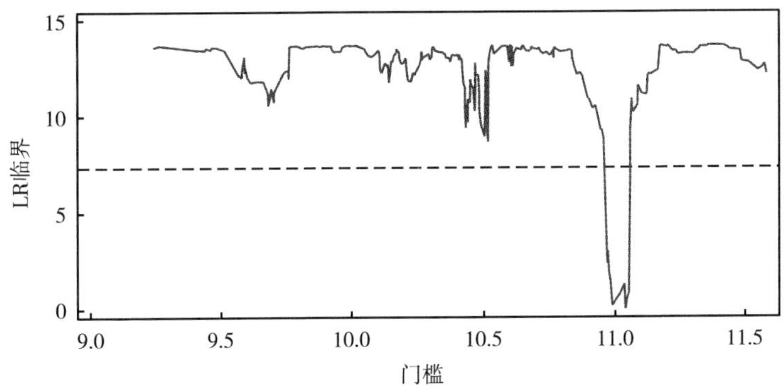

图 7－21　以经济发展水平作为门槛变量，地方政府间接补贴对绿色效率门槛估值和置信区间

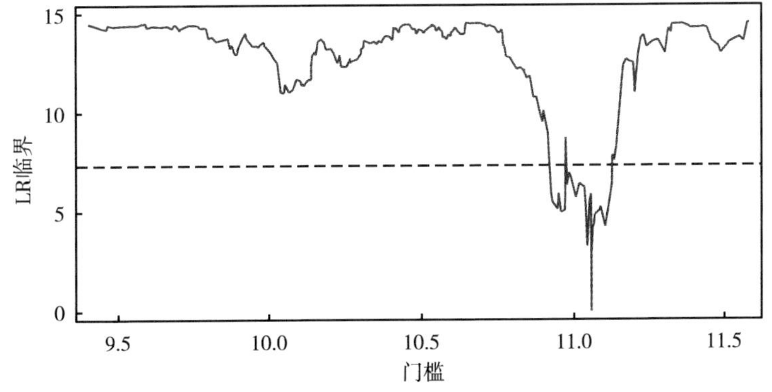

图 7－22　以经济发展水平作为门槛变量，地方政府间接补贴对清洁化转型门槛估值和置信区间

（2）门槛效应估计结果与分析。

表7－17汇报了以经济发展水平作为门槛变量，地方政府间接补贴对制造业绿色效率、清洁化转型和高级化转型门槛效应回归估计的结果。可以看出，地方政府间接补贴对制造业绿色效率具有单一门槛拐点。在地区经济发展水平（人均GDP对数）处于低于10.9895发展阶段时，地方政府间接补贴对制造业绿色效率的影响显著为正，激励作用弹性系数为0.0916，而当经济发展水平人均GDP对数大于10.9895时，地方政府间接补贴对制造业绿色效率的激励作用系数变成了－0.0151，但并不显著。综合分析可见，地方政府间接补贴有助于促进经济发展水平相对欠发达地区制造业绿色效率提升，但对经济发展相对较好的地区制造业绿色效率影响效应并不确定，即地方政府间接补贴在经济发展相对落后的地区更能发挥对制造业绿色效率的激励作用。对制造业清洁化转型，地方政府间接补贴存在单一突变门槛拐点，当地区人均GDP对数低于11.0579时，地方政府间接补贴对制造业清洁化转型激励效应弹性系数为0.280，并通过1%统计显著性水平检验，当地区经济发展水平（人均GDP对数）高于11.0579时，地方政府补贴对制造业清洁化转型的激励作用系数变成0.0820，但并不显著。也就是说随着地区经济的发展，地方政府间接补贴对制造业清洁化转型促进作用明显减弱。以经济发展水平作为门槛变量，地方政府补贴对制造业高级化转型不存在门槛效应，因而不需要进行门槛效应回归估算。

表7－17　地方政府间接补贴激励制造业绿色转型的门槛效应估计结果（门槛变量：经济发展水平）

变量	(1)	(2)
	gtfp	clean
sub1（pgdp < γ_1）	0.0916** (2.01)	—
sub1（pgdp > = γ_1）	−0.0151 (−0.21)	—
sub1（pgdp < γ_1）	—	0.280*** (3.03)
sub1（pgdp > = γ_1）	—	0.0820 (0.81)

续表

变量	(1)	(2)
	gtfp	clean
pgdp	-0.388 ** (-2.28)	-0.163 (-0.74)
capital	-0.265 *** (-3.37)	0.182 * (1.77)
scale	0.0664 ** (2.28)	0.128 *** (3.36)
open	-0.00172 (-1.02)	-0.00851 *** (-3.68)
resoure	-0.106 * (-1.92)	0.0293 (0.41)
genv	0.00575 * (1.84)	0.00639 (1.60)
education	0.00623 (0.64)	0.0306 ** (2.45)
_cons	-0.516 (-0.51)	1.838 (1.39)
R^2	0.1666	0.4336
model	fe	fe
N	330	330

注：*、** 和 *** 分别表示 10%、5%、1% 的显著性水平，小括号内数值为 t 统计值。

7.4.3.3　以政府治理能力作为门槛变量回归结果分析

(1) 门槛估值与置信区间。

根据门槛面板模型构建方程，以地方政府治理能力作为门槛变量，考察地方政府间接补贴对制造业绿色转型激励的门槛效应，设定 500 次的 bootstrap 自助抽样，依次进行单一门槛、双重门槛和三重门槛检验。门槛效应检验的具体结果如表 7-18 所示，可以看出以地区政府治理能力作为门槛变量，地方政府间接补贴与制造业绿色效率在 5% 的显著水平上存在双门槛效应，与制造业清洁化转型在1%显著性水平存在单一门槛效应，而地方政府间接补贴与制造业高级化转型在10%的显著水平上存在单一门槛效应。

表7-18　地方政府间接补贴与制造业绿色转型关系门槛效应检验（以政府治理能力作为门槛变量）

upgrading	门槛变量	ability	
		门槛估值	F值
gtfp	单一门槛	$\gamma_1=0.6695$	18.95**
	双重门槛	$\gamma_1=0.6695$	18.28**
		$\gamma_2=0.7498$	
	三重门槛	$\gamma_1=0.6695$	8.13
		$\gamma_2=0.7498$	
		$\gamma_3=0.7431$	
clean	单一门槛	$\gamma_1=0.9952$	78.5***
	双重门槛	$\gamma_1=0.9952$	5.93
		$\gamma_2=0.9961$	
	三重门槛	$\gamma_1=0.9952$	4.83
		$\gamma_2=0.9961$	
		$\gamma_3=0.9975$	
advance	单一门槛	$\gamma_1=1.0069$	12.09*
	双重门槛	$\gamma_1=1.0069$	5.53
		$\gamma_2=1.0104$	
	三重门槛	$\gamma_1=1.0069$	6.99
		$\gamma_2=1.0104$	
		$\gamma_3=0.6720$	

注：表中的F值为采用BS反复抽得到的结果；*、**和***分别表示10%、5%、1%的显著性水平。

为进一步检验上述门槛估计结果是否真实有效，需要通过似然比函数图显示出门槛参数取值和置信区间的构造情况。根据图7-23似然比函数图也可以看出，门槛估值0.6695和0.7431把样本分为低于0.6695的地区、0.6695和0.7431之间和地方政府治理能力高于0.7431三个地区组别。在95%的置信区间内，制造业清洁化转型门槛估值为0.9952，置信区

间为【0.9947，0.9955】，结合似然比函数图7－24，样本按地方政府治理能力水平可分为低于0.9952和高于0.9952两个地区组别。在95%的置信区间内，制造业高级化转型门槛估值和置信区间分别为1.0069和【1.0065，1.0089】，结合LR似然比函数图7－25，按地方政府治理能力水平样本可分为治理能力低于1.0069和高于1.0069两个地区组别。由图7－23～图7－25可以看出，门槛估值均落在95%的置信区间范围，可以判断门槛效应存在性检验的结果是真实有效的。

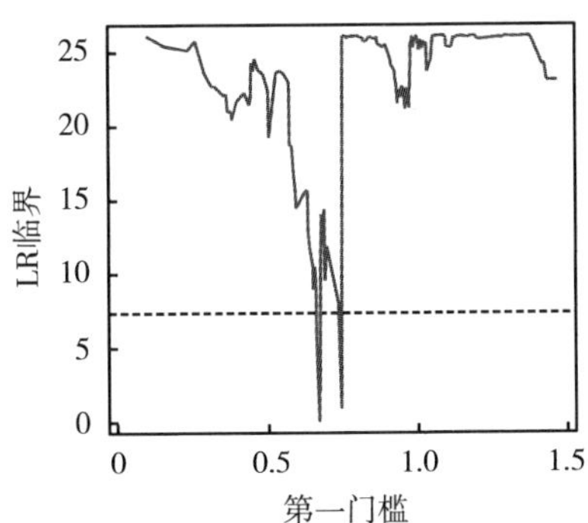

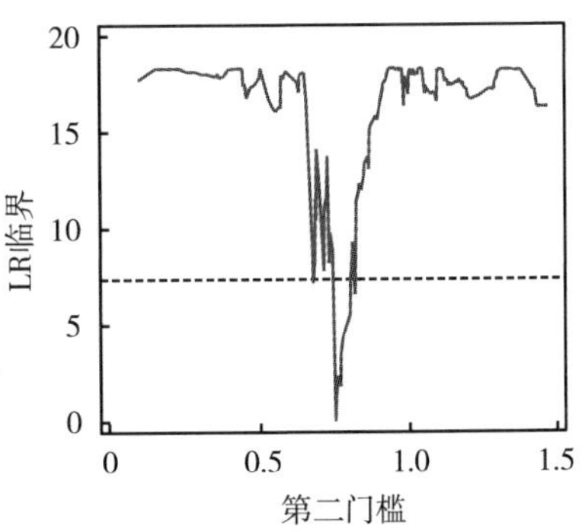

图7－23　以政府治理能力作为门槛变量，地方政府间接补贴对绿色效率门槛估值和置信区间

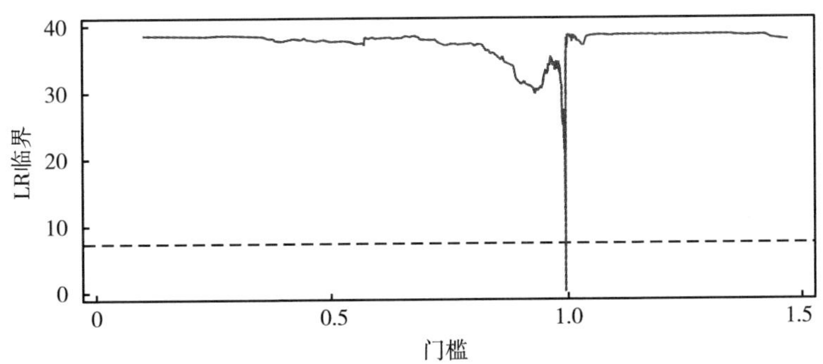

图7－24　以政府治理能力作为门槛变量，地方政府间接补贴对清洁化转型门槛估值和置信区间

（2）门槛激励效应估计结果与分析。

表7－19汇报了以地方政府治理能力作为门槛变量，地方政府间接补贴对制造业绿色效率、清洁化转型和高级化转型的门槛效应回归估计结

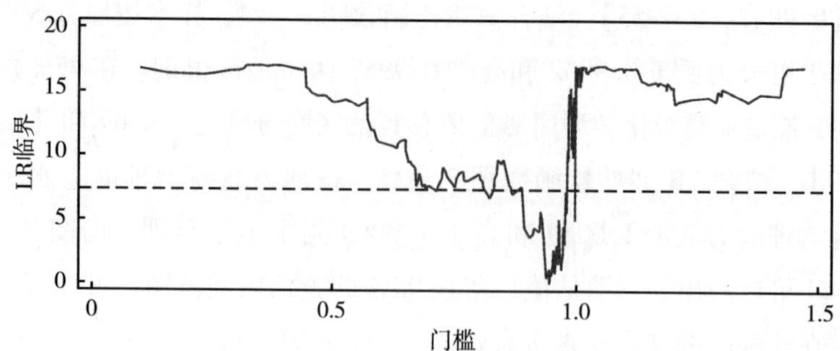

图7－25　以政府治理能力作为门槛变量，地方政府间接补贴对高级化转型门槛估值和置信区间

果。从表7－19第（1）列的估计结果可知，当地方政府治理能力未跨过门槛估值时，地方政府间接补贴对制造业绿色效率的影响效应系数为0.0037，但并不显著，这说明当地方政府治理能力处于较低水平时，地方政府间接补贴规模扩张并不足以支撑制造业绿色效率水平提升。当地方政府治理能力跨越第一个门槛估值0.6695，到达第二个门槛估值0.7498的区间，地方政府间接补贴对制造业绿色效率激励作用弹性系数为0.019，而且通过10%统计显著性水平检验，但当地方政府治理能力跨越0.7498第二个门槛时，地方政府间接补贴对制造业绿色效率提升的激励作用系数在5%的显著性水平上变成了0.0258。可以看出，地方政府间接补贴与制造业绿色效率关系显然呈正向非线性特征，而且随着地方政府治理能力的提升，地方政府间接补贴激励效应愈加明显。即地方政府治理能力对政府间接补贴与制造业绿色转型具有结构突变门槛调节效应。从表7－19第（2）列的回归结果可以看出，地方政府间接补贴能显著激励制造业清洁化转型，但存在单一门槛拐点。当地方政府治理能力低于0.9961时，地方政府间接补贴对制造业清洁化转型的影响系数为0.0977，且通过10%显著水平检验，在跨越0.9961门槛估值，地方政府间接补贴激励系数变为0.373，并且通过5%统计显著性水平检验。可见，无论在地方政府治理能力高的地区，还是在政府治理能力低的地区，地方政府间接补贴支出规模的增加均有助于激励制造业清洁化转型，而且随政府治理能力提升，地方政府间接补贴激励效应愈加明显。从表7－19第（3）列的回归结果可知，在政府治理能力低的地区，地方政府间接补贴与制造业高级化转型之间呈显著负向关系，说明在地方政府治理能力低的地区，地方政府间接补贴规模扩张不利于制造业高新技术产业发展，但地方政府治理能力高的地区，地方政府间接补贴与制造业高级化转型之间呈显著正相关关系，即在政府治理能力高的地区，地方政府间接补贴规模增加能够有效激励制造业高级化转型，研究的结论进一步印证了肖叶和刘小兵（2018）的政府治理高效率的地区税收优惠能显著促进产业结构高级化转型的研究结果。综上所述，可以得出在中国特殊的制度环境下，政府治理能力对地方政府间接补贴与制造业绿色转型之间存在结构突变门槛调节效应。

表 7－19　地方政府间接补贴激励制造业绿色转型的门槛效应估计结果（门槛变量：政府治理能力）

变量	(1) gtfp	(2) clean	(3) advance
sub2（ability < γ_1）	0.0037 (0.50)	—	—
sub2（γ_1 < = ability < γ_2）	0.019* (1.78)	—	—
sub2（abilityp > = γ_2）	0.0258** (2.05)	—	—
sub2（ability < γ_1）	—	0.0977* (1.78)	—
sub2（ability > = γ_2）	—	0.373** (1.96)	—
sub2（ability < γ_1）	—	—	-0.228 (-0.48)
sub2（ability > = γ_2）	—	—	0.167*** (2.85)
pgdp	-0.347** (-2.03)	-0.334 (-1.58)	3.651*** (3.30)
capital	-0.272*** (-3.44)	0.383*** (3.93)	2.475*** (4.83)
scale	0.0724** (2.46)	0.137*** (3.80)	-0.644*** (-3.39)

续表

变量	(1) gtfp	(2) clean	(3) advance
open	-0.000335 (-0.20)	-0.0107*** (-5.18)	0.107*** (9.92)
resoure	-0.0922* (-1.67)	-0.0556 (-0.82)	-1.721*** (-4.81)
genv	0.00682** (2.18)	0.00750* (1.96)	0.0382* (1.89)
education	0.00950 (0.98)	0.0126 (1.03)	0.0618 (0.98)
_cons	0.0889 (0.09)	4.460*** (3.55)	-23.74*** (-3.60)
R^2	0.1533	0.4870	0.4578
model	fe	fe	fe
N	330	330	330

注：*、**和***分别表示10%、5%、1%的显著性水平，小括号内数值为t统计值。

7.4.4 稳健性检验

考虑到地方政府补贴规模、直接补贴和间接补贴与制造业绿色转型之间可能存在遗漏变量造成内生性偏误，借鉴胡安军（2019）采用SGMM动态面板门槛参数估计进行稳健性检验。动态门槛回归估计结果见表7-20~表7-22，回归估计的结果与前面基本一致，以地方政府补贴规模作为门槛变量，地方政府补贴规模与制造业绿色效率、清洁化转型和高级化转型之间均存在双门槛效应。地方政府补贴规模作为核心解释变量的激励作用弹性系数显著性并没有发生实质性的改变，仅回归系数大小及显著性程度发生变化。以经济发展水平和地方政府治理能力为门槛，运用动态门槛效应模型进行稳健性检验，地方政府补贴规模与制造业绿色转型存在门槛结构突变的非线性效应，回归显著性水平和方向并没有发生实质性变化（表略）。同样对地方政府直接补贴、间接补贴与制造业绿色转型的门槛效应

进行稳健性检验，以地方政府直接和间接补贴相对规模、经济发展水平和政府治理能力作为门槛变量，地方政府直接和间接补贴与制造业绿色效率、清洁化转型、高级化转型的门槛效应，回归系数符号也同样与前文保持高度一致（表略）。

综上所述，地方政府补贴规模、直接补贴和间接补贴与制造业绿色效率、清洁化和高级化转型的门槛效应存在性和方程回归系数的符号均与前文基本保持一致。因此，说明地方政府补贴规模、直接补贴和间接补贴与制造业绿色效率、清洁化转型和高级化转型门槛效应模型的估计结果基本上是稳健的，所有方程估计均不存在“伪回归”问题。

表 7-20　　地方政府补贴规模激励制造业绿色效率的动态门槛估计结果（门槛变量：地方政府补贴规模）

变量	(1) gtfp	(2) gtfp	(3) gtfp
L. gtfp	-0.0840* (-1.86)	0.160** (2.06)	0.004* (1.92)
sub（$sub<\gamma_1$）	1.257* (1.77)	—	—
sub（$\gamma1<=sub<\gamma_2$）	—	1.758*** (2.53)	—
sub（$sub>=\gamma_2$）	—	—	0.0398** (1.98)
controls	yes	yes	yes
_cons	3.579*** (4.01)	-0.128* (-1.69)	-3.809** (-2.10)
AR（1）	-2.256 [0.0241]	2.757 [0.0058]	2.558 [0.0105]
AR（2）	0.4887 [0.6250]	-1.509 [0.1313]	-0.794 [0.3729]
Sargan 检验	28.000 [1.000]	28.402 [1.000]	26.297 [1.000]

注：*、** 和 *** 分别表示 10%、5%、1% 的显著性水平，小括号内数值为 t 统计值。

表 7 – 21　地方政府补贴规模激励制造业清洁化转型的动态门槛估计结果（门槛变量：地方政府补贴规模）

变量	(1) clean	(2) clean	(3) clean
L. clean	1.019 *** (35.78)	1.678 *** (16.93)	−1.056 *** (−6.23)
sub（$sub<\gamma_1$）	0.122 (0.63)	—	—
sub（$\gamma1<=sub<\gamma_2$）	—	1.301 *** (4.97)	—
sub（$sub>=\gamma_2$）	—	—	−0.160 * (−1.74)
controls	yes	yes	yes
_cons	4.509 *** (3.51)	−5.128 * (−1.73)	−9.809 ** (−2.09)
AR（1）	2.212 [0.0270]	2.730 [0.0063]	2.538 [0.0111]
AR（2）	0.4035 [0.6866]	−1.595 [0.1107]	−0.698 [0.8951]
Sargan 检验	27.008 [1.000]	27.306 [1.000]	26.897 [1.000]

注：*、** 和 *** 分别表示 10%、5%、1% 的显著性水平，小括号内数值为 t 统计值。

表 7 – 22　地方政府补贴规模激励制造业高级化转型的动态门槛估计结果（门槛变量：地方政府补贴规模）

变量	(1) advance	(2) advance	(3) advance
L. advance	1.835 *** (71.79)	2.785 *** (11.09)	1.005 *** (7.86)
sub（$sub<\gamma_1$）	−5.385 ** (−2.13)	—	—
sub（$\gamma1<=sub<\gamma_2$）	—	3.287 *** (4.53)	—
sub（$sub>=\gamma_2$）	—	—	1.269 ** (2.24)

续表

变量	(1) advance	(2) advance	(3) advance
controls	yes	yes	yes
_cons	-15.37** (-2.15)	-10.22 (-1.61)	5.853 (0.89)
AR (1)	-2.2777 [0.0227]	-1.9572 [0.0506]	-2.1642 [0.0304]
AR (2)	-1.5448 [0.1224]	1.0752 [0.2823]	-0.7735 [0.4392]
Sargan 检验	18.5826 [1.000]	15.2479 [1.000]	15.1438 [1.000]

注：*、** 和 *** 分别表示 10%、5%、1% 的显著性水平，小括号内数值为 t 统计值。

综上所述，非线性特征的门槛激励效应回归结果显示出了地方政府补贴规模、直接补贴和间接补贴影响中国制造业绿色转型的非均衡特点，受地方经济发展水平、政府治理能力、对外开放程度、自然资源禀赋和人力资源水平等的区域性差异化作用，地方政府补贴规模、直接和间接补贴正向有效激励作用存在“适度边界”阈值，以及经济发展和政府治理能力对地方政府补贴规模、直接补贴和间接补贴与制造业绿色转型之间具有显著结构突变的门槛调节激励效应。

7.5　本章小结

本章基于 2009～2019 年除西藏和中国港澳台地区外中国 30 个省级面板数据，利用门槛效应模型进一步探究地方政府补贴规模、直接补贴和间接补贴对制造业绿色转型激励的门槛效应。研究结果发现，地方政府补贴规模、直接补贴和间接补贴激励作用存在适度边界，地方政府“普惠式”间接补贴与“竞争式”直接补贴存在各自的优势区间。此外，地区经济发展水平和政府治理能力对地方政府补贴规模、直接补贴和间接补贴与制造业绿色转型之间存在结构突变门槛调节效应，而且不同地方补贴政策工具表现出明显差异化的门槛结构突变调节特征。

（1）地方政府补贴规模的门槛激励效应估计结果。以地方政府补贴规模作为门槛变量，地方政府补贴规模与制造业绿色效率、制造业清洁化转型和制造业高级化转型之间均存在显著双门槛效应，不同的地方政府补贴支出规模范围，地方政府补贴规模对制造业绿色效率、清洁化转型和高级化转型激励作用弹性系数不同，存在最优支出区间范围，地方政府补贴规模对制造业绿色效率、清洁化转型和高级化转型最优的适度区域分别为【9.6548，11.7288】、【11.6337，13.2591】、【11.3014，11.5502】。以地区经济发展水平（人均 GDP 对数）作为结构突变的门槛调节变量条件，地方政府补贴规模与制造业绿色效率、清洁化转型和高级化转型之间存在单一门槛效应，而且无论是制造业绿色效率，还是制造业清洁化与高级化转型，在经济欠发达地区地方政府补贴规模的激励作用明显优于经济相对发达地区。以地方政府治理能力作为门槛调节变量，地方政府补贴规模与制造业绿色效率之间存在双门槛效应，与制造业清洁化转型之间存在单一门槛效应，与制造业高级化转型不存在门槛效应，在地方政府治理能力高的地区，政府补贴规模适度扩张有利于激励制造业绿色效率水平提升和促进制造清洁化转型。

（2）地方政府直接补贴的门槛激励效应估计结果。以地方政府直接补贴作为门槛变量，地方政府直接补贴与制造业绿色效率、清洁化转型和高级化转型同样存在显著双门槛效应，具有最优支出区间范围，地方政府直接补贴对制造业绿色效率、清洁化转型和高级化转型最优支出规模区间分别为【11.1211，11.706】、【10.9707，12.1860】、【11.6620，11.7235】所在区域。以经济发展水平作为门槛调节变量，地方政府直接补贴与制造业绿色效率、清洁化转型、高级化转型之间存在显著单一门槛结构突变效应，在地区经济发展水平低于门槛估值时，地方政府直接补贴增加能够有效激励制造业绿色效率水平提升，促进制造业清洁化和高级化转型。以地方政府治理能力作为门槛变量，地方政府直接补贴对制造业绿色效率、清洁化转型和高级化转型的影响均存在单一门槛效应，激励作用呈“U”型特征，在政府治理能力相对较高的地区，地方政府直接补贴支出规模扩张有助于激励制造业绿色效率提升，促进清洁化和高级化转型的实现。

（3）地方政府间接补贴的门槛激励效应估计结果。以地方政府间接补贴作为门槛变量，地方政府间接补贴与制造业绿色效率、高级化转型存在显著单一门槛效应，与制造业清洁化转型则存在显著双门槛效应，对制造业清洁化转型的地方政府间接补贴支出规模的最优区域处于【11.6467，12.8483】。以地区经济发展水平（人均 GDP 的对数）作为门槛变量，地方政府间接补贴与制造业绿色效率、清洁化转型在 5% 的显著水平上存在单一门槛效应，而且地方政府间接补贴增加有助于激励经济相对欠发达地区制造业绿色效率提升和清洁化转型，激励作用呈倒“U”型特征，但对制造业高级化转型不存在门槛效应。以地方政府治理能力为门槛变量，地方政府间接补贴与制造业绿色效率存在双门槛效应，与制造业清洁化和高级化转型存在单一门槛拐点。地方政府间接补贴对制造业清洁化和高级化转型的影响作用表现为先阻碍后促进作用，总体上激励效应呈显著的“U”型门槛转换特点。

第8章 发达国家激励制造业绿色转型补贴政策经验与启示

8.1 美国激励制造业绿色转型补贴政策

8.1.1 加大对新能源制造产业的政府补贴支持力度

美国为鼓励减少对传统石油能源的依赖，保障能源的安全，出台了一系列鼓励可再生新能源的开发利用，促使提高新能源使用效率的补贴政策。如美国1992年颁布的《能源政策法案》，规定了对风能、生物能以及地热能等可再生新能源的生产实施税收抵免的税收优惠政策，对太阳能、燃料电池和小型风力设备等制造业投资项目推行“先进能源制造业退税”计划，为太阳能光伏发电提供的30%～50%安装成本财政专项补助。2009年实施的《美国复苏和再投资法案》重启核电项目投资，确认高效电池投资制造产业、智能电网开发产业、碳捕获和碳储存投资产业和风能太阳能等新能源制造业产业作为国家重点扶持领域，并鼓励可再生新能源技术的开发利用、清洁煤技术的研发使用以及核能技术的开发与出口，提供了约300亿美元的财政补助，对可再生新能源生产提供130亿美元的税收抵免，对潮汐能发电项目提供1720亿美元美国政府直接投资。2012年美国联邦政府出面提供360亿美元的贷款担保用于建设核电站（郑家兴，2021）。2013年美国颁布实施了《清洁能源制造计划》，向制造企业提供1.5亿美元清洁能源转型升级计划财政补助，对新能源汽车消费提供6亿美元财政补贴，对太阳能、生物燃料和光伏发电等投资项目的新增生产成本提供全额财政补贴。法案还推出了13亿美元的个人能源消费补贴，对购买符合条件的轻型燃料电池汽车提供高达4000美元的税收减免，鼓励居民使用清洁能源，转变能源消费模式，加大清洁能源产业的消费市场（郑家兴，2021）。

8.1.2　加大对高新技术制造产业的政府补贴支持力度

高新技术制造产业代表一个国家的产业竞争实力，是国家科技创新的重要力量。为此，美国2006年推出“创新引领世界”的“美国竞争力计划”，对科技创新研发和实验实施永久化的税收减免的税收优惠政策，激励企业和私人部门提高科技创新的研发投入，并对教育和培训给予300亿美元财政补贴（胡安军，2019）。2009年、2011年、2015年美国连续颁布《国家创新战略》，要求美国政府在10年内对高新技术产业直接提供约7870亿美元的投资，并同时对科技研发创新提供1080亿美元财政专项补贴（郑家兴，2021）。2012年，美国商务部发布《美国竞争和创新能力》，规定政府对基础研究提供80亿美元财政补助，强调政府要加强对创新中心的财政投入，规定基础性研究费用的65%能够从应纳所得税直接抵免，对科技人才和基础研究成果应用转化给予税收减免，营造良好的促进企业研发创新的营商环境（王昀和孙晓华，2017）。2016年美国签发了《21世纪国家安全科技与创新战略》。2020年美国发布了《关键和新兴技术国家战略》，规定对人工智能（AI）制造产业、新能源产业、量子信息科学产业、通信和网络产业和空间技术产业等高新技术领域提供政府直接投资，给予3～5年期限税收减免的税收优惠政策，并提供相应的财政专项补贴资助。

美国政府通过一系列产业补贴政策有效地促进了美国高新技术产业发

展，有力推动了美国制造业产业结构转型升级，使得美国在高新技术领域产业具有显著国际竞争力。如图8－1所示，美国在航天、医药制造等高新技术领域进出口情况，可以看出，自1992年以来，美国在高新技术的进出口总体在世界上占据绝对优势，在航天、医药制造业的进出口额绝对值远超中国。比如美国2017年航天设备出口额为126.14亿美元，是中国航天设备出口的50倍。医疗仪器设备出口额为831.64亿美元，是中国的10.8倍，电子及通信设备制造业2017年出口额为66.07亿美元，是中国的4倍。美国通过广泛推广使用高新技术，提高了整个工业领域劳动生产率，使传统重污染、劳动密集和资本密集的相关产业向高技术、高附加产业的转型，实现制造产业结构转型升级。

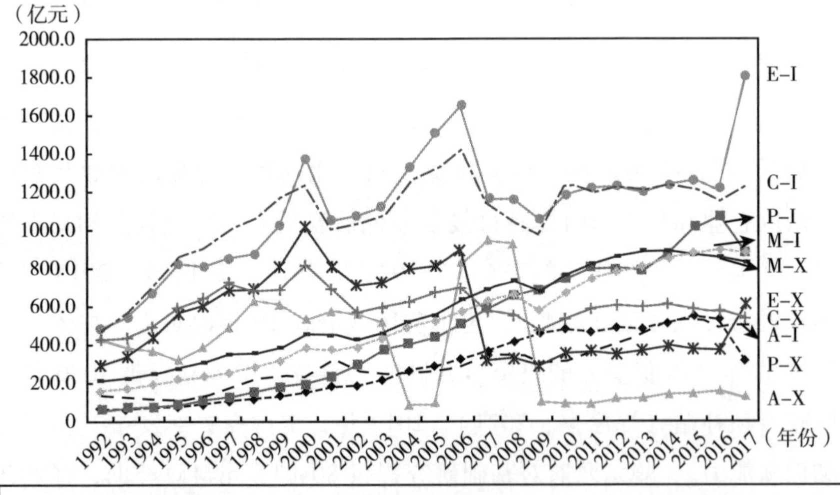

图8－1　美国高新技术行业进出口额

资料来源：作者根据《世界知识产权组织（WIPO）制造业竞争力报告》整理而得。

8.1.3　加大对中小制造企业技术创新的补贴支持力度

美国中小制造企业约有3000多万户，对美国经济的繁荣和技术创新扮演着十分重要的角色。在美国，中小企业解决一半以上的就业问题，发明专利是美国大企业的 2 倍，发明专利总数超过美国专利总数的一半，可以说中小企业是美国经济发展的“脊梁”，也是美国制造业转型升级的重要力量①。已有研究指出，美国中小企业繁荣发展得益于政府完善的补贴产业政策支持体系。

美国政府对中小企业创新的财政支持主要是专项财政补贴、政府计划资金转移支付、技术创新财政补助、市场开拓和人才培训资金支持等。如 1983 年实施的《小企业创新计划》，规定联邦政府须按照 R&D 经费的一定的比例支持中小企业研发创新。1988 年美国颁布《澳姆尼巴斯商务与竞争法案》，规定中小企业发生的研发费用由政府和中小企业共同分担。1992 年实施的《小企业技术转移研究计划》，规定联邦机构需将其不少于 0.15% 科研经费用于支持小企业的技术转移。另外，联邦政府还为中小企业设立信用担保财政专项基金。如 1996 年，联邦政府为中小企业提供 102 亿美元美国贷款担保。2009 年，美国实施《经济复兴与再投资》计划，专门列支 7.3 亿美元作为中小企业贷款担保专项资金②。

美国政府在支持中小企业发展和提升创新能力的过程中，实施一系列相关税收优惠政策。如对投资规模小于 500 万美元的企业实施永久性投资税减免政策，对用于技术创新的设备允许采用加速折旧税收优惠政策计提折旧，对研发支出增量部分实施 25% 的税收减免。2010 年开始，中小企业购买设备的支出，联邦政府允许从营业收入中一次性扣减，允许中小企业风险投资损失税前列支等③。

美国政府还制订帮助中小制造企业发展政府采购计划。美国颁布《政府采购份额预留制度》，规定政府须把 23% 的政府采购计划预留给中小企业，而且规定小于 10 万美元的政府采购项目，只允许向中小企业采购。美国政府制定《购买美国产品法》也同样要求美国政府尽可能给中小企业更多的价格优惠，以提升政府采购市场中小企业的竞争实力。比如 2009 年，联邦政府 3200 亿美元的采购合同，25% 被预留给中小企业，美国高新技术小企业的收益一半以上来自联邦政府采购项目④。

---

①②③④　资料来源：《世界知识产权组织（WIPO）制造业竞争力报告》。

8.2 德国激励制造业绿色转型补贴政策

8.2.1 制定促进新能源制造产业发展的补贴扶持政策

德国政府致力于运用产业补贴政策激励新能源产业的技术研发、投资和生产、培育和拓展市场以及消费。德国政府补贴支持政策主要分为财政资助和税收优惠，从图 8－2 可知，2010～2019 年德国政府总体补贴规模每年大约 500 亿欧元。其中，税收优惠约 178 亿欧元，财政补贴约为 322 亿欧元。在新能源技术研发方面，德国政府每年提供投资不少于 6000 万欧元的财政资金资助新能源技术的研发。比如 2005 年，德国联邦政府对 102 个新能源研发项目资助 9800 万欧元，2006 年，德国政府投入超过 1 亿欧元财政资金资助太阳能电源等 69 个研发项目，2008 年德国政府拨款 1.25 亿欧元用于新能源研发项目，2009 年，在德国政府颁布 500 亿欧元经济复苏计划中，大概有 1/3 的财政资金用于节能汽车和电池的研发项目，2010 年德国发布的《生物经济 2030：国家研究部战略》计划用 80 亿欧元财政专项经费资助生物能源技术研发。对于新能源的生产和投资，德国政府通过政府直接参与投资、政府财政专项补贴、税收减免等税收优惠、信用贷款优惠等方式，促进增加新能源生产和投资，确保新能源产业化。比如德国政府 2000 年颁布《可再生能源法》，规定对风电投资项目给予 20%～45% 投资财政补贴，对太阳能发电的企业发放高达 134 万欧元财政专项资助。2004 年开始德国对地热能补贴 0.15 欧元/千瓦。另外，德国企业投资可再生能源可享受比正常市场利率低 2% 的贷款优惠政策，复兴银行对所有风电项目投资提供低息贷款等①。在培育和拓展新能源市场方面，德国政府通过财政补贴和税收优惠等措施，来提升新能源制造产品的市场竞争力。比如德国 1999～2003 年进行连续 5 次征收生态税，并将生态税款专门用于对新能源制造的技术研发与利用。在鼓励新能源消费方面，德国政府

① 资料来源：世界银行网站。

主要通过财政补贴和税收抵免措施助推新能源产品的消费。比如 2003 年，德国政府实施“十万屋顶计划”，政府提供 5.1 亿欧元扶持。2009 年，德国政府对取暖使用可再生能源的家庭提供 5 亿欧元财政专项补贴，对环保节能的新型机动车享受免税优惠①。

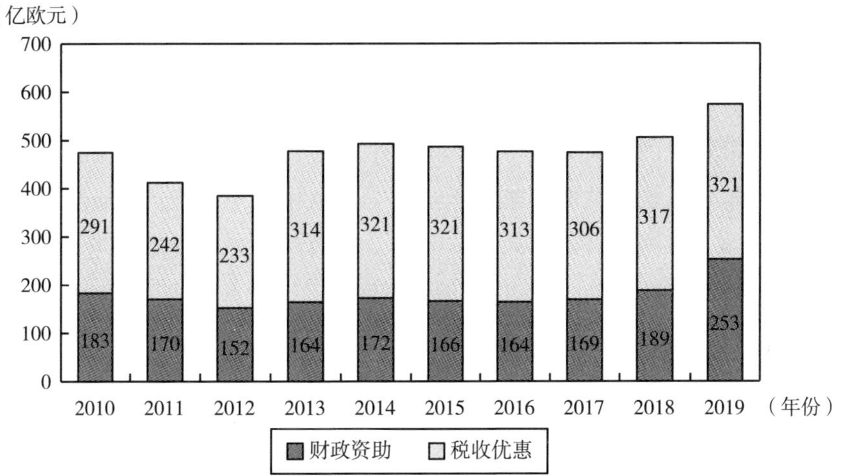

图 8－2　2010～2019 年德国政府补贴情况

资料来源：世界银行网站。

8.2.2　制定促进高端制造业产业发展的补贴扶持政策

德国作为第二次世界大战的战败国，整个工业体系被摧毁，制造业基本上处在瘫痪边缘状态，然而战后的德国制造业能在短期内快速恢复，并跃居世界制造业强国前列，主要得益于德国政府推行促进高端制造业发展的政府补贴产业政策。

第一，德国政府高度重视科技创新对制造业发展的核心竞争力作用。德国政府每年研发经费投入占 GDP 比重不低于 3%，建立由政府提供 1/3 技术创新研发经费、企业提供 2/3 技术创新研发经费和劳动者提供知识技能构成“三位一体”的技术创新研发模式②。在基础研究领域德国政府采取财政直接参与投资方式支持科技创新。在企业应用研究领域，德国政府

①② 资料来源：世界银行网站。

为企业提供创新知识，对企业科技创新进行研发财政补贴和税收减免、保护知识产权和专利技术等措施为技术创新提供支持。与此同时，德国建立了完善的行业协会体系，为创业者提供“减震”服务。比如，德国机械设备制造业协会定期组织相关研讨会，为行业企业提供科技创新知识、新技术转让服务和国家宏观经济政策等信息，为机械设备制造企业搭建科技创新交流平台，有效促进德国制造业产业结构转型。

第二，德国政府在关键制造业领域加大引导与补贴支持力度。德国产业补贴政策紧跟国家发展战略，在德国工业 4.0 发展战略中，德国政府运用补贴政策重点扶持关键制造业产业。一是电动汽车制造产业。在电动汽车的供给端，德国政府对电动汽车生产、电动汽车充电设施和电动汽车电池等提供财政补贴资助。如 2020 年德国联邦政府的前二十大财政资助和税收优惠项目中就有三个是电动汽车项目，其中，光就电动汽车推广和电动汽车购买德国政府就提供高达 6.73 亿欧元财政补贴。二是人工智能制造产业。德国政府 2018 年颁发了《人工智能战略》，强调人工智能制造产业是德国国家发展的战略任务，计划 2019～2025 年政府将提供超过 30 亿欧元财政资金以支持德国人工智能制造产业的发展。三是网络建设制造产业。德国政府为加速数字化制造产业进程，政府对“宽带网络扩建升级”“千兆级网络扩建升级”提供财政补贴。如 2018～2020 年网络扩建，德国政府提供的财政资助资金由原来的 1.21 亿欧元增加到 13.63 亿欧元（胡安军，2019）。

8.2.3　制定支撑制造业转型人才培养的补贴扶持政策

德国成为全球制造业实力最强的国家之一，得益于德国政府公共补贴扶持多层次教育体系。近年来，德国政府持续扩大对高等教育的政府补助投入。比如 2005 年，德国在高等院校中推行卓越大学计划，政府对第一、第二批著名大学增加 46 亿欧元的财政拨款。2007 年，德国实施高等教育协定，政府对每位增招大学生每年提供 11000 欧元财政拨款，到 2015 年政府财政资助拨款增至 26000 欧元（胡安军，2019）。另外德国政府还成立“高等教育特定项目”，用于加强高校基础设施建设。除此以外，德国还推

行免费的职业教育制度。职业教育经费由政府和企业共同负担，联邦政府公共财政支出主要负责职业学校的日常运转开支，地方当局负责职校外部事务开支，企业的职业教育经费由企业单独负责。随着公共财政补贴持续投入，德国教育的水平稳步提升，教育环境日趋改善，造就了制造业转型需要的人才成长的良好条件。

德国公共补贴扶持完善教育及培训体系为制造业结构转型提供关键人才保障，是德国实施“工业 4.0 战略”的前提基础。首先，德国高等教育为其制造业转型提供大批高端研发技术人才，德国高等院校教育通过把“关键能力”作为高等教育人才培养的核心指标，既体现高等人才培养的本质，又为德国制造业转型升级提供大批高端人才。其次，德国实行独特的“双轨制”职业教育体系，为其制造转型提供大量技术人才。德国政府实施校企联合培养职业技术教育模式，为“德国制造”培养大批拥有丰富经验和技术过硬的职业技术才人，形成德国队伍庞大的创新群体。最后，德国制造企业普遍实行岗前职业培训。岗前培训不仅提升了从业者的专业水平和职业素养，使得德国制造企业科技创新知识得到延续，而且还能使德国制造业生产与人力资本实现衔接，推动制造业专业化分工的发展，有效提升德国制造业产品的质量。

8.3　日本激励制造业绿色转型补贴政策

8.3.1　制定适时调整制造业产业结构的政府补贴政策

纵观日本制造业转型升级发展的历程，离不开日本政府补贴产业政策的支持与诱导。

日本制造业发展经历战后恢复期、经济高速增长期、低增长发展方式转换期、经济泡沫期和金融危机后时代五个阶段。在战后经济恢复期，日本政府制定“倾斜生产方式”和“集中生产方式”的产业发展补贴支持政策，通过租税特别条款和财政特别贷款重点扶持煤炭、钢铁、造船、电力等制造产业，对进口资源实行减税政策。在经济高速增长期，日本政府颁布《国民收入倍增计划》和《贸易立国政策》，这时期日本政府财政扶持政策主要聚焦机械、石油和钢铁等制造业，推行税收减免和投资抵税等培育企业核心竞力的税收优惠政策。在低增长发展方式转换期，日本政府实施“技术立国”战略，财政政策重点支持计算机制造和半导体制造业发展，同时加强对煤炭、石油和钢铁等高能耗制造产业结构调整，允许企业采用加速折旧税收优惠政策。在经济泡沫期，由于日本政府签订“广场协议”日元升值，导致日本制造商品的国际竞争力下降，这时期日本实施制造业产业转型和精益生产计划，日本政府补贴政策重点支持制造企业核心技术研发和产学研融合领域，推行财政专项资金补贴、个人所得税减免等鼓励国内消费，促进制造业转型升级的导向型补贴支持政策。金融危机后时代，日本政府制定“制造业再兴战略”，日本政府通过减免制造业投资的资本增值税和加大公共投资的财政支持政策来鼓励高端制造投资。日本政府通过适时调整制造业产业转型和发展战略的补贴政策，整体促进日本制造业综合国际竞争实力的提升。如表8-1所示，中国、日本、德国、美国高端制造业国际竞争力指数的国际市场占有率（IMS）、贸易竞争力指数（NTB）、显示性比较优势指数（RCA）和显示性竞争优势指数（CA）指标。从表8-1可以看出，日本高端制造业在国际市场占有率和国际竞争力水平一直处于相对较高水平。

表8-1　　中日德美高端制造业国际竞争力指数

年份	IMS				NTB				RCA				CA			
	美	德	日	中	美	德	日	中	美	德	日	中	美	德	日	中
2006	0.19	0.11	0.10	0.04	0.00	0.10	0.46	-0.01	1.57	1.20	1.59	0.94	0.54	-0.03	0.87	-0.16
2007	0.17	0.12	0.10	0.05	-0.03	0.15	0.44	0.03	1.57	1.20	1.55	1.06	0.55	0.02	0.77	-0.10
2008	0.14	0.12	0.10	0.08	-0.07	0.15	0.42	0.11	1.48	1.16	1.52	1.36	0.48	0.04	0.72	-0.10
2009	0.13	0.12	0.10	0.09	-0.08	0.17	0.45	0.16	1.49	1.18	1.54	1.44	0.50	0.06	0.77	0.29
2010	0.14	0.12	0.09	0.11	-0.06	0.14	0.43	0.22	1.57	1.25	1.58	1.50	0.59	0.01	0.82	0.33
2011	0.14	0.12	0.08	0.12	-0.01	0.13	0.44	0.24	1.64	1.26	1.57	1.52	0.67	-0.02	0.84	0.29
2012	0.14	0.12	0.08	0.14	0.02	0.20	0.48	0.29	1.60	1.21	1.54	1.57	0.62	0.10	0.86	0.36
2013	0.12	0.12	0.08	0.15	0.03	0.19	0.50	0.32	1.52	1.28	1.65	1.68	0.58	0.12	1.03	0.50
2014	0.08	0.12	0.08	0.18	-0.18	0.17	0.50	0.32	0.97	1.29	1.65	1.84	-0.01	0.14	1.03	0.63
2015	0.08	0.11	0.09	0.20	-0.21	0.13	0.54	0.33	0.96	1.29	1.71	1.89	-0.08	0.04	1.10	0.75
2016	0.08	0.11	0.08	0.19	-0.23	0.17	0.53	0.34	0.97	1.35	1.85	1.85	-0.12	0.15	1.28	0.80

续表

年份	IMS				NTB				RCA				CA			
	美	德	日	中	美	德	日	中	美	德	日	中	美	德	日	中
2017	0.09	0.11	0.08	0.20	-0.23	0.21	0.48	0.36	1.00	1.42	1.84	1.78	-0.14	0.24	1.23	0.80
2018	0.08	0.11	0.07	0.20	-0.25	0.20	0.42	0.36	0.97	1.43	1.72	1.66	-0.20	0.23	1.09	0.75
2019	0.08	0.11	0.08	0.20	-0.24	0.21	0.44	0.36	0.97	1.44	1.75	1.68	-0.20	0.24	1.11	0.82

资料来源：作者根据世界知识产权组织（WIPO）制造业竞争力报告整理而得。

8.3.2　制定支持环保节能制造产业发展的政府补贴政策

为了推动环保节能制造业发展，日本政府通过增加公共财政资金投资和补贴，鼓励环保节能新技术的开发和应用，定向诱导制造企业向清洁、高技术和低能耗制造产业转型。日本政府采取的主要补贴支持措施包括：财政全额资助环保节能技术的研发；财政补贴扶持再生能源发电、低碳交通和新能源汽车充电等设施；提供购买先进的能源设施政府补助；对生产废弃物资源化设备政府给予财政补贴；对淘汰落后的产能企业日本政府提供财政补助和关税减免等。

一方面，在新能源研发上，日本政府施行“阳光计划”，政府每年提供不少于 500 亿日元财政资金用于新能源技术研发与储备，到 2004 年政府提供新能源技术研发与储备财政补贴已高达 1613 亿日元，2006 年日本政府为新能源技术研发提供 2290 亿日元财政预算（胡安军，2019）。在促进新能源产业投资上，日本政府从 2007 年开始对使用化石燃料的制造企业征收碳排放税，并将征缴来的碳税直接用于补贴新能源制造产业。比如 2013 年，对新能源生产的企业，日本政府发放 1096.43 亿日元财政补助。另一方面，日本政府为新能源生产提供税收优惠政策。如 1998 年颁发《能源供给结构改革投资促进税制》，规定政府给予新能源生产企业第一年利润 30% 的财政专业资金奖励。在促进新能源使用方面，日本政府通过补贴激励和增加政府采购的措施来推广新能源制造产品。如 2003 年日本政府为购买新能源制造商品提供 132 亿日元财政补贴，从 2009 年开始日本政府对每辆新能源汽车提供 30 万日元财政资金补贴，2014 年发布的《汽车产业战略》提出强调推广新能源汽车常规财政补助制度（胡安军，2019）。另外，日本政府要求国家机关、公共基础设施等必须采购低耗能汽车等。

日本政府推行环保节能财政补贴产业政策，促使日本制造企业改变经营理念和转变生产方式，实现了以新能源和新材料为核心制造业产业结构变迁，形成科技创新、高端制造业产业聚集经济增长范式，促进日本制造业产业结构清洁化转型升级。

8.3.3 制定支持制造企业科技研发创新的政府补贴政策

为了适应全球经济一体化的发展进程，日本政府自20世纪80年代起，将补贴支持制造业发展的重心转移至高技术密集型制造产业，制定科技强国的制造业发展战略。日本政府通过创新管理体制、创新激励机制和产学研深度融合的制造业补贴支持产业政策，助推制造业产业结构转型升级。

在支持创新管理体制上，日本政府将财政资金和民间资本投资重点引导至制造业质量提升和科技振兴战略上。比如从2001年开始，日本成立"综合科学技术会议"和"文部科学省"负责制定制造业创新政策和创新领域政府财政预算，对制造业创新领域提供专项财政补贴。2007～2013年，日本先后成立综合海洋开发、宇宙开发和健康医疗等战略总部，并对总部制定海洋、能源和太空安全等科技创新提供财政专项资金支持。日本政府将技术创新作为制造业转型升级的关键手段，还制定了持续增加研发创新财政预算资金制度。如2000年日本研发创新预算高达35407.6亿日元，是1971年7倍，2009年日本技术研发经费占GDP比重高达3.26%，未来计划将提高到4%（胡安军，2019）。

在制造业创新激励机制上，一方面，日本政府颁布了《促进基础技术开发税制》《日本综合创新战略》《小企业技术基础的税制》，规定制造企业购买技术研发设施和相关研发技术可以减免税款的7%，超过15%技术创新的研发费用能够直接抵免税款，已发生R&D费用税款减免扣除可追溯5年。另一方面，日本政府对科技创新项目实施直接的财政资助和为制造企业技术研发创新提供贷款贴息。如2003年日本政府为燃料电池技术研发提供了307亿日元财政拨款，2007年日本政府对新能源技术研究投资1153亿日元财政资金（Tetsuji & Okazaki，2016）。得益于创新的政府补贴

产业支持政策，近年来，日本制造业创新能力得到明显提升，国际专利申请数逐年增加，如图 8－3 所示。

产学研联合是推动技术创新最有效的模式之一。日本政府促进产学研合作，提升科技研发在制造业中应用的转化率，实施了“研究开发税制”，允许研究机构、大学和特定中小企业提高专项研发费用扣除率，校企合作研发活动发生研发费用可在税前抵免税款。得益于日本政府鼓励产学间融合的补贴政策，日本大学与企业间的合作得到极大的提升。从图 8－4 可以看出，日本大学与企业 2011～2016 年的合作数量和经费都在大幅度提升。

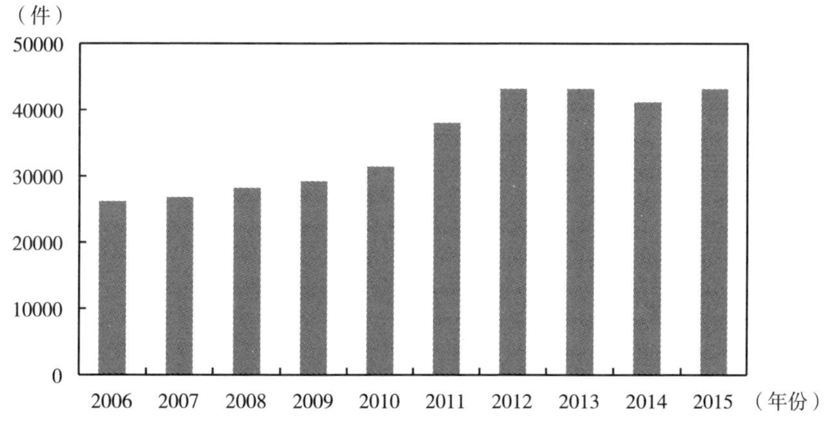

图 8－3　2006～2015 年日本专利国际申请数量

资料来源：作者根据《世界知识产权组织（WIPO）制造业竞争力报告》整理而得。

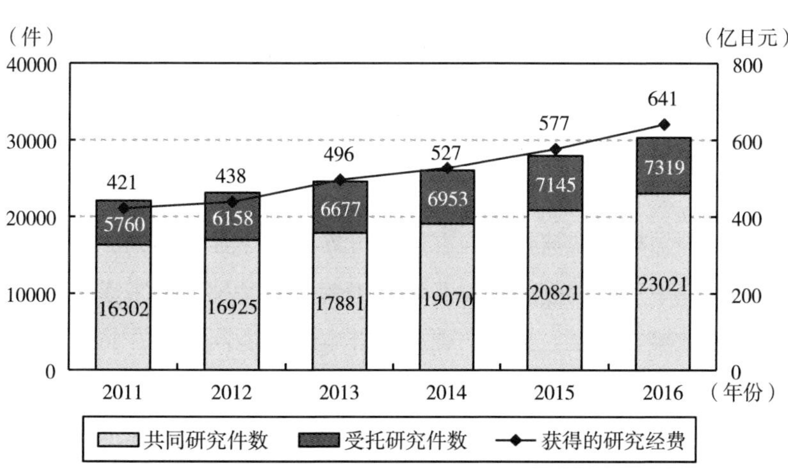

图 8－4　日本大学与民间企业合作研究数量与经费

资料来源：作者根据《世界知识产权组织（WIPO）制造业竞争力报告》整理而得。

8.4 对中国制造业绿色转型的地方政府补贴政策启示

从对美国、德国、日本发达国家激励制造业转型的补贴产业政策分析中，发现政府补贴激励政策手段存在一定的共性：一是积极运用补贴政策支持科技创新在制造业产业结构转型变迁中的关键性作用。二是充分利用政府补贴手段关注制造业转型的进程中能源和环境问题。三是精准定位补贴政策支持制造业转型中的关键领域。基于此，结合中国地方政府补贴现存问题与研究结论，提出中国制造业绿色转型中地方政府补贴政策的路径选择。

8.4.1 精准定位地方政府补贴政策支持的对象

地方政府补贴政策要精准定位制造业绿色转型的关键行业、重点领域和关键地区。从美国、德国、日本国家政府补贴支出政策实践中，能够发现各国政府通过调整补贴支出规模与重点流向模式服务于制造业产业结构转型升级预期目标。高新技术制造产业、战略性新兴制造产业和高端装备制造业在制造业绿色转型中的重要性不言而喻。如美国政府为促进高新技术发展，将政府补贴支出政策向高新技术制造产业倾斜，坚持“看未来，不看过去”的政府补贴扶持原则，极力促进美国高新技术制造产业发展，助推美国制造业结构转型升级。德国政府通过补贴政策紧跟国家发展战略措施，运用产业补贴政策重点扶持关键高端装备制造业产业，使得战后德国制造业能在短期内快速恢复，并跃居世界制造业强国前列。日本政府制造业结构转换中适时调整制造业高新技术制造产品补贴和需求配给，促进了日本制造业结构转型。美国、德国、日本政府还同时关注将政府补贴政策向制造企业技术研发、环保节能等关键领域倾斜。

实证分析显示中国地方政府补贴政策激励效应具有明显的空间异质性和策略竞争性特征。因此，各地方政府在制定制造业绿色转型补贴发展政策时，应充分考虑地区资源禀赋优势，关注周边地区的制造业发展产业政策，并注重直接补贴和间接补贴支出手段的配合，不同地区支持制造业绿色转型的政府补贴政策具体着力点选择不同，西部地区地方政府应运用补贴政策对制造业转型调整进行积极干预，东部地区政府应更加关注制造业转型的营商环境建设，并构建解决空间溢出效应问题的跨区域成本利益分摊机制。此外，中国地方政府补贴政策要准确把握制造业发展趋势，明确制造业发展各周期重点领域、关键行业和关键地区，并有针对性地制定制造业转型补贴激励政策，有的放矢进行财政资助，平衡中国区域制造业发展，充分发挥政府补贴支出政策的诱导功能，精准有效地助推中国制造业绿色转型。

8.4.2　加大地方政府补贴科技创新支持的力度

科技创新是制造业转型成功的关键，也是国家"创新驱动"发展战略的主攻方向。从美国、德国、日本等国家的制造业转型补贴政策经验中能够发现，其政府补贴产业政策将技术创新作为制造业转型的关键途径。作用机理研究发现要实现制造业绿色转型，达到长期均衡发展的稳态，提升制造业劳动力技术、能源利用技术水平和治污技术是关键，而且从官员晋升激励视角考察地方政府补贴对制造业绿色转型作用机制的研究结果同样发现，关注地区科技创新能力的综合政绩作为地方官员晋升激励机制是地方政府补贴激励制造业绿色效率、清洁化和高级化转型积极作用的有效路径。因此，地方政府应对制造企业科技创新项目加大政府补贴政策支持力度，通过直接财政补贴和间接补贴的税收优惠政策方式，最大限度推动制造企业开展转型科技创新活动，促进制造业整体转型升级。为了有效发挥地方政府补贴对制造业转型科技创新的积极作用，地方政府应建立完善的科技创新补贴的监管机制：一是加强制造企业微观主体转型科技创新项目的政府补贴筛选机制，应选择具有相对强的科技创新能力和相对高科技创新意愿的制造企业作为地方政府补贴对象，从而避免地方政府制造业转型创新补贴配置的低效率问题。二是地方政府部门应改变现行制造业转型创新补贴项目的单一直接现金资助拨款补贴方式，按照先审批后资助、事前补贴和事后激励多种形式相结合的政府补贴方式，关注制造业转型中政府补贴资金的使用效率，对通过审批资助转型制造企业拨付初始启动补贴资金，事中监督制造业政府补贴资金的实际使用情况，事后决定制造企业后期转型补贴的金额和方式。三是对制造业绿色转型政府补贴激励效果的评估不能单纯关注制造企业转型创新项目技术研发资金投入，更要关注制造业转型项目实现最终效果，做到事前、事中和事后的全过程监督，全面系统评估和监督制造业转型政府补贴激励效果。

8.4.3 调整优化地方政府补贴支出规模与结构

从实证分析的结果来看尽管地方政府补贴规模的扩张有利于激励中国制造业绿色效率水平的提升，推动中国制造业清洁化和高级化转型，但地方政府研发补贴支出规模、直接补贴和间接补贴存在最优的支出适度边界，政府“普惠式”间接补贴与“竞争式”直接补贴有各自的支出规模优势区间，而且总体上“普惠式”税收优惠间接补贴的激励作用弹性明显高于“竞争式”财政直接补贴。也就是说在激励制造业绿色转型的产业结构变迁中，地方政府补贴支出规模并非越大越好，其存在动态最优支出规模范围和最优支出模式。随着中国经济增速放缓，地方财政压力加剧，中国地方政府制造业转型补贴支出规模和结构需要进行适度的调整，明确地方政府补贴支出政策范围，做到不越位，也不缺位，尽可能“因地制宜”，避免各地补贴支出规模、方式“一刀切”的做法，做到注重不同类型地方政府补贴支出方式的优化组合，助推中国制造业绿色转型。

中国制造业要实现高端化、绿色化发展，需要地方政府产业补贴政策大力扶持。然而，由于近年来地方政府财政收支压力逐渐加大，而且中国不同地区的经济发展水平、政府治理能力和资源禀赋等方面存在明显的差异，地方政府补贴政策对制造业绿色转型的作用效果呈现出显著的门槛非线性效应与区域异质性特征。因此，在中国未来地方政府补贴制度的改革中，需要充分考虑中国区域资源禀赋、政府治理能力和经济发展水平等外部因素的影响，明确政府支出规模和结构在制造业绿色转型中影响的切入点，调整政府补贴支出规模，提升地方政府补贴支出效率，切实降低制造企业经营成本，推动制造业产业结构转型变迁。从美国、德国、日本发达国家通过政府补贴产业政策来鼓励消费和投资，对欠发达地区投资实行减免税收来平衡区域经济发展，实施再投资和加速折旧税收优惠政策来鼓励战略新兴高技术行业发展，对转型研发支出采用加计扣除税收优惠政策支持企业研发创新等间接补贴的税收优惠制度设计实施，以促进制造业转型调整的经验，中国现行政府补贴政策还存在诸多阻碍制造业转型的因素，地方政府应着力构建“绿色间接补贴的税收优惠”体系，对推行清洁制造和推广应用节能环保技术的企业实行税收减免和财政补贴，鼓励制造企业积极构建绿色转型生产体系，做到“好钢用在刀刃上”，充分发挥地方政府补贴的最大价值。

8.4.4　明确地方政府在制造业转型中的职能定位

制造业绿色转型不仅是市场机制选择的结果，同样也是地方政府产业政策推动的结果。在制造业产业结构转型的内生性需求和外在操作实践中，地方政府应综合考虑制造业绿色转型属性，在产业政策调控和市场机制的动态调整中精准定位自身职能边界。美国、德国、日本等制造业科技研发创新和高新技术产业高度发达的国家，政府运用补贴产业政策支持制造业转型广泛存在的。就中国制造业转型而言，认识地方政府在制造业绿色转型中关键作用，提高地方政府参与制造业绿色转型的激励效果。在制造业绿色转型过程中，理应关注中国地方政府在制造业绿色转型中扮演的角色与职能定位。关注地方政府在制造业产业结构转型系统建设中的主体功能，维护良好的制造业产业结构转型技术创新竞争环境，充分发挥地方政府在区域制造业产业结构转型中的守夜人职能。重视地方政府在区域制造业产业结构转型中的战略引导地位，发挥地方政府制造业转型优势产业甄别、引导的职能。关注地方政府在弥补市场机制调节制造业产业结构转型过程中不足的关键性作用，充分运用地方政府直接财政补贴、间接税收优惠等地方政府补贴方式鼓励制造企业开展产业转型科技研发创新活动，积极发挥地方政府区域制造业产业结构绿色转型资助人职能。关注地方政府在区域制造业转型系统内部产学研协同产业转型体系重构中的关键职能，充分发挥地方政府在制造业产业结构转型体系协调不同利益主体关系的职能。关注地方政府在制造业产业结构绿色转型体系建设中“服务人”的职能，确保地方政府能为实施绿色转型制造企业提供高质、高效转型相关的公共服务，整体上促进区域制造企业实施绿色转型活动的热情。

8.5 本章小结

本章从激励制造业产业结构转型的政府补贴政策维度，总结了美国、德国、日本等发达国家促进本国制造业转型的政府补贴政策的实践经验，以及结合前面分析研究结论和中国激励制造业转型的政府补贴政策现存的问题，提出从精准定位地方政府补贴政策支持的对象、加大地方政府补贴科技创新支持力度、调整优化地方政府补贴支出规模与结构和明确地方政府制造业绿色转型角色定位四个方面激励制造业绿色转型的地方政府补贴政策路径选择。

结　论

9.1　研究结论

本书以中国制造业为研究对象，以制造业绿色转型为落脚点，基于制造业绿色转型中地方政府职能定位视角，考察了地方政府补贴激励制造业绿色转型的机理与效应。基于经典理论和现有研究文献系统追溯的基础上提出研究问题，分析了制造业绿色转型的实现机理逻辑和地方政府补贴激励制造业绿色转型的理论概念模型与影响机制。并以中国2009～2019年省级制造业面板数据为样本，综合运用DDF-DEA模型、SGMM模型、中介效应模型、空间杜宾模型和门槛效应模型等计量分析方法，分析了制造业绿色转型动态演变特征事实以及激励制造业转型的地方政府补贴政策，系统探究了地方政府补贴激励制造业绿色转型动态效应、空间效应和门槛效应，揭示了地方政府补贴干预制造业绿色转型成效、方式、机制和策略，以及总结发达国家激励制造业绿色转型补贴政策的实践经验，提出了中国激励制造业绿色转型的地方政府补贴政策路径选择。得出以下主要研究结论：

（1）制造业绿色转型得以实现关键取决于区域技术进步，并通过制造业绿色效率提升、制造业清洁化转型和制造业高级化转型三个方面相互结合来实现。基于扩展的索洛模型分析研究发现，制造业要实现绿色转型，达到长期均衡发展的稳态，提升制造业劳动力技术、能源利用技术和治污技术是关键，而且由于制造业绿色转型外部性存在，导致制造企业转型私人收益小于社会收益，引发市场机制失灵，必然要求政府运用补贴产业政策“诱导”功能进行干预来解决市场机制失灵导致的无效率问题。在中国能源资源与生态环境约束的现实条件下，制造业绿色转型实现需要减少不可再生自然资源生产要素的投入和降低非期望“三废”污染物的排放，提高制造业期望产出率，研究发现通过提升制造业绿色效率，推动制造业产业结构清洁化转型和产业结构高级化转型三个方面结合能够有效促进制造业绿色转型的实现。

（2）地方政府补贴理论上能够激励制造业产业结构实现绿色转型。基于内生性经济增长理论分析框架，地方政府倾斜式的产业补贴政策能激励制造业技术创新，引导生产要素流向高技术制造业，进而有效提高了制造业稳态增长的绿色效率，激励地区产业结构由农业转向制造业，并推动制造业内部产业结构由传统污染劳动密集制造业行业向战略新兴清洁高技术制造业行业转移，最终推动制造业实现产业结构绿色化转型变迁。地方政府产业补贴通过影响生产要素的流动与积累、产品市场价格从而产生收入效应和替代效应能够从微观、中观和宏观层面上有效激励制造业产业结构绿色转型调整。

（3）中国制造业绿色转型具有明显阶段波动性和区域异质性特点。具体分析看，中国制造业绿色效率变化呈近似于“W”型曲线变化趋势，最高点出现在 2011 年为 1.30，最低点出现在 2014 年为 0.90，均值为 1.09，制造业绿色效率总体呈动态上升的变化趋势。制造业清洁化转型水平从 2009 年的 0.96 上升至 2019 年的 1.72，增长了 79.17%，呈现逐年上升态势。而制造业高级化转型表现先缓慢下降后快速上升，最低点出现在 2012 年，总体上呈“U”型变化特征。从区域异质性角度来看，中国制造业绿色效率、清洁化转型与高级化转型水平相对高的地区主要集中在中国东部地区，而在中国中西部地区制造业绿色效率、清洁化与高级化转型水平相对较低，总体上呈现由东至西依次递减的变化特征。

（4）地方政府补贴规模、直接补贴和间接补贴均具有显著激励制造业绿色转型的动态效应，但“普惠式”税收优惠间接补贴方式的激励作用明

显高于“竞争式”直接补贴，而且地方政府补贴具有明显区域、企业规模和政府治理能力异质性动态激励效应，在中国西部地区、大型企业和政府治理能力较高的地区，地方政府补贴对制造业绿色转型激励效应更加突出。地方政府补贴可以通过官员晋升激励有效推动制造业绿色转型，而政府官员寻租激励则是阻碍地方政府补贴激励制造业绿色转型一个重要原因。

（5）中国制造业绿色转型在省际空间区域上表现出明显的空间聚集性特征，地方政府补贴规模、直接补贴和间接补贴对本地制造业绿色转型有着显著的正向激励效应，并且对周边地区制造业绿色转型产生显著空间溢出效应，但是地方政府补贴对制造业绿色转型激励空间效应在中国不同区域上是非均等的，西部地区政府补贴扩张有助力于推动本地区制造业绿色转型，而对于东部地区政府补贴扩张更多表现为促进周边地区制造产业绿色转型，省际区域整体上呈现出“高—高”和“低—低”典型“高地”与“洼地”激励效应的空间关联性特征。

（6）地方政府补贴规模、直接补贴和间接补贴激励制造业绿色转型具有非线性的门槛效应，并存在最优支出规模边界，而且地方政府“普惠式”间接补贴与“竞争式”直接补贴存在各自的优势支出区间范围。在地区经济发展水平和政府治理能力调节作用下，地方政府补贴规模、直接补贴和间接补贴对制造业绿色转型呈现出显著结构突变的门槛调节效应，而且地方政府补贴规模、直接补贴和间接补贴政策工具表现出明显差异化的门槛突变非线性特征，在政府治理能力相对较高和经济发展水平欠发达的地区，地方政府补贴更有利于激励制造业绿色转型。

（7）在当前中国制造业面临发达国家“高端制造业回流”和新兴市场国家“中低端制造业分流”的双重挤压下，以及地方财政收支压力骤增的背景下，中国地方政府补贴产业政策要准确把握制造业发展趋势，精准定位制造业发展各周期重点领域和关键行业，并有针对性地制定补贴产业政策，加大对转型研发创新政府补贴力度以缓解“遵循成本”引发的转型创新抑制效应，调整优化地方政府补贴支出规模与结构，并明确制造业绿色转型中地方政府角色定位，充分发挥补贴政策的诱导和激励功能，才能有效助推中国制造业绿色转型的实现。

9.2 研究创新

本书可能贡献的创新点主要体现以下几个方面：

（1）综合考虑中国制造业转型过程中面临的生态环境与能源资源的约束性问题，以及中国工业化进程中突显的制造低端化、高能耗与高污染问题，把“绿色”因素加入传统制造业转型升级实践中，基于产业组织和产业结构理论的绩效与优化的核心内容，将制造业转型的内涵界定为制造业绿色效率提升、制造业清洁化转型和制造业高级化转型三个方面，拓展了制造业转型的内涵，为后续研究提供新的学术思路与贡献学术智慧。

（2）运用扩展的索洛模型，从能源环境压力与生态文明建设视角创新性地分析了中国制造业绿色转型实现机理与内在逻辑，是工业生态理论与新结构经济学理论在制造业绿色转型的创新应用。进一步以内生经济增长理论为分析框架，借鉴严成樑（2020）技术创新驱动经济增长的理论构架，创新性构建了一个包含地方政府补贴公共支出的制造业绿色转型一般静态均衡模型，推动地方政府补贴促进制造业绿色效率提升和推动制造业产业结构绿色转型调整的理论概念模型。

（3）以前的研究仅仅关注政府补贴规模对微观企业行为既定目标绩效激励的有效性的问题研究，在当前制造业急需绿色转型的大背景下，研究从中观层面考察地方政府补贴规模、直接补贴和间接补贴激励制造业绿色转型动态效应、空间效应和门槛效应，突破以往经济学分析缺乏个体交互作用研究局限，为地方政府全面把握补贴支出政策在制造业转型结构变迁中的角色与地位提供新的研究视角。

（4）研究探索性地将官员激励机制引入地方政府补贴与制造业绿色转型关系研究中，从官员晋升激励与寻租激励的角度探寻地方政府补贴对区域制造业绿色转型支撑效应的作用机制，为理解地方政府参与区域制造业产业结构绿色转型的政府补贴政策激励效果提供了关键窗口。

（5）研究综合运用 DDF-DEA 模型、系统 GMM 模型、中介效应模型、空间效应模型和门槛效应模型等多种计量分析方法，从多角度全方位捕捉地方政府补贴对制造业绿色转型的实质性激励效果与作用机制，充分体现地方政府补贴激励中国制造业绿色转型的作用机理特点，研究方法具有一定的特色与创新。

9.3　研究展望

本书就地方政府补贴激励制造业绿色转型的理论机制、影响效应进行了探索性研究，取得一定成果。然而，由于制造业绿色转型影响因素众多，地方政府补贴激励政策效果充满不确定性与复杂性，地方政府补贴激励制造业绿色转型过程中的诸多细节还有待进一步研究。

（1）制造业绿色转型内涵理论有待进一步拓展。研究仅从制造业绿色效率、结构清洁化和高级化转型视角考察制造业绿色转型的内涵，将来的研究可以从制造业全球价值链的角度进一步拓展制造业绿色转型的内涵边界。

（2）地方政府补贴激励作用在研究方法上有待进一步完善。研究只运用系统 GMM 模型、空间杜宾模型和门槛效应回归模型考察地方政府补贴激励制造业绿色转型效应，没有考虑不同补贴方式相互作用反馈机制激励效果的影响，在后续的研究中可以运用结构方程模型，将直接补贴、间接补贴双向反馈作用纳入统一研究分析框架，更全面地把握地方政府补贴作用机制与激励效应。

（3）地方政府补贴激励制造业微观企业与间接作用的效应有待进一步分析。研究焦点仅集中在中国省级区域层面制造业绿色转型带来的直接影响，没有关注地方政府补贴对微观制造企业转型的激励效应，也没有考虑地方政府补贴对制造业产业层面不同制造业行业的间接作用，尽管在地方政府补贴中有针对官员晋升激励和寻租激励机制影响行为的分析，但仍然缺乏对制造业微观机制和间接作用的准确把握和深入探究。在中国经济结构调整转变的背景下，政府补贴作为产业政策最核心的手段，其微观层面与间接影响是否能真正推动制造业绿色转型目标的实现，值得进一步深入分析。

参考文献

[1] 安同良，千慧雄．中国企业 R&D 补贴策略：补贴阈限、最优规模与模式选择 [J]．经济研究，2021，56 (1)：122－137.

[2] 白雪，郑建明，王万军．盈利能力、地区财政与财政补贴——基于“财政补贴悖论”的诠释 [J]．国际商务（对外经济贸易大学学报），2019，186 (1)：145－156.

[3] 才国伟，邵志浩，刘剑雄．组织管理结构、政府公共服务与民营企业转型升级 [J]．财贸经济，2015 (4)：46－59.

[4] 蔡敏，李长胜．美国重振制造业完全依靠自由市场吗？——论重振过程中的美国产业政策 [J]．政治经济学评论，2020，11 (5)：207－224.

[5] 常青青．税收优惠对高新技术企业创新效率的差异化影响 [J]．财经科学，2020 (8)：83－92.

[6] 陈红，张玉，刘东霞．政府补助、税收优惠与企业创新绩效——不同生命周期阶段的实证研究 [J]．南开管理评论，2019，22 (3)：187－200.

[7] 陈诗一，陈登科．雾霾污染、政府治理与经济高质量发展 [J]．经济研究，2018，53 (2)：20－34.

[8] 陈阳，唐晓华．制造业集聚和城市规模对城市绿色全要素生产率的协同效应研究 [J]．南方经济，2019 (3)：71－89.

[9] 陈远燕，何明俊，张鑫媛．财政补贴、税收优惠与企业创新产出结构——来自中国高新技术上市公司的证据 [J]．税务研究，2018 (12)：48－54.

[10] 程仲鸣，虞涛，潘晶晶，等．地方官员晋升激励、政绩考核制度和企业技术创新 [J]．南开管理评论，2020，23 (6)：64－75.

[11] 储德银，纪凡，杨珊．财政补贴、税收优惠与战略性新兴产业专利产出［J］．税务研究，2017（4）：99－104.

[12] 春雨童，王传生，刘玉成．财税激励政策对高精尖产业发展的效用研究［J］．首都经济贸易大学学报，2021，23（3）：25－38.

[13] 戴翔，刘梦，任志成．劳动力演化如何影响中国工业发展：转移还是转型［J］．中国工业经济，2016（9）：24－40.

[14] 邓明．自然资源禀赋与地方政府的征税能力建设［J］．财政研究，2020（11）：56－70，100.

[15] 杜千卉，张玉臣．政府支持对工业企业技术获取策略的差异性影响——基于不同类型创新激励政策的比较研究［J］．中国科技论坛，2020（5）：15－23.

[16] 段姝，杨彬．财政补贴与税收优惠的创新激励效应研究——来自民营科技型企业规模与生命周期的诠释［J］．科技进步与对策，2020，37（16）：120－127.

[17] 范子英，彭飞．"营改增"的减税效应和分工效应：基于产业互联的视角［J］．经济研究，2017，52（2）：82－95.

[18] 方芳．创新驱动视角下安徽省战略性新兴产业集聚发展路径研究［J］．北京印刷学院学报，2020，28（S1）：113－116.

[19] 付文林，赵永辉．税收激励、现金流与企业投资结构偏向［J］．经济研究，2014，49（5）：19－33.

[20] 傅志寰，宋忠奎，陈小寰．我国工业绿色发展战略研究［J］．中国工程科学，17（8）：16－22.

[21] 高萍，高蒙．税收绿色化对制造业绿色转型的影响研究［J］．生态经济，2017，33（5）：133－137.

[22] 高秀平，彭月兰．我国新能源汽车财税政策效应与时变研究——基于A股新能源汽车上市公司的实证分析［J］．经济问题，2018（1）：49－56.

[23] 葛顺奇，罗伟．跨国公司进入与中国制造业产业结构——基于全球价值链视角的研究［J］．经济研究，2015，50（11）：34－48.

[24] 韩振国，杨盈颖．财政支出对制造业结构优化的影响效应［J］．

首都经济贸易大学学报，2018，20（5）：69－77.

［25］何冬梅，刘鹏．人口老龄化、制造业转型升级与经济高质量发展——基于中介效应模型［J］．经济与管理研究，2020，41（1）：3－20.

［26］胡安军．环境规制，技术创新与中国工业绿色转型研究［D］．兰州：兰州大学，2019.

［27］胡春阳，王展祥．财政补贴如何影响企业全要素生产率——兼论制造业财政补贴“适度区间”［J］．当代财经，2020，427（6）：28－41.

［28］胡飞．制造业全球价值链分工的环境效应及中国的对策［J］．经济问题探索，2016（3）：151－155.

［29］胡小梅．财税政策对产业结构升级的影响机制与效应研究［D］．长沙：湖南大学，2016.

［30］胡志明，马辉民，张金隆，熊杰，吴珊．中国制造业转型升级政策的纵向协同性分析［J］．科学学研究，2021（8）：1－13.

［31］黄昌富，徐锐，张雄林．政府补贴、产能过剩与企业转型升级——基于制造业上市公司的实证研究［J］．企业经济，2018，37（3）：160－168.

［32］黄庆华，胡江峰，陈习定．环境规制与绿色全要素生产率：两难还是双赢？［J］．中国人口·资源与环境，2018，28（11）：140－149.

［33］黄庆华，徐骏飞，姜松．金融效率对制造业集聚的影响研究——基于电子及通讯设备制造业的实证［J］．当代金融研究，2017（2）：13－25.

［34］黄群慧，余泳泽，张松林．互联网发展与制造业生产率提升：内在机制与中国经验［J］．中国工业经济，2019（8）：5－23.

［35］黄先海，宋学印，诸竹君．中国产业政策的最优实施空间界定——补贴效应、竞争兼容与过剩破解［J］．中国工业经济，2015（4）：57－69.

［36］贾俊雪．公共基础设施投资与全要素生产率：基于异质企业家模型的理论分析［J］．经济研究，2017，52（2）：4－19.

［37］蒋殿春，王春宇．外商直接投资与中国制造业产业升级［J］．南开学报（哲学社会科学版），2020（4）：32－43.

［38］蒋舒阳，庄亚明，丁磊．产学研基础研究合作、财税激励选择与企业突破式创新［J］．科研管理，2021，42（10）：40－47.

［39］蒋樟生．制造业 FDI 行业内和行业间溢出对全要素生产率变动的影响［J］．经济理论与经济管理，2017（2）：78－87.

［40］金碚．工业的使命和价值——中国产业转型升级的理论逻辑［J］．中国工业经济，2014（9）：51－64.

［41］金晓雨．政府补贴、资源误置与制造业生产率［J］．财贸经济，2018，39（6）：43－57.

［42］孔东民，刘莎莎，王亚男．市场竞争、产权与政府补贴［J］．经济研究，2013（2）：55－67.

［43］孔伟杰．制造业企业转型升级影响因素研究——基于浙江省制造业企业大样本问卷调查的实证研究［J］．管理世界，2012（9）：120－131.

［44］蓝庆新，韩晶．中国工业绿色转型战略研究［J］．经济体制改革，2012（1）：24－28.

［45］雷俐．工业绿色发展评价与影响因素：一个文献综述［J］．重庆工商大学学报（社会科学版），2018，35（5）：32－38.

［46］雷玉桃，张淑雯，孙菁靖．环境规制对制造业绿色转型的影响机制及实证研究［J］．科技进步与对策，2020，37（23）：63－70.

［47］黎文靖，郑曼妮．实质性创新还是策略性创新？——宏观产业政策对微观企业创新的影响［J］．经济研究，2016，51（4）：60－73.

［48］李斌，彭星，欧阳铭珂．环境规制、绿色全要素生产率与中国工业发展方式转变——基于 36 个工业行业数据的实证研究［J］．中国工业经济，2013（4）：56－68.

［49］李光明，刘丹玉．人口老龄化、科技创新与制造业升级研究——基于空间计量模型分析［J］．工业技术经济，2018，37（10）：120－128.

［50］李宏，鲁晏辰，魏程秋．金融发展与制造业全球价值链分布研究［J］．北京工商大学学报（社会科学版），2018，33（3）：92－104.

［51］李捷，余东华，张明志．信息技术、全要素生产率与制造业转型升级的动力机制——基于“两部门”论的研究［J］．中央财经大学学报，2017（9）：67－78.

[52] 李晶，李文明，魏亚楠．促进新三板市场发展的税收政策研究[J]．宏观经济研究，2017（1）：106－114.

[53] 李林木，汪冲．税费负担、创新能力与企业升级——来自“新三板”挂牌公司的经验证据[J]．经济研究，2017，52（11）：119－134.

[54] 李佩源．贸易方式、生产组织形式与政府补贴[J]．国际经贸探索，2015，31（7）：52－63.

[55] 李万福，杜静．税收优惠、调整成本与R&D投资[J]．会计研究，2016（12）：58－63，96.

[56] 李维安，李浩波，李慧聪．创新激励还是税盾？——高新技术企业税收优惠研究[J]．科研管理，2016，37（11）：61－70.

[57] 李小奕，廖东声．税收优惠、供给侧改革与企业升级[J]．会计之友，2020（15）：48－54.

[58] 李小奕，谢舜．社会组织、地方财政能力与公共服务供给质量[J]．财经问题研究，2019（4）：77－84.

[59] 李小奕．地方财政支出效率与制造业绿色转型升级[J]．财经问题研究，2021（9）：75－82.

[60] 李晓阳，代柳阳，牟士群，鄢晓凤．生产性服务业集聚与制造业绿色转型升级——信息通信技术的调节作用[J]．西南大学学报（社会科学版），2022，48（1）：83－96.

[61] 李晓英．中小型制造企业技术创新策略探究[J]．改革与开放，2018（17）：22－24.

[62] 李新安．环境规制、政府补贴与区域绿色技术创新——基于我国省域空间面板数据的实证研究[J/OL]．经济经纬：1－15.

[63] 李艳艳，王坤．企业行为约束下技术创新所得税激励政策效应研究[J]．科技进步与对策，2016，33（4）：102－105.

[64] 李永友，严岑．服务业“营改增”能带动制造业升级吗？[J]．经济研究，2018，53（4）：18－31.

[65] 李远慧，徐一鸣．税收优惠对先进制造业企业创新水平的影响[J]．税务研，2021（5）：31－39.

[66] 李振洋，白雪洁．地方选择性产业政策促进制造业绿色竞争力

提高了吗？——基于政府治理转型视角的考察［J］. 经济问题探索，2021（3）：165－180.

［67］梁俊娇，贾昱晞. 企业所得税税收优惠对企业创新的影响——基于上市公司面板数据的实证分析［J］. 中央财经大学学报，2019（9）：13－23.

［68］林爱梅，窦海林. 地方政绩诉求、政府研发补贴与企业创新效率关系研究［J］. 科技进步与对策，2021，38（13）：72－81.

［69］林毅夫，蔡昉，李周. 中国的奇迹：发展战略与经济改革［M］. 上海：格致出版社，2014：78－109.

［70］刘娟. 国际减税趋势下我国制造业税制结构改革的路径［J］. 税务与经济，2019（1）：86－92.

［71］刘兰剑，张萌，黄天航. 政府补贴、税收优惠对专利质量的影响及其门槛效应——基于新能源汽车产业上市公司的实证分析［J］. 科研管理，2021，42（6）：9－16.

［72］刘啟仁，赵灿，黄建忠. 税收优惠、供给侧改革与企业投资［J］. 管理世界，2019，35（1）：78－96.

［73］刘尚希. 不确定性：财政改革面临的挑战［J］. 财政研究，2015（12）：2－11.

［74］刘学敏，张生玲. 中国企业绿色转型：目标模式、面临障碍与对策［J］. 中国人口·资源与环境，2015，25（6）：1－4.

［75］柳光强，杨芷晴，曹普桥. 产业发展视角下税收优惠与财政补贴激励效果比较研究——基于信息技术、新能源产业上市公司经营业绩的面板数据分析［J］. 财贸经济，2015（8）：38－47.

［76］柳光强. 税收优惠、财政补贴政策的激励效应分析——基于信息不对称理论视角的实证研究［J］. 管理世界，2016（10）：62－71.

［77］卢现祥，尹玉婷. 中国人际关系化产业补贴的有效性分析［J］. 江汉论坛，2018，479（5）：16－24.

［78］陆秋琴，丁洁，黄光球. 企业高端化转型升级中提升技术变迁能力影响因素分析［J］. 科技管理研究，2021，41（2）：128－137.

［79］逯东，池毅.《中国制造2025》与企业转型升级研究［J］. 产

业经济研究，2019（5）：77－88.

［80］吕晓菲．技术创新对制造业绿色增长效率的影响研究［D］．大连：大连理工大学，2019.

［81］吕越，陈帅，盛斌．嵌入全球价值链会导致中国制造的“低端锁定”吗？［J］．管理世界，2018，34（8）：11－29.

［82］罗良文，李珊珊．对外贸易技术效应与中国工业碳排放——基于产业关联的视角［J］．经济管理，2013，35（1）：11－22.

［83］罗伟，吕越．外商直接投资对中国参与全球价值链分工的影响［J］．世界经济，2019，42（5）：49－73.

［84］马海涛，许强．财税政策激励企业技术创新的理论分析及其启示［J］．兰州商学院学报，2014（2）：83－88.

［85］马嘉楠，周振华．地方政府财政科技补贴、企业创新投入与区域创新活力［J］．上海经济研究，2018（2）：53－60，99.

［86］马玉琪，扈瑞鹏，赵彦云．税收优惠、财政补贴与中关村企业创新投入——基于倾向得分匹配法的实证研究［J］．科技管理研究，2016，36（19）：1－6.

［87］毛其淋，许家云．政府补贴对企业新产品创新的影响——基于补贴强度“适度区间”的视角［J］．中国工业经济，2015（6）：94－107.

［88］南亮进．日本的经济发展［M］．北京：经济管理出版社，2012：89－108.

［89］聂国卿，郭晓东．环境规制对中国制造业创新转型发展的影响［J］．经济地理，2018，38（7）：110－116.

［90］彭冲，李春风，李玉双．产业结构变迁对经济波动的动态影响研究［J］．产业经济研究，2013（3）：91－100.

［91］彭涛，黄福广，孙凌霞．税收优惠能否激励风险投资：基于准自然实验的证据［J］．管理世界，2021，37（1）：3，17－19，33－46，87.

［92］彭星，李斌．贸易开放、FDI与中国工业绿色转型——基于动态面板门限模型的实证研究［J］．国际贸易问题，2015（1）：166－176.

［93］彭星．中国工业绿色转型进程中的激励机制与治理模式研究［D］．长沙：湖南大学，2016.

[94] 皮建才，赵润之．中国式分权下的体制性产能过剩——产量补贴与产能补贴的比较［J］．中南财经政法大学学报，2019（2）：3－12，158.

[95] 秦黎，章文光．我国产业转型升级中政府的角色定位［J］．经济纵横，2018（8）：50－58.

[96] 曲红宝．腐败治理与财政补贴效率：基于政治联系视角的分析［J］．财贸研究，2018，29（11）：71－80.

[97] 曲振涛，林新文．税式支出、激励路径与制造业转型升级［J］．产经评论，2019，10（4）：95－108.

[98] 任曙明，张静．补贴、寻租成本与加成率——基于中国装备制造企业的实证研究［J］．管理世界，2013（10）：118－129.

[99] 邵利敏，高雅琪，王森．环境规制与资源型企业绿色行为选择："倒逼转型"还是"规制俘获"［J］．河海大学学报（哲学社会科学版），2018，20（6）：62－68，92－93.

[100] 邵敏，包群．地方政府补贴企业行为分析：扶持强者还是保护弱者？［J］．世界经济文汇，2011（1）：56－72.

[101] 申广军，陈斌开，杨汝岱．减税能否提振中国经济？——基于中国增值税改革的实证研究［J］．经济研究，2016，51（11）：70－82.

[102] 石卫星，吴韡．外商直接投资对制造业产业集聚影响研究——以江苏省制造业为例［J］．宏观经济研究，2020（10）：58－70.

[103] 宋丽颖，杨潭．财政补贴、行业集中度与高技术企业 R&D 投入的非线性关系实证研究［J］．财政研究，2016（7）：59－68.

[104] 宋凌云，王贤彬．政府补贴与产业结构变动［J］．中国工业经济，2013，（4）：94－106.

[105] 苏杭，郑磊，牟逸飞．要素禀赋与中国制造业产业升级——基于 WIOD 和中国工业企业数据库的分析［J］．管理世界，2017（4）：70－79.

[106] 苏振东，洪玉娟，刘璐瑶．政府生产性补贴是否促进了中国企业出口？——基于制造业企业面板数据的微观计量分析［J］．管理世界，2012（5）：24－42，187.

[107] 孙凌宇．资源型企业绿色转型成长研究［D］．长沙：中南大

学，2012.

[108] 唐飞鹏．地方税收竞争、企业利润与门槛效应 [J]．中国工业经济，2017 (7)：99-117.

[109] 唐荣，黄抒田．产业政策、资源配置与制造业升级：基于价值链的视角 [J]．经济学家，2021 (1)：63-72.

[110] 唐书林，肖振红，苑婧婷．上市公司自主创新的国家激励扭曲之困——是政府补贴还是税收递延？[J]．科学学研究，2016，34 (5)：744-756.

[111] 唐书林，肖振红，苑婧婷．上市企业的自主创新驱动困境：是免费补贴还是税收递延？[J]．管理工程学报，2018，32 (2)：95-106.

[112] 童健，刘伟，薛景．环境规制、要素投入结构与工业行业转型升级 [J]．经济研究，2016，51 (7)：43-57.

[113] 万攀兵，杨冕，陈林．环境技术标准何以影响中国制造业绿色转型——基于技术改造的视角 [J]．中国工业经济，2021 (9)：118-136.

[114] 王兵，刘光天．节能减排与中国绿色经济增长——基于全要素生产率的视角 [J]．中国工业经济，2015 (5)：57-69.

[115] 王春元，叶伟巍．税收优惠与企业自主创新：融资约束的视角 [J]．科研管理，2018 (3)：37-44.

[116] 王红建，李青原，邢斐．金融危机、政府补贴与盈余操纵——来自中国上市公司的经验证据 [J]．管理世界，2014 (7)：157-167.

[117] 王红建，李青原，刘放．政府补贴：救急还是救穷——来自亏损类公司样本的经验证据 [J]．南开管理评论，2015，18 (5)：42-53.

[118] 王菁，徐小琴，孙元欣．政府补贴体现了“竞争中立”吗——基于模糊集的定性比较分析 [J]．当代经济科学，2016 (2)：49-60，125-126.

[119] 王岚，李宏艳．中国制造业融入全球价值链路径研究——嵌入位置和增值能力的视角 [J]．中国工业经济，2015 (2)：76-88.

[120] 王天驰，陈吕斌，孟丽．政府支持路径对我国风电企业技术创新投入影响的比较研究——基于动态面板数据的系统 GMM 分析 [J]．软科学，2019，33 (2)：12-16.

[121] 王文，制造业需求与中国生产性服务业效率——经济发展水平的门槛效应 [J]. 财贸经济，2017，38（7）：136-155.

[122] 王文甫，明娟，岳超云. 企业规模、地方政府干预与产能过剩 [J]. 管理世界，2014（10）：17-36，46.

[123] 王晓萍，胡峰，张月月. 全球价值链动态优化架构下的中国制造业升级——基于价值“三环流”协同驱动的视角 [J]. 经济学家，2021（2）：43-51.

[124] 王欣，余吉祥，陈劼绮. “一带一路”倡议与中国企业产能利用率 [J]. 世界经济研究，2020（6）：121-134，137.

[125] 王勇，刘厚莲. 中国工业绿色转型的减排效应及污染治理投入的影响 [J]. 经济评论，2015（4）：17-30，44.

[126] 王昀，孙晓华. 政府补贴驱动工业转型升级的作用机理 [J]. 中国工业经济，2017（10）：99-117.

[127] 王竹泉，王惠，王贞洁. 企业绿色发展、政府补贴和研发支出——兼论企业的道德发展层级 [J]. 当代财经，2021（2）：75-87.

[128] 吴建祖，华欣意. 高管团队注意力与企业绿色创新战略——来自中国制造业上市公司的经验证据 [J]. 科学学与科学技术管理，2021，42（9）：122-142.

[129] 夏怡然，陆铭. 城市间的“孟母三迁”——公共服务影响劳动力流向的经验研究 [J]. 管理世界，2015（10）：78-90.

[130] 向东，余玉苗. 国有企业引入非国有资本对创新绩效的影响——基于制造业国有上市公司的经验证据 [J]. 研究与发展管理，2020，32（5）：152-165.

[131] 肖兴志，王伊攀. 战略性新兴产业政府补贴是否用在了“刀刃”上？——基于 254 家上市公司的数据 [J]. 经济管理，2014（4）：19-31.

[132] 肖兴志，李少林. 环境规制对产业升级路径的动态影响研究 [J]. 经济理论与经济管理，2013（6）：102-112.

[133] 肖叶，刘小兵. 税收竞争促进了产业结构转型升级吗？——基于总量与结构双重视角 [J]. 财政研究，2018（5）：60-74，45.

[134] 谢荣辉. 环境规制、引致创新与中国工业绿色生产率提升[J]. 产业经济研究, 2017 (2): 38-48.

[135] 谢贞发, 范子英. 中国式分税制、中央税收征管权集中与税收竞争[J]. 经济研究, 2015, 50 (4): 92-106.

[136] 谢众, 吴飞飞, 杨秋月. 中国制造业升级的创新驱动效应——基于中国省级面板数据的实证检验[J]. 北京理工大学学报 (社会科学版), 2018, 20 (4): 97-108.

[137] 熊凯军. 重点产业政策是否影响了微观企业创新效率? [J]. 南京财经大学学报, 2021 (2): 13-23.

[138] 徐朝阳, 张斌. 经济结构转型期的内需扩展: 基于服务业供给抑制的视角[J]. 中国社会科学, 2020 (1): 64-83, 205.

[139] 徐涛. 汇率调整与制造业产业升级[M]. 上海: 复旦大学出版社, 2014.

[140] 薛继亮. 技术选择与产业结构转型升级[J]. 产业经济研究, 2013 (6): 29-37.

[141] 闫雅芬. 技术创新影响工业绿色转型的效应与路径研究[D]. 北京: 北京科技大学, 2021.

[142] 严成樑. 现代经济增长理论的发展脉络与未来展望——兼从中国经济增长看现代经济增长理论的缺陷[J]. 经济研究, 2020, 55 (7): 191-208.

[143] 阳立高, 龚世豪, 韩峰. 新生代劳动力供给变化对制造业升级的影响研究——基于新生代劳动力供给和制造业细分行业数据的实证[J]. 中国软科学, 2015 (11): 136-144.

[144] 阳立高, 龚世豪, 王铂, 晁自胜. 人力资本、技术进步与制造业升级[J]. 中国软科学, 2018 (1): 138-148.

[145] 阳立高, 李璐璐, 李玉双, 韩峰. 高等教育质量对制造业升级的影响研究[J]. 科学决策, 2019 (12): 1-19.

[146] 杨得前, 刘仁济. 税式支出、财政补贴的转型升级激励效应——来自大中型工业企业的经验证据[J]. 税务研究, 2017 (7): 87-93.

[147] 杨萍, 刘子平, 吴振方. 产业能力、政府治理能力与区域协调

发展［J］. 经济体制改革，2020（4）：107－114.

［148］杨仁发，郑媛媛. 环境规制、技术创新与制造业高质量发展［J］. 统计与信息论坛，2020，35（8）：73－81.

［149］杨思莹，李政. 高铁开通对区域创新格局的影响及其作用机制［J］. 南方经济，2020（5）：49－64.

［150］杨艳琳，胡曦. 税收优惠与企业创新绩效——基于研发投入和非研发创新投入的双重中介效应［J］. 产经评论，2021，12（1）：85－103.

［151］杨轶波. 中国分行业物质资本存量估算（1980－2018年）［J］. 上海经济研究，2020（8）：32－45.

［152］杨智峰，毕玉江. 减税、地区差异与制造业升级［J］. 山西财经大学学报，2019，41（6）：41－56.

［153］叶莉莉，杨君. 全球价值链嵌入、研发强度与制造业供给质量提升［J］. 浙江理工大学学报（社会科学版），2019，42（4）：329－336.

［154］余东华，崔岩. 双重环境规制、技术创新与制造业转型升级［J］. 财贸研究，2019，30（7）：15－24.

［155］余东华，田双. 嵌入全球价值链对中国制造业转型升级的影响机理［J］. 改革，2019（3）：50－60.

［156］余明桂，回雅甫，潘红波. 政治联系、寻租与地方政府财政补贴有效性［J］. 经济研究，2016，45（3）：65－77.

［157］余子鹏，田璐. 要素禀赋、产业环境与我国制造业发展质量［J］. 科研管理，2020，41（12）：103－111.

［158］喻贞，胡婷，沈红波. 地方政府的财政补贴：激励创新抑或政策性负担［J］. 复旦学报（社会科学版），2020，62（6）：145－153.

［159］原毅军，陈喆. 环境规制、绿色技术创新与中国制造业转型升级［J］. 科学学研究，2019，37（10）：1902－1911.

［160］原毅军，谢荣辉. 环境规制的产业结构调整效应研究——基于中国省际面板数据的实证检验［J］. 中国工业经济，2014（8）：57－69.

［161］袁航，朱承亮. 政府研发补贴对中国产业结构转型升级的影响：推手还是拖累？［J］. 财经研究，2020，46（9）：63－77.

［162］臧雷振. 政治合法性来源的再审视——基于中国经验的政治学

诠释［J］. 求实，2019（2）：18－35，109－110.

［163］张翠菊，张宗益. 消费结构对产业结构与经济增长的空间效应——基于空间面板模型的研究［J］. 统计与信息论坛，2016，31（8）：46－52.

［164］张帆，张友斗. 竞争性领域财政补贴、税收优惠政策对企业经营绩效的影响［J］. 财贸研究，2018，29（3）：80－89.

［165］张凡. 区域创新效率与经济增长实证研究［J］. 中国软科学，2019（2）：155－162.

［166］张峰，宋晓娜，董会忠. 资源禀赋对制造业绿色转型升级的驱动机制——基于空间 Durbin 模型的解释［J］. 华东经济管理，2019，33（7）：111－119.

［167］张峰，宋晓娜. 资源禀赋、技术进步与制造业绿色转型［J］. 统计与决策，2020，36（13）：98－102.

［168］张晖明，周岚岚，伍茜溪. 论税收手段对企业自主创新的激励作用——基于技术进步路径的视角［J］. 复旦学报（社会科学版），2017，59（6）：165－174.

［169］张慧，彭璧玉，杨永聪. 政府补贴能否降低企业生存风险？——基于微观数据的考察［J］. 产经评论，2021，12（3）：114－131.

［170］张继彤，朱佳玲. 税收政策对我国制造业创新激励的影响研究［J］. 南京审计大学学报，2018，15（6）：47－54.

［171］张莉. 环境规制、绿色技术创新与制造业转型升级路径［J］. 税务与经济，2020（1）：51－55.

［172］张平淡，屠西伟. 制造业集聚促进中国绿色经济效率提升了吗？［J］. 北京师范大学学报（社会科学版），2021（1）：132－144.

［173］张同斌，高铁梅. 财税政策激励、高新技术产业发展与产业结构调整［J］. 经济研究，2012，47（5）：58－70.

［174］张维迎. 我为什么反对产业政策？——与林毅夫辩［M］//林毅夫，张军，王勇等. 产业政策：总结、反思与展望［M］. 北京：北京大学出版社，2018：16－44.

［175］张小筠，刘戒骄，李斌. 环境规制、技术创新与制造业绿色发

展［J］. 广东财经大学学报，2020，35（5）：48－57.

［176］张旭，赵颖智，蒋坦. 金融发展有效地促进了制造业结构升级吗？［J］. 宏观质量研究，2017，5（2）：51－60.

［177］张志强，李涵，王立志. 政府R&D补贴、技术创新与中国工业转型升级——基于门槛效应的研究［J］. 技术经济，2020，39（4）：30－38.

［178］郑春美，李佩. 政府补助与税收优惠对企业创新绩效的影响——基于创业板高新技术企业的实证研究［J］. 科技进步与对策，2015，32（16）：83－87.

［179］郑加梅. 环境规制产业结构调整效应与作用机制分析［J］. 财贸研究，2018，29（3）：21－29.

［180］郑家兴. 财税政策支持我国制造业创新效应研究［D］. 南昌：江西财经大学，2021.

［181］郑金铃. 环境规制、环境规制竞争与产业结构调整［D］. 南昌：暨南大学，2016.

［182］郑婷婷，王虹，干胜道. 税收优惠与创新质量提升——基于数量增长与结构优化的视角［J］. 现代财经（天津财经大学学报），2020，40（1）：29－40.

［183］中国工业生态经济系统运行绩效及绿色创新驱动机制研究［D］. 南京：东南大学，2020.

［184］中国社会科学院工业经济研究所课题组. 中国工业绿色转型研究［J］. 中国工业经济，2011（4）：5－14.

［185］周海涛，张振刚. 政府研发资助方式对企业创新投入与创新绩效的影响研究［J］. 管理学报，2015，12（12）：1797－1804.

［186］周黎安. 中国地方官员的晋升锦标赛模式研究［J］. 经济研究，2007（7）：36－50.

［187］周远祺，杨金强，刘洋. 高能耗企业绿色转型技术的实物期权选择路线［J］. 系统工程理论与实践，2019，39（1）：19－35.

［188］Acemoglu，Daron，Aghion，et al. The Environment and Directed Technical Change［J］. American Economic Review，2012.

[189] Aghion P. , Cai J. , Dewatripont M. , et al. Industrialpolicy and competition [J] . American Economic Journal: Macroeconomics, 2015, 7 (4) : 1 –32.

[190] Aghion, Philippe, Dechezleprêtre, et al. Carbon Taxes, Path Dependency and Directed Technical Change: Evidence from the Auto Industry [J]. Insead Working Papers Collection, 2012.

[191] Amsden A. H. Asia's next giant: South Korea and late industrialization [M]. NewYork: Oxford University Press, 2019.

[192] Antonelli C. , Crespi F. The "Matthew Effect" in R&D Public Subsidies: The Italian Evidence [J]. Technological Forecasting and Social Change, 2013, 80 (8): 1523 –1534.

[193] Arrow K. J. , The Economic Implications of Learning by Doing [J], The Review of Economic studies, 1962, 29 (3): 234 –238.

[194] Boeing P. The Allocation and Effectiveness of China's R&D Subsidies-Evidence from Listed Firms [J]. Research Policy, 2016, 45 (9): 1774 –1789.

[195] Battistin E. , Gavosto A. , Rettore E. Why do Subsidised Firms Survive Longer? An Evaluation of a Program Promoting Youth Entrepreneurship in Italy [M]. Econometric Evaluation of LabourMarket Policies, 2001.

[196] Beason, Richard, Weinstein D. E. Growth, economies of scale, and targeting in Japan [J]. The Review of Economics and Statistics, 2016, 78 (2): 286 –295.

[197] Blanes J. V. , Busom I. Who Participates in R&D Subsidy Programs?: The Case of Spanish Manufacturing Firms [J]. Research Policy, 2004, 33 (10): 1459 –1476.

[198] Brock W. A. , Taylor M. S. Economic Growth and the Environment: A Review of Theory and Empirics [J]. Hand book of Economic Growth, 2005 (9): 28 –54.

[199] Bronwyn H. Hall. R&D tax policy during the 1980s: Success or failure [J]. Tax policy and the economy, 2013 (7) : 1 –35.

[200] Carlo Pietrobelli, Roberta Rabellotti, Marco Sanfilippo. Chinese FDI strategy in Italy: the 'Marco Polo' effect [J]. Int. J. of Technological Learning, Innovation and Development, 2011, 4 (4).

[201] Catozzella A., Vivarelli M. The Possible Adverse Impact of Innovation Subsidies: Some EvidenceFrom Italy [J]. International Entrepreneurship and Management Journal, 2016, 12 (2): 351-368.

[202] Czarnitzki D., Hand P., Rosa J. M. Evaluating the Impact of R&D Tax Credits on Innovation: A Microeconometric Study on Canadian Firms [J]. Research Policy, 2011, 40 (2): 217-229.

[203] Dong B., Torgler B. Causes of corruption: Evidence from China [J]. China Economic Review, 2013, 26: 152-169.

[204] Duhautois R., Redor D., Desiage L. Long Term Effect of Public Subsidies on Start-up Survivaland Economic Performance: An Empirical Study with French Data [J]. Revue D'économieIndustrielle, 2015 (1): 11-41.

[205] Engers M., Mitchell S. K. R&D Policy with Layers of Economic Integration [J]. European Economic Review, 2005, 50 (7): 1791-1815.

[206] Fan M., Shao S., Yang L. Combining global M-L index andgeneralized method of moments toinvestigate industrial total factor CO_2 emission performance: A case of Shanghai [J]. Energy Policy, 2015 (79): 189-201.

[207] Fare R., Grosskopf S., Carl A., Pasurka. Environmental Production Functions and Environmental Directional Distance Functions [J]. Energy, 2007, 32 (7): 1055-1066.

[208] Fare R., S. Grosskopf, C. A. Pasurka. Pollution Abatement Activities and Traditional Productivity [J]. Ecological Economics, 2007, 62 (3): 673-682.

[209] Frosch R., Gallopoulos N. Strategies for manufacturing [J]. Scientific American, 1989, 26 (1): 144-152.

[210] Fukuyama H., Weber W. L. A Directional Slacks-based Measure of Technical Inefficiency [J]. Socio-Economic Planning Sciences, 2009, 43, (4): 274-287.

[211] Furukawa Y. The Struggle to Survive in the R&D Sector: Implications for Innovation and Growth [J]. Economics Letters, 2013, 121 (1): 26 - 29.

[212] Gereffi G. International trade and industrial upgrading in the apparel commodity chain [J]. Journal of International Economics, 1999, 48 (1): 37 - 70.

[213] Graedel T. E., Allenby, et al. Matrix approaches to abridged life cycle assessment [J]. Environmental Science & Technology, 2008, 29 (3): 134A.

[214] Greenstone, Michael. The Impacts of Environmental Regulations on Industrial Activity: Evidence from the 1970 and 1977 Clean Air Act Amendments and the Census of Manufactures [J]. Journal of Political Economy, 2002, 110 (6), 1175 - 1219.

[215] Guo D., Guo Y., Jiang K. Funding Forms, Market Conditions, and Dynamic Effects of Government R&D Subsidies: Evidence from China [J]. Economic Inquiry, 2017, 55 (2): 825 - 842.

[216] Hamamoto M. Environmental regulation and the productivity of Japanese manufacturing industries [J]. Resource & Energy Economics, 2006, 28 (4): 299 - 312.

[217] House C., Shapiro M. D. Temporary investment tax incentives: Theory with evidence from bonus depreciation [J]. American Economic Review, 2008, 98 (3): 737 - 768.

[218] Howell S. T., "Financing Innovation: Evidence from R&D Grants", The American Economic Review, Vol. 107, Apr., PP1136 - 1164. 2017.

[219] Inmaculada C. Alvarez - Ayuso, Chihwa K. and Desiderio Romero - Jord. Long run effect of public grants and tax credits on R&D investment: A non - stationary panel data approach [J]. Economic Modelling, 2018 (75): 93 - 104.

[220] Jalil A., M. Feridun. The Impact of Growth, Energy and Financial Developmenton the Environment in China: A Cointegration Analysis [J]. Energy

Economics, 2011, 33, (2): 284 -291.

[221] Keller M. B. , Ryan N. D. , Strober M. , et al. Efficacy of Paroxetine in the Treatment of Adolescent Major Depression: A Randomized, Controlled Trial [J]. J Am Acad Child Adolesc Psychiatry, 2001, 40 (7): 762 -772.

[222] Koowattanatianchai N. , Charles M. B. A mixed methods approach to studying asset replacement decisions [J]. International Journal of Business Innovation and Research, 2015, 9 (5): 544 -567.

[223] Lopez R. , Galinato G. I. , & Islam A. Fiscal Spending and the Environment: Theory and Empirics. Journal of Environmental Economics and Management, Vol. 62, No. 2, 2011: 180 -198.

[224] Lee E. , Walker M. , Zeng C. Do Chinese state subsidies affect voluntary corporate social responsibility disclosure? [J]. Journal of Accounting and Public Policy, 2017, 36 (3): 179 -200.

[225] LeSage J. , Pace R. K. Introduction to spatial econometrics [M]. Florida: CRC Press, 2009.

[226] Lucas R. , on the Mechanism of Econnmic Development [J]. Journal of Monetray Econnmics, 1988, 22: 13 -42.

[227] L. Rachel Ngai, Christopher A Pissarides. Structural Change in a Multisector Model of Growth [J]. American Economic Review, 2007, 97 (1).

[228] Martin R. , Preux L. D. , Wagner U. J. The impact of a carbon tax on manufacturing: Evidence from microdata [J]. Journal of Public Economics, 2014, 117.

[229] Meuleman M. , De Maeseneire W. Do R&D Subsidies Affect SMEs' Access to External Financing? [J]. Research Policy, 2012, 41 (3): 580 -591.

[230] Moffat J. Regional Selective Assistance (RSA) in Scotland: Does It Make a Difference to PlantSurvival? [J]. Regional Studies, 2015, 49 (4): 568 -581.

[231] Montmartin B. , Massard N. Is financial support for private R&D always justified? A discussion based on the literature on growth [J]. Journal of Economic Surveys, 2015, 29 (3): 479 -505.

[232] OECD. Climate Change, Economic Instruments and Income Distribution [R]. Paris, 2005.

[233] Paul Lanoie, Michel Patry, Richard Lajeunesse. Environmental regulation and productivity: testing the porter hypothesis [J]. Journal of Productivity Analysis, 2008, 30 (2).

[234] Pierre-André Buigues, Sekkat K. Public Subsidies to Business: An International Comparison [J]. Journal of Industry, Competition and Trade, 2011, 11 (1): 1 -24.

[235] Poon S. C., Beyond the global production networks: a case of further upgrading of Taiwan's information technology industry [J]. International Journal of Technology & Globalisation, 2004, 1 (1): 130 -144.

[236] Rajan M. V., Reichelstein S. Depreciation Rules and the Relation between Marginal and Historical Cost [J]. Journal of Accounting Research, 2009, 47 (3): 823 -865.

[237] Richard Kneller, Edward Manderson. Environmental regulations and innovation activity in UK manufacturing industries [J]. Resource and Energy Economics, 2012, 34 (2).

[238] Romer P. M., Endogenous Technological Change [J]. Journal of Political Economy, 1990, 89 (5): 71 -102.

[239] Rubashkina Y., Galeotti M., Verdolini E. Environmental regulation andcompetitivenss: Empirical envidence on the Porter Hypohthesis from European manufacturingsectors [J]. Energy Policy, 2015 (83): 288 -300.

[240] She Phard R. W. Theory of Costand Produetion Funetions [M]. Prineeton New Jersey: Princeton University Press -1970.

[241] Tetsuji Okazaki. Market Failures and Public Policy [J]. Journal of Public Economics, 2016, 2 (4): 27 -41.

[242] Udoh E., Ogbuagu U. R. Financial Sector Development and Industrial Production in Nigeria (1970 -2009): An ARDL Cointegration Approach [J]. Journal of Applied Finance & Banking, 2016.

[243] UNIDO. UNIDO Green Industry : Policies for supporting Green

Industry [R], 2011.

[244] Wang L. Government Subsidies, Capital Structure and Enterprise Growth: An Empirical Studybased on the New Energy Industry [C]. Logistics, Informaticsand Service Sciences (LISS), 2020 International Conference on. IEEE, 2020.

[245] Wayne B. Gray, Ronald J. Shadbegian, Chunbei Wang, Merve Meral. Corrigendum to: "Do EPA regulations affect labor demand? Evidence from the pulp and paper industry" [J]. Journal of Environment Economics and Management, 2014, 68 (1): 188 -202.

[246] Yang S. L., Yu B., Wang S. F., Feng N. P. Evaluating the Transformation of China's Industrial Development Mode during 2000 -2009 [J]. Renewable and Sustainable Energy, 2013 (56): 124 -156.

[247] Yu J., L. Lee. Convergence: A Spatial Dynamic Panel Data Approach [J]. Global Journal of Economics, 2012, 1 (1): 1 -36.

[248] Yuan B., Xiang Q. Environmental regulation, industrial innovation and green development of Chinese manufacturing: Based on an extended CDM model [J]. Journal of Cleaner Production, 2018, 176 (MAR. 1): 895 -908.

[249] Zhang Li. Evaluation research on green degree of equipment manufacturing industry based on improved particle swarm optimisation algorithm [J]. International Journal of Reasoning - based Intelligent Systems, 2020, 12 (3).

[250] Zheng W, Singh K, Mitchell W. Buffering and Enabling: The Impact of Interlocking Political Ties on Firm Survival and Sales Growth [J]. Strategic Management Journal, 2015, 36 (11): 1615 -1636.

[251] Zwick E., J. Mahon, 2017, "Tax Policy and Heterogeneous Investment Behavior", American Economic Review, Vol. 107 (1), pp. 217 -248.

后　记

行文至此，书稿已基本定型。书稿撰写过程中酸甜苦辣，个中滋味，慨然难述，有笑有泪，有花有果。而今，这段让人终生难忘的“绝版记忆”，在脑海中悉数回放，一幕幕画面，像电影的慢镜头般，堪堪从心底碾过，像墨迹一样荡漾开来。

书稿的选题、立意、构思、撰写、修改、定稿等各个环节，始终倾注了谢舜恩师大量的心血，学术上的每一个进步，都与恩师关怀和培养密不可分。同样获得广西大学公共管理学院蒋永甫、张军等老师在选题时的学术建议。特别感谢书稿修改过程中广西大学经济学院黎鹏教授、张林教授、李红教授等提出的宝贵修改意见。

有幸在“谢门共荣”这个大家庭中与众位兄弟姐妹相识相知，结成一生最美好的同门情谊。感谢同门王天维、罗吉在书稿写作期间的鼓励和帮助，每一次学业探讨，都让我觉得弥足珍贵。感谢同窗蒋嫒、杨鲜丽、樊光义等同学的陪伴，以及在对相关专业问题的相互交流中，收获灵感。有缘能与大家相训，在相互学习交流中收获新知，倍感温馨。

感谢我的工作单位——广西民族大学商学院的同事们。感谢王新哲、廖东声、马璐等学院领导在此期间的支持、关心与鼓励。感谢我的父母和家人，你们无条件的支持和爱护，才让我毫无负担地前行，而你们也终将成为我愿意用一生去守护的人。

在此，请允许我再次向所有关心和帮助过我的人致以崇高的敬意！也向本书所有引用文献的作者表示感谢！